ESSAI
SUR L'HISTOIRE ET LA GÉNÉALOGIE
DES
SIRES DE JOINVILLE
(1008-1386)

ACCOMPAGNÉ DE CHARTES ET DOCUMENTS INÉDITS

PAR

J. SIMONNET

CONSEILLER A LA COUR D'APPEL DE DIJON
MEMBRE CORRESPONDANT DE LA SOCIÉTÉ HISTORIQUE ET ARCHÉOLOGIQUE DE LANGRES
PRÉSIDENT DE L'ACADÉMIE DES SCIENCES, ARTS ET BELLES-LETTRES DE DIJON
CORRESPONDANT DU MINISTÈRE DE L'INSTRUCTION PUBLIQUE, ETC.

Ouvrage couronné et publié par la Société historique
et archéologique de Langres

LANGRES

IMPRIMERIE ET LIBRAIRIE FIRMIN DANGIEN

3, rue de l'Homme-Sauvage, 3

1876

ESSAI

SUR L'HISTOIRE ET LA GÉNÉALOGIE

DES

SIRES DE JOINVILLE

— 1008-1386 —

Sceau de Jean Sr de Joinville, en 1256.

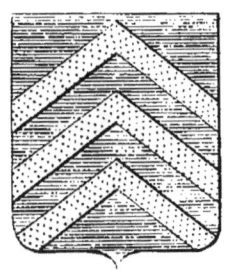

Joinville   Reynel

ESSAI

SUR L'HISTOIRE ET LA GÉNÉALOGIE

DES

SIRES DE JOINVILLE

(1008-1386)

ACCOMPAGNÉ DE CHARTES & DOCUMENTS INÉDITS

PAR

J. SIMONNET

CONSEILLER A LA COUR D'APPEL DE DIJON
MEMBRE CORRESPONDANT DE LA SOCIÉTÉ HISTORIQUE ET ARCHÉOLOGIQUE DE LANGRES
PRÉSIDENT DE L'ACADÉMIE DES SCIENCES, ARTS ET BELLES-LETTRES DE DIJON
CORRESPONDANT DU MINISTÈRE DE L'INSTRUCTION PUBLIQUE, ETC.

Ouvrage couronné et publié par la Société historique et archéologique de Langres

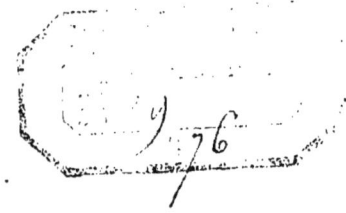

LANGRES

IMPRIMERIE ET LIBRAIRIE FIRMIN DANGIEN

3, rue de l'Homme-Sauvage, 3

1875

INTRODUCTION

> « Moult bone engendreure firent. »
> (*Roman de la Rose*, v. 11751.)

La maison de Joinville doit principalement son illustration au compagnon de saint Louis, à l'incomparable historien qui, parvenu au terme de sa longue carrière, dicta le récit de sa vie, et créa, comme en se jouant, l'un des plus précieux monuments de notre langue. Cependant, ses ancêtres, plus oubliés, ont laissé, eux aussi, des noms souvent rappelés dans l'histoire de Champagne et dans celle des croisades. Leur généalogie esquissée par Ménard, complétée par Du Cange, et par le P. de Sainte-Catherine, présente encore quelques difficultés qui n'ont pas été suffisamment éclaircies. J'insisterai en particulier sur Etienne de Vaux, fondateur du château de Joinville, chef de cette puissante famille et dont la biographie mérite une étude particulière.

Dans ce nouvel essai, j'ai voulu surtout grouper autour du nom de chacun des sires de Joinville, descendants de ce puissant vassal des comtes de Brienne, tous les documents qui les concernent; leur histoire est liée d'ailleurs aux premiers temps de la ville même qui doit à ses anciens seigneurs, sa fondation peut-être, et en tout cas, la plupart des établissements qui ont fait sa prospérité. Je m'arrêterai à Henri de Vaudémont, XI° sire de Joinville, dernier descendant mâle d'Etienne de Vaux. Après lui, ses domaines passent dans la maison de Lorraine : une nouvelle phase d'histoire commence pour la baronnie de Joinville. Les documents abondent, et les princes qui en ont perpétué le titre ont trouvé plus d'un historien qu'il serait difficile de faire oublier.

Les sires de Joinville sont nommés dans nos annales, dès les premières années du xie siècle. Ils ne cédaient guère en puissance aux Choiseul, aux seigneurs d'Arc et de Châteauvillain, à ceux de Vignory ou de Dampierre qui dominaient dans nos contrées. Les premiers étaient à peu près tout-puissants dans le Bassigny; les seigneurs d'Arc et de Châteauvillain, alliés dès le xie siècle à la maison de France, réunirent de bonne heure à leurs domaines de la vallée de l'Aujon, des villes et des chatellenies en Bourgogne. Les Dampierre, seigneurs de Saint-Dizier, puis de Vignory et de La Fauche, devinrent comtes de Flandre, dans le xiiie siècle. Ceux de Joinville, descendants peut-être de la maison de Broyes, étaient au premier rang des vassaux de Champagne, ainsi que l'attesterait au besoin la charge de sénéchal de Champagne, qu'ils possédèrent pendant deux siècles à titre héréditaire. Etienne de Vaux et ses premiers successeurs furent comtes de Joigny, seigneurs de Vaucouleurs, de Sailly, etc. Au XIIIe siècle, ils réunirent à ces domaines la suzeraineté de La Fauche, Apremont, Reynel et ses magnifiques dépendances, Rimaucourt, Saint-Blin, et plus tard, La Ferté-sur-Amance, le comté de Vaudémont, la ville de Port-sur-Saône, Marnai en Bourgogne....

De nombreux indices permettent de penser que les deux premiers seigneurs de Joinville étaient en même temps seigneurs de Neufchâteau. Cette ville en effet, qui dès le XIe siècle tomba dans le domaine héréditaire des ducs de Lorraine, avait eu auparavant des seigneurs particuliers. Comment Etienne de Vaux ou son fils en fut-il dépouillé? Aucun document positif ne permet de l'expliquer. Ce qui demeure certain, c'est que leurs descendants avaient conservé Vaucouleurs et Challaines, sur la Meuse, Gondrecourt sur l'Ornain, Bure, Ribaucourt, Biencourt, Montier-sur-Saux, Pansey, Echenai, Ancerville, derniers vestiges de leurs anciennes possessions dans la Lorraine et le Barrois.

Une carte sommaire, indiquant les localités où la maison de Joinville exerçait des droits de propriété ou de suzeraineté à des titres divers, serait facile à composer; elle offrirait un spécimen intéressant de l'énorme étendue des domaines que pouvait réunir une puissante maison féodale. Le premier noyau de ces possessions paraît avoir été le château de Vaux-sur-Saint-Urbain qui dominait le Rognon. Sans parler de Reynel, de Rimaucourt, Manois, St-Blin, etc., qui furent acquis dans le cours du XIIIe siècle, nous citerons dans cette région : Germisei, Germay, Landéville, Annonville, Maconcourt; sur la Marne : Donjeux, Joinville, Rupt, Fronville, Mussey, Suzannecourt, Thonnance, Vecqueville, Autigny, Curel, Chatonrupt, Chevillon, Gourzon, Bayard, Chevillon. Sur la Blaise, les premiers sires de Joinville percevaient des redevances et des corvées, exerçaient des droits de justice afférants à leurs droits d'avouerie qu'ils tenaient des comtes de Brienne et qui leur furent ensuite contestés par l'abbaye de Montiérender : leur suzeraineté s'étendait, à ce titre, sur Villiers aux Chênes, Doulevant, Dommartin, Courcelles, Ville en Blaisois, Rachecourt, Vaux, Montreuil, Wassy, dont ils possédaient l'église, et plus loin, Magneux, Moelain. Toute la région comprise entre la Marne et la Blaise leur appartenait, pour la plus grande partie. Elle renfermait neuf villages, tels que Mathons, Blécourt, Ferrières, etc., jusqu'à Guindrecourt.

Les alliances des sires de Joinville sont un autre témoignage de leur illustration. Le mariage d'Etienne de Vaux avec la sœur du comte de Brienne fit passer en sa possession le comté de Joigny. Celui de Simon avec la fille d'Etienne, comte d'Auxonne, établit des liens de parenté entre Jean, l'historien de saint Louis, et l'empereur d'Allemagne Frédéric II, ainsi qu'avec les diverses branches de la maison de Bourgogne. Jean était cousin d'Echine de Montbéliard, dame de Barupt, de la princesse de Sidon, du comte de Bourlémont et du comte de Soissons. Anceau de Joinville se trouvait à la fois maréchal de France, vassal de Champagne, de Lorraine et de Bourgogne, et son fils devint comte de Vaudémont. La prospérité de leur maison était à son apogée, lorsque ses possessions passèrent dans la maison de Lorraine, par le mariage de Marguerite, fille de Henry, avec Ferri, fils puiné du duc Jean.

Aujourd'hui, les descendants des princes de Lorraine occupent la plupart des trônes de l'Europe. Pour ne citer qu'un exemple, les princes de la maison de Bourbon tiennent par leur aïeule ou leur bisaïeule à celle d'Autriche, laquelle compte Etienne de Vaux parmi ses ancêtres.

I

L'étude des relations qui ont existé entre les sires de Joinville et les monastères voisins est des plus instructives : elle jette quelque jour sur la nature des droits prétendus par les avoués sur les églises et les efforts tentés par celles-ci pour s'en affranchir. Nos documents nous font assister à une lutte de près de deux siècles que soutinrent les abbayes de Montiérender et de Saint-Urbain contre cette puissante maison féodale.

Les différends qui font l'objet de nos textes sont de deux sortes. Les nombreuses concessions de droit d'usage et de pâturages que tel ou tel monastère avait obtenues des seigneurs, ses bienfaiteurs, devinrent peu à peu singulièrement gênantes pour leurs successeurs. Anticipations, abus de jouissance d'un côté ; de l'autre, une tendance naturelle à restreindre des droits mal définis, ou à réprimer avec rigueur les contraventions ; telles étaient les causes qui engendraient des contestations que venaient aggraver des voies de fait. Elles se terminaient sans trop de difficulté par des transactions dont le résultat était, en général, favorable aux églises.

Mais les désaccords étaient plus graves lorsqu'ils portaient sur le plus ou moins d'étendue des droits mal définis que tel seigneur puissant prétendait exercer à titre de gardien ou d'avoué, dans les domaines d'une abbaye.

En ce qui concerne l'abbaye de Montiérender, nous savons par un titre exprès, que l'avouerie de la Blaise avait été concédée à Etienne de Vaux, premier sire de Joinville, à titre non gratuit. Il l'avait reçue du comte de Brienne à l'occasion de son mariage avec l'héritière de Joigny ; puis, l'abbé Dudon avait accordé au nouvel avoué diverses redevances déterminées, consistant en quarante béliers, quarante truies, six repas, des charrois et des ouvriers pour les travaux du château de Joinville. Mais il ne devait rien prétendre de plus (1).

L'avoué, en principe, devait défendre les causes du monastère dans l'assise du comte, ce qui, selon Brussel, avait été l'unique objet de l'institution première des avoués ; mais, en outre, il tenait les plaids et rendait la justice aux vassaux du monastère ; il les commandait et les menait à l'armée du prince (2).

Mais les avoués étaient habituellement disposés à abuser de leurs droits : dès l'année 1027, l'abbé du Der porta plainte devant le roi Robert à raison des excès que s'était permis Etienne de Vaux : il s'était emparé de plusieurs domaines de l'abbaye ; ses hommes prétendaient se faire nourrir à discrétion, eux, leurs chiens et leurs chevaux, aux dépens des monastères. Le seigneur de Joinville reconnut ses torts. Mais quarante ans plus tard, afin sans doute de prévenir de nouveaux conflits, l'abbé Brunon prit le parti de céder à Geofroi I, fils et successeur d'Etienne de Vaux, les territoires que celui-ci avait envahis, à la condition que ces possessions feraient retour à l'abbaye du Der après deux générations, ainsi que nous

---

(1) La charte de Dudon a été publiée par M. Didot. Ed. de Joinville, p. CXXII : elle se place avant l'année 1027.

(2) En un mot, l'avoué était le bras séculier du monastère. La bannière ou drapeau du ban lui était mise en main, le jour où il prenait possession de sa charge. (Hist. de la province de Trèves, par M. l'abbé Clouet, t. II, p. XX.)

l'expliquerons plus tard (1). Cependant l'abbé Dudon se vit peu de temps après, en 1081, obligé de demander au comte de Champagne la réparation des abus qu'il reprochait à Geofroi II, troisième seigneur de Joinville. Une transaction intervint : les redevances que Geofroi exigeait furent de nouveau déterminées ainsi que les corvées pour les travaux du château de Joinville et les gites que le seigneur pouvait réclamer à Ville-en-Blaisois et à Dommartin-le-Saint-Père. Il fut stipulé en outre que les tenanciers de l'abbaye seraient traduits devant la justice de l'abbé, pour les contraventions dont ils auraient à répondre.

Ce réglement était de tout point conforme au droit commun, tel que Brussel l'a expliqué, en prenant pour texte un jugement du roi Robert en faveur de l'abbaye de Corbie, en 1016. On y voit que les avoués n'avaient en principe aucun droit d'exiger des corvées pour la réparation du château féodal, aucun droit de gite, et en particulier qu'ils n'avaient aucune juridiction sur les hommes ou sujets de l'abbaye. Ceux-ci avaient pour juge ordinaire le prévôt du monastère (2). Mais il passa en coutume dans plusieurs monastères que, dans certains cas de haute justice (effusion de sang, vol, etc.), le prévôt

---

(1) Brunon fut abbé de 1049 à 1082. Les concessions qu'il fit à Geofroi furent la récompense de l'abandon que ce seigneur avait fait à l'abbaye de l'église de Wassy.

(2) Brussel, p. 785 et suiv.

ne pouvait point en connaître sans l'assistance de l'avoué, et qu'alors celui-ci percevrait le tiers des amendes infligées aux coupables. On lit même dans un traité intervenu entre le prieuré de Richecourt et Jean, sire de Joinville, en 1286, que ce seigneur se réserva, en qualité d'avoué, les trois quarts des amendes qui seront prononcées par le maire de Mandres, délégué du prieuré.

Pour en revenir à l'abbaye du Der, nous voyons, en 1184, Geofroi III reconnaître comme l'avait fait son aïeul, juridiction exclusive de l'abbé sur ses hommes (1). Chose remarquable, en cas de duel entre les tenanciers de l'abbaye et les serviteurs du sire de Joinville, la connaissance en appartient à la cour de l'abbé (2).

Geofroi IV renonça par son testament à tout droit d'avouerie sur la Blaise. Simon renouvela cette renonciation, en 1214; tous les actes que nous possédons de lui attestent qu'il s'abstint de toute ingérence vexatoire dans ses rapports avec Montiérender : il reconnut expressément que les hommes dépendant de la Chambrerie de Mertrud, qu'il avait contraints de

---

(1) De même, en 1216, nous voyons Aubert de Brachay renoncer en faveur de St-Urbain à tout droit de justice sur les tenanciers de ce monastère résidant à Flammerécourt ; mais il se réserve son avouerie, le four banal et les corvées qui lui sont dues. Ce traité fut passé sous le sceau de Simon, s. de Joinville, suzerain de ce seigneur. (Haute-Marne, *Saint-Urbain*, liasse XXII, 4ᵉ partie.)

(2) V. cependant sur le cas de duel M. l'abbé Clouet, ouvr. cité, p. xx.

venir travailler aux travaux de son château pendant une semaine chaque année, n'étaient pas tenus de cette obligation. Par un acte de l'année 1309, son fils Jean les déclara même exempts de toute garde à Joinville.

Les rapports des seigneurs de Joinville avec l'abbaye de Saint-Urbain dont ils avaient l'avouerie fu d'une nature moins pacifique : dès l'année 1131, nous voyons le Pape Innocent II, interposer son autorité afin de réprimer les prétentions de Roger, quatrième seigneur de Joinville : toutefois les religieux lui reconnurent les droits de justice sur le marché de Saint-Urbain, entre le lever et le coucher du soleil.

Les sires de Joinville, en cette qualité d'avoués, prétendaient avoir droit de gîte à Landéville, et à Watrignéville, à un droit de péage sur le pont de Saint-Urbain ; ils percevaient des tailles et des redevances dans les domaines de l'abbaye ; Geofroi Trouillard et son frère déclarèrent à plusieurs reprises renoncer à ces prétentions ; mais, soit par lui-même, soit par ses officiers, Simon exerça de nouvelles vexations qui décidèrent l'abbé de Saint-Urbain à s'adresser à l'évêque de Toul, et le prélat fulmina contre ce seigneur une sentence d'excommunication en 1228.

La lutte entre le monastère et Jean, successeur de Simon, fut marquée par des incidents beaucoup plus graves ; son droit de garde fut contesté ; les religieux portèrent leurs griefs devant la Cour des grands jours de Troyes, puis au Pàrlement de Paris ; le seigneur de Joinville comptait des partisans parmi les moines ; il ressort des actes relatifs à ces conflits que les tenanciers de Saint-Urbain, qui considéraient le seigneur comme leur protecteur naturel, l'intéressaient aux griefs qu'ils avaient contre le monastère. Nous aurons à révéler des voies de fait, l'effraction et le pillage du chartrier de Saint-Urbain... Une transaction judiciaire mit un terme au procès ; Jean renonça à son droit d'avouerie en 1308, moyennant une indemnité pécuniaire.

En consultant nos chartes, nous parviendrons peut-être à déterminer certaines autres prérogatives attachées au droit de garde ou d'avouerie. Nous voyons d'abord que dans la plupart des textes où le sire de Joinville traite avec une maison religieuse, il réserve expressément son droit de garde. Il avait à craindre que les religieux, afin de s'y soustraire, ne portassent leurs griefs éventuels à la cour du suzerain, le comte de Champagne. Aussi, dans un acte de l'année 1258 en faveur du prieuré du Val d'Osne, nous voyons l'abbé de Molesme s'engager envers Jean de Joinville à ne point exercer de recours devant le comte de Champagne, sauf le cas de déni de justice.

Réciproquement, le monastère ou le prieuré avait intérêt à ce que son avoué ne cédât pas sa garde ou son avouerie à un autre seigneur (1). En 1301, Gau-

---

(1) Au sujet des sous-avoués, V. Brussel, p. 796.

tier de Joinville, seigneur de Vaucouleurs, s'engage envers l'abbaye de Sept-Fontaines à ne jamais ôter de sa main, par partage ou mariage ou de toute autre manière, la garde de la maison de Sept-Fonds, qui appartenait aux seigneurs de Vaucouleurs.

C'est sans doute en une double qualité que les suzerains certifient ou approuvent les actes passés sous leur sceau dans l'intérêt d'une abbaye ou d'un prieuré. « C'était une maxime universellement pratiquée en France que tout suzerain avait cour plénière sur ses vassaux, au regard de leurs fiefs.... Il appartenait en outre aux seigneurs haut-justiciers de connaître de toutes les causes qui concernaient les hommes de leurs terres » (1).

A ce titre, le sire de Joinville constatait les engagements pris par un de ses vassaux envers tel ou tel monastère, afin que, s'il s'élevait ensuite quelque difficulté entre les parties, il pût en connaître. D'ailleurs, le sceau du seigneur apposé à une charte était attributif de juridiction. « La connaissance des letres apartient au sovrain segneur, » dit Beaumanoir (2).

A un autre point de vue, le vassal ne pouvant *abréger* son fief sans l'autorisation de son suzerain, le concours de celui-ci dans un acte d'aliénation consentie par un de ses vassaux était indispensable pour rendre valable la transmission de propriété.

(1) Brussel, ch. xiv.
(2) Chap. x, 4, 5.

C'est aussi en qualité de gardien que le seigneur apposait son sceau à un contrat de cette nature : Jean de Joinville l'exprime en ces termes dans un acte par lequel Aubert de Rachecourt et sa femme vendirent à St-Urbain leurs possessions de Fronville et de Watrignéville : « J'ai mis mon saiel en ces « presentes lettres *ainsi com gardains des choses* « *desus dites...* » (1).

Il y a plus, le droit de garde ayant été primitivement établi afin que l'avoué défendît en justice les causes des maisons religieuses, par voie de conséquence on dut admettre que le seigneur avait mission de contraindre par les voies judiciaires les hommes ou tenanciers de l'abbaye ou du prieuré à remplir leurs devoirs de banalité. Ainsi, en 1302, Jean se dessaisit d'un pressoir qu'il avait établi à Osne, en faveur de l'abbaye d'Ecurei.

Il prend l'engagement exprès de contraindre les hommes du monastère à la banalité du pressoir, à peine d'une amende de cinq sols. « Et je ou mi hoir « en averions l'amende du meffaisant, » dit le texte (2).

Un bourgeois de Joinville reconnaît devoir à St-Urbain une redevance de onze setiers de blé ; il s'oblige par sa foi donnée en la main du sire de

---

(1) Wailly, Q.
(2) Wailly, X.

Joinville, qui aura la faculté, à défaut du paiement de la rente, de mettre les religieux en possession (1).

C'est à raison de leur droit de juridiction et aussi en qualité d'avoués que les sires de Joinville statuèrent la plupart du temps comme arbitre entre leurs vassaux et les monastères de leurs domaines. En 118... Geofroi délégua son maire de Montier-sur-Saux et un clerc de Joinville pour terminer un différend entre l'abbaye d'Evaux et trois particuliers. La cause fut examinée et l'abbé d'Evaux fit ses preuves. En 1225, Simon présida à une transaction qui intervint entre la maison du Temple de Ruetz et Milon de Laneuville ; en 1228, il prononça de la même manière entre l'abbaye ne Montiérender et Arnoul de Doulevant; et en 1231, entre la même abbaye et Isambart de Suzémont.

En 1233, Béatrix, mère de Jean, termina avec l'assistance de Hugue de Fronville, son vassal, un procès qui avait été porté par devant Simon son mari, par l'abbé d'Evaux, contre un clerc tonsuré qui se prétendait noble. Des prudhommes furent entendus, l'abbé produisit ses titres ; il y eut jugement.

Beatrix rendit pareillement une véritable sentence, en 1234, entre l'abbaye de Mureau et Pierre de Braz :

---

(1) Novembre 1278, Ibid. P. De même, après avoir approuvé un acte passé en faveur de Saint-Urbain par Aubert de Sainte-Livière, aux termes duquel ce seigneur restitue au monastère un pressoir banal à Fronville, Jean prend l'engagement de garantir l'exécution de cet engagement (mai 1275).

les parties avaient été assignées par devant elle, *secundum juris ordinem.*

Nous pourrions citer encore les décisions rendues par Jean, en 1264, entre Pierre de Narcy et le Temple de Ruetz ; vers 1277, au profit des héritiers d'Adam de Maizières, contre l'abbé de Saint-Urbain ; en 1293, au profit des dames de Benoîtevaux (1).

Nous voyons dans la charte d'affranchissement de Joinville (1258), comment était constituée la Cour de Justice établie par le seigneur pour connaître des cas de meurtre ou autres qu'il s'était réservés. L'échevinage, composé de six prud'hommes élus, y avait sa place avec six chevaliers : le suzerain ou son préposé en avait la présidence. On ne pouvait appeler de la justice de la ville que pour faux jugement devant la cour du seigneur : les plaids se tenaient de quinzaine en quinzaine.

Il nous resterait à étudier, à cette occasion, dans quel esprit étaient conçues les chartes d'affranchissement émanées des sires de Joinville. Nous possédons les chartes de Mathons (1208), accordée par Simon ; celles de Joinville (1258), de Ferrières (1267), et de Vaucouleurs (1298), concédées ou approuvées par Jean.

---

(1) Ce fut seulement comme arbitre que Jean mit un terme en 1258 à un procès pendant entre ses parents Gaucher, comte de Réthel, et Manassès, son frère, au sujet des dépendances de la chatellenie de Mezières. *Cartul. de Réthel*, n° 147. Cf n° 70. Les deux frères avaient eu pour mère Félicité de Broyes, et nous savons que la bisaïeule de Joinville, femme de Geofroi III, le Vieux, était pareillement de la maison de Broyes.

La charte de Ferrières est traduite à peu près littéralement sur celle de Mathons : toutes deux sont calquées sur la loi de Beaumont. Elles ont principalement pour objet d'établir le tarif des redevances dues au seigneur et des amendes en matière de délits ou de contraventions. L'échevinage se compose d'un maire et de jurés, nommés pour un an et investis d'une sorte de juridiction dont les attributions ne sont pas définies, mais qui leur attribuait vraisemblablement la connaissance des affaires civiles et des infractions dont la charte fait mention. Néanmoins, il est difficile de croire que ce tribunal si peu éclairé pût connaître du cas du duel qui est prévu et qui, d'après le droit commun, était de la compétence du suzerain. Le maire et les jurés devront se rendre trois fois par an au plaid général, et chaque fois, ils recevront une indemnité de cinq sols.

L'échevinage, en s'adjoignant vingt bourgeois, a la faculté de faire des réglements dans l'intérêt de la communauté. Il constate les conventions intervenues entre les particuliers.

Les habitants doivent le service militaire pendant un jour seulement.

Ils peuvent trafiquer librement soit dans la localité soit dans toute l'étendue des domaines de Joinville, sans payer de droit de tonlieu. Un droit de mutation de un denier est dû par le vendeur et l'acheteur au profit du maire et du juré.

Chaque habitant recevra une pièce de terre, dans

laquelle il pourra semer un muid de blé ; une redevance est stipulée au profit du seigneur, sur chaque fauchée de pré ; chaque champ cultivé ou essarté doit un terrage.

Le seigneur se réserve le four et le moulin banal.

Le tarif des amendes pour délits et contraventions est extrêmement élevé : néanmoins ce règlement était un véritable progrès, puisqu'il faisait cesser l'arbitraire en une matière où il pouvait entraîner les plus fâcheux abus.

On ne voit pas que les habitants fussent soumis aux tailles ou aux corvées ; mais il est vraisemblable que la main morte n'était pas abolie, car aucune stipulation ne les en affranchit.

La condition des habitants de Joinville et de Vaucouleurs telle qu'elle résulte des chartes de 1258 et de 1298, était-elle plus favorable ? C'est ce qu'il est assez difficile de décider. En fait, ces deux documents n'ont pas beaucoup de points de ressemblance entre eux. A Joinville, l'organisation de l'échevinage se rapproche davantage de la constitution communale proprement dite. Il se compose de six prudhommes élus parmi lesquels le seigneur choisit le maire ; la justice est rendue par ce dernier et par trois échevins au moins, mais les affaires capitales et autres, où il y a perte de membre, sont réservées au seigneur. A Vaucouleurs, l'échevinage n'a pas de chef ; il se compose seulement de quatre prudhommes et d'un clerc salarié. Dans l'une et l'autre ville, les habitants ne doivent pas individuellement de corvées ni de tailles. Par acte daté de la fête de saint Lambert, 1314, Jean reconnut que les corvées faites par les habitants de Joinville pour les ponts et chaussées ne tireraient pas à conséquence. Ancel, en 1321, et Henri, en 1349, fournirent une déclaration semblable. Mais à Vaucouleurs comme à Joinville, la communauté devait au seigneur une aide pour le mariage de ses filles ou pour le voyage d'outre-mer (1).

Les bourgeois restent soumis à la banalité du moulin, du four et du pressoir, mais ils sont affranchis du banvin et les produits de leurs vignes ne paient aucun droit.

Les redevances dues au seigneur consistaient, à Joinville, en un droit annuel de six deniers par livre sur le mobilier et de douze deniers par livre sur les immeubles ; à Vaucouleurs, ce droit de jurée est moins lourd, car il est seulement de deux sous tournois par ménage, à titre d'abonnement fixe pour l'impôt mobilier, et de deux deniers par livre sur les immeubles. A Joinville, la main morte est abolie ; mais les habitants sont encore soumis au droit de poursuite et de for mariage. Cette condition rigoureuse, et le taux élevé de la jurée avaient eu pour résultat le dépeuplement de la cité. Aussi, par une charte du

---

(1) Nous savons que, en 1302, Jean leva à Joinville, tant pour le mariage de sa fille Alix que pour la chevauchée de Flandre, une aide féodale de 200 livres de petits tournois.

mois de juin 1325, Anceau de Joinville modifia ce mode de perception : la ville dut payer annuellement au seigneur une somme fixe de deux cents livres, et cet impôt fut réparti sur les habitants de la manière suivante : chaque ménage fut imposé à quatre sols tournois et chaque façade de maison, de vingt ou de vingt quatre pieds, à une redevance de trois sous ou de deux sous suivant les quartiers. Enfin Claude de Lorraine prit le parti d'abolir, en 1524, les servitudes de forfuiance et de for mariage.

Quant au service militaire dû par les habitants, il est réglé de la même manière à Joinville et à Vaucouleurs. Chaque bourgeois possédant du mobilier pour une valeur de vingt livres doit avoir une arbalète et quarante carreaux ou viretons. Ils sont tenus de faire campagne à leurs frais pendant quatre jours. Passé ce délai, ils reçoivent une indemnité de deux deniers par fantassin, ou de six deniers par cavalier (1).

---

(1) D'après les évaluations de M. de Wailly, dix deniers représentent dix sous de notre monnaie et, en tenant compte de la puissance de l'argent, trois francs au moins, formant la solde du cavalier ; celle du fantassin équivaudrait à un franc. On voit par cette donnée que nos appréciations sur la valeur relative de l'argent se rapprochent autant que possible de la vérité, car de nos jours, la solde des gens de guerre ne s'écarterait pas sensiblement de celle du cavalier ou du fantassin du XIIIe siècle. Ces mêmes évaluations nous ont permis de dire que le tarif des amendes emprunté à la loi de Beaumont était fort élevé. En effet, le délit de violences commis un jour de marché (marché brisé), est puni de 100 sous d'amende qui représenteraient aujourd'hui 600 francs. Pour le simple délit forestier, la peine est de 20 s. représentant 120 fr. Pour le maraudage dans les jardins, elle est de 5 s. équivalant à 30 fr. valeur actuelle.

II

On voit par ce qui précède quels précieux renseignements historiques nous ont été fournis par l'étude des nombreux documents authentiques que nous avons réunis et qui pourraient former un recueil sous le titre de *Cartulaire de la maison de Joinville*. Au point de vue purement philologique, on sait tout le parti que M. N. de Wailly a tiré de l'analyse grammaticale des chartes émanées de Jean, sire de Joinville (1). A l'aide de ces documents, le savant éditeur de l'histoire de saint Louis a reconstitué le texte de ce beau monument de notre langue qui ne nous est parvenu que dans une transcription du XIVe siècle. Il appartenait à un critique aussi éminent de démontrer la sincérité absolue de cette histoire et d'écrire : « J'affirme que les éditions modernes de Joinville ne contiennent pas une phrase qui n'ait existé dans ses manuscrits originaux ; que le texte de ce livre, tel qu'il est établi maintenant, est authentique depuis le premier mot jusqu'au dernier... »

---

(1) Ces textes ont été publiés dans la *Bibliothèque de l'Ecole des Chartes*, 28° année, p. 557. Nous y renverrons fréquemment par cette simple mention W., en indiquant la lettre alphabétique sous laquelle chacun de ces documents a été classé. Le mémoire du même auteur sur la *Langue de Joinville* a été publié en 1868.

M. de Wailly est arrivé à cette conclusion, en discutant la valeur du texte des *Enseignements de saint Louis* à son fils insérés dans le chapitre CXLV de Joinville. Il résulte de cet examen que, dans la transcription de ce document, il manque sans doute une phrase importante, celle où le roi recommande à son fils d'être dévot à l'église de Rome et au pape ; mais cet article qui fait partie de la rédaction la plus authentique des *Enseignements,* conservé dans l'enquête de canonisation, se trouve également omis dans un manuscrit du XIIIe siècle, antérieur au temps où a été écrite l'histoire de saint Louis. Guillaume de Nangis a fait usage, comme Joinville, du texte ainsi incomplet. Cette omission ne peut donc être attribuée à une fraude pratiquée à dessein par les copistes de notre histoire, et l'on ne saurait en tirer cette conséquence que les manuscrits qui nous l'ont conservée ne méritent aucune confiance (1).

Ce qui est vrai, c'est que Joinville a emprunté plusieurs passages de son livre à une chronique en langue vulgaire, et entre autres, sa rédaction des *Enseignements ;* ce *Romant,* pour nous servir de ses propres expressions, n'est autre qu'une vie de saint Louis qui a trouvé place dans les rédactions définitives des chroniques de Saint-Denis (2).

---

(1) V. *Joinville et les Enseignements*, par N. de Wailly, Paris, 1874.
(2) V. le mémoire du même auteur sur le *Romant* ou *Chronique en langue vulgaire*, dont Joinville a reproduit plusieurs passages.

Ces emprunts n'ont nullement le caractère suspect d'interpolation : ils ont été librement faits par notre historien qui a voulu compléter ses propres récits dans l'intérêt de la vérité. Son œuvre personnelle se distingue d'abord profondément des fragments étrangers qu'il a jugé à propos d'y ajouter. Il faut y chercher surtout le tableau de son époque, la vive impression des événements dont il a été le témoin et le portrait de l'auteur. Ces mémoires doivent en effet leur charme à la vérité des peintures non moins qu'à l'agrément du récit.

Si Joinville raconte volontiers les faits d'armes et les entretiens auxquels il a pris part, il ne dissimule jamais ses propres défauts qui lui attirèrent plus d'une remontrance de la part de son royal compagnon. Durant son séjour en Palestine, il se montre, en toute circonstance, un chevalier accompli. Il n'est pas seulement un témoin curieux, un fidèle serviteur de son prince : il commande à des hommes, il unit la fermeté à la courtoisie. Il se montre inflexible gardien de la discipline parmi les chevaliers de sa suite ; il sait se faire respecter des chevaliers du Temple qui, dans une chasse à la gazelle, avaient outragé un des siens. Il obtient justice d'un sergent du roi qui s'était permis de mettre la main sur un des gens d'armes à son service.

Il fait le bien avec la plus noble délicatesse. Le jour de la Toussaint de l'année 1253, Joinville avait retenu à sa table une nombreuse chevalerie ; parmi ses commensaux, se trouvait un pauvre chevalier qui venait de débarquer avec sa femme et ses quatre enfants. « Quand nous eûmes mangié, dit notre chroniqueur, je appelai les riches hommes qui léans estoient et leur diz : « Fesons une grant au-« mosne et deschargeons ce povre homme de ses « enfans, et preigne chascun le sien, et je en penrai « un. » Chascun en prist un et se combatoient de l'avoir. Quant li povres chevaliers vit ce, il et sa femme, il commencièrent à plorer de joie. (1) »

Du reste, le bon sénéchal met en relief, avec un égal plaisir, les actes de courage et les traits de dévouement de ses compagnons d'armes. C'est le sire de Brancion qui avait assisté à trente six combats, et qui, dans sa dernière bataille sur les bords du Nil, vit tomber à ses côtés douze des chevaliers qu'il commandait. C'est Gaucher de Châtillon qui, seul dans une des rues du village où le roi fut pris, chargeait les Sarrazins chaque fois qu'ils se présentaient ; puis il se débarassait des flèches dont son armure était couverte, remettait sa cotte d'armes et se dressant sur ses étriers, s'écriait, le glaive au poing : « Chatillon, chevaliers ! où sont mes prud'hommes ? » (2).

Joinville n'oublie pas son chapelain Jean de Wassy, qui, pour repousser une attaque dirigée contre le camp des croisés, s'élança hors des retranchements,

(1) Ch. cxvii.
(2) Ch. lxxvii.

« son chapel de fer en la teste, la lance sous l'aisselle » et mit en fuite huit Sarrazins (1).

Les détails les plus fertiles acquièrent sous sa plume un intérêt particulier. Il nous peint le comte d'Eu, dont le pavillon était placé en face du sien, et qui pendant le repas de Joinville et des siens, prenait plaisir à casser ses pots et ses verres en leur lançant des projectiles. On voit même la fille de basse-cour, occupée à chasser à coups de quenouille une jeune ourse que le comte d'Eu lâchait parmi sa volaille.

Mais la noble et pure figure qui domine toutes les autres est celle de saint Louis dont le pieux historien a laissé un portrait définitif et légendaire. Joinville en effet, se proposait d'écrire un livre d'édification destiné à servir d'exemple aux princes successeurs de Louis IX. Aussi la première partie n'est-elle guère qu'un recueil d'anecdotes et de saints propos où se révèlent les vertus morales et politiques de son héros. Mais peu à peu, le chroniqueur abandonne son plan primitif : un épisode en appelle un autre ; il revient sur le passé, sur l'histoire des comtes de Champagne, sur les fêtes auxquelles il a assisté. Lorsqu'il arrive au récit de la croisade, le cadre s'élargit, les souvenirs de l'Orient affluent dans sa

---

(1) Ch. LII. Ce vaillant chapelain eut une défaillance en célébrant sa messe. Quelques lignes touchantes suffisent à notre chroniqueur pour peindre ses derniers instants : « Il revint à soi et fit son sacrement et par-
« chanta sa messe tout entièrement; ne oncques puis ne chanta. » Ch. LX.

mémoire, un nom provoque une digression ; puis viennent les descriptions de la contrée, le tableau des mœurs des Bédouins, les conquêtes des Tartares, la chasse aux lions, l'ambassade du Vieux de la Montagne, la conversion des Tartares et le prêtre Jean (1).

Le narrateur ne peut se résigner à sacrifier les moindres incidents : il se rappelle quatre ménétriers venus de la Grande Arménie « qui faisaient les plus « douces mélodies et les plus gracieuses, que c'était « merveille de les ouïr. » Il n'est pas jusqu'à un valet fripon « le plus courtois lierres qui oncques « fut, » dont il ne veuille compter les menues prouesses. Il n'oublie pas enfin ces fils de bourgeois de Paris qui s'attardèrent pendant huit jours à marauder dans l'île de Pantalerie, avec l'insouciance de véritables *gamins*, au risque de compromettre le sort de la flotte royale ou d'être abandonnés eux-mêmes à la merci des corsaires d'Afrique qui hantaient ces parages.

Ce défaut de composition dans l'œuvre du chroniqueur est à peine sensible, tant les digressions sont amenées avec naturel. Le livre compte moins de trois cents pages, et pourtant que de précieux renseignements elles renferment ! Combien de tableaux, de portraits, de faits intéressants dont aucun n'est inutile pour l'étude des mœurs et des hommes !

(1) Ch. CXIII. Il s'agit de Jean de Brienne I qui était encore un *jeune jouvencel*. Ne perdons pas de vue d'ailleurs que Joinville, lors de son départ pour la croisade, n'avait que vingt-cinq ans.

Les juges les plus compétents donnent à Joinville le premier rang parmi les auteurs de mémoires, tout en reconnaissant qu'il doit en partie sa supériorité à l'admirable sujet qu'il a choisi. Sa crédulité même, qui n'est autre au fond qu'un sincère désir de s'instruire, nous a valu quelques informations qui ne sont pas à dédaigner. Sans doute, à ses yeux, le Nil descend du Paradis terrestre, l'extrême Orient est une contrée enclose de rochers où sont retenus Gog et Magog qui viendront à la fin du monde, etc. (1). Mais il est certain que les contemporains n'avaient guère de notions plus exactes en ces matières. Les renseignements que Joinville nous donne sur le *Vieux de la Montagne,* ont toute la précision désirable (2). Quant au *Prêtre Jean,* ce qu'il en rapporte est un écho lointain des traditions rapportées par les voyageurs (3).

(1) « Item, en nostre terre y a une autre manière de gens qui ne vivent lors que de char crue d'ommes et de femmes et de bestes et ne doubtent point à mourir... Et celles gens sont maudits de Dieu et sont appelés Got, Magot, et est plus de nacions de celes gens que de toutes autres gens, lesquels s'esprendront par tout le monde en la venue de l'Antéchrist, car ilz sont de son alliance et compagnye... » *Lettre du prestre Jehan à l'empereur de Rome et au Roy de France.*

(2) On sait aujourd'hui que le secret de l'influence exercée par le *Vieux de la Montagne*, sur les sectateurs ismaéliens, tenait à cette persuasion qu'il était une émanation de la divinité. Les hérétiques ismaélites avaient cette croyance commune avec un grand nombre de tribus montagnardes de la Perse, qu'il doit toujours y avoir sur la terre une manifestation visible de la divinité. L'usage du haschisch procurait à ces sectaires une ivresse destinée à pervertir leur imagination. (V. Wailly, *Eclaircissements sur Joinville* et *Revue d'Edimbourg,* Janvier 1872.)

(3) Dans ce même article de la *Revue d'Edimbourg,* l'auteur donne les

Froissart, qui vivait un demi-siècle après l'historien de saint Louis et à une époque plus raffinée, est son égal comme peintre de mœurs ; mais, ainsi qu'on en a plusieurs fois fait la remarque, il lui manque cette éloquence de cœur qui rend si émouvants certains épisodes racontés par son devancier. Les caractères qui s'offraient au pinceau de Joinville ont, en général, plus d'élévation morale, quelque chose de plus héroïque que ceux des contemporains de l'illustre chroniqueur de Valenciennes. On ne saurait attacher un trop haut prix à ce beau livre qui ne sortit de l'oubli que dans le cours du XVIe siècle et qu'un malheureux hasard pouvait anéantir.

Si nous supposons pour un instant que les rares manuscrits qui nous restent aient été détruits, et que cependant un souvenir fidèle de Jean, sire de Joinville, nous eût été conservé dans quelque chronique contemporaine, nous posséderions peut-être le récit

---

détails les plus précieux sur l'existence de ces communautés chrétiennes. Dans le IVe siècle, il y a eu des évêques à Suze, et à Persépolis ; le christianisme florissait, au VIe siècle, dans toutes les villes importantes de l'Asie centrale, à Kaskgar, à Yarkend. Au VIIIe siècle, un métropolitain fut consacré pour la Chine. Enfin de grandes tribus mongoles avaient embrassé le nestorianisme bien avant l'avènement de Gengis. C'est au chef de l'une ou de l'autre de ces tribus qu'il faut rapporter les traditions relatives au prêtre Jean, si toutefois il est possible de l'identifier avec un personnage déterminé. Le véritable prêtre Jean, dont la réputation se répandit en Europe par le rapport de l'évêque syrien de Gabala, doit être Gurkan le Kara Kitoghan, dont le nom adouci sera devenu Yurkan, que les Syriens auront confondu avec Juchanam, Johannes. V. d'ailleurs Ducange, *Eclaircissements*, p. 89. Nos hérauts d'armes avaient composé des armoiries au prêtre Jean.

des actes de bravoure par lesquels il se signala devant Mansourah. L'historien nous eût montré sa résignation dans les souffrances, son dévouement à son prince ; par un heureux choix d'anecdotes, il nous aurait fait apprécier sa sincérité dans les conseils, la droiture de son jugement, la noblesse de son caractère, la vivacité de ses réparties. La postérité aurait assigné au compagnon de saint Louis une place honorable parmi ses compagnons d'armes ; mais, dans les recueils biographiques, où sa vie eût rempli quelques pages à peine, il aurait rencontré de nombreux émules. Son nom, d'ailleurs, ne se trouverait associé à aucune de ces actions mémorables qui donnent la gloire proprement dite. Son portrait ne laisserait pas dans l'esprit une image comparable à celle que la lecture de ses mémoires éveille dans les imaginations. Le saint roi lui-même eût perdu quelque chose de son auréole.

Joinville, en un mot, aurait manqué cette place d'honneur qu'il doit à son livre non moins qu'à son beau caractère. Tant il est vrai que le style, s'il n'ajoute rien à la valeur morale des grandes actions, est seul capable de leur donner aux yeux de la postérité une sorte de consécration éternelle.

III

Il n'est peut-être pas inutile de faire un examen sommaire des généalogies qui rattachent la maison de Joinville à celle de Boulogne, et font descendre les premiers seigneurs dont nous aurons à nous occuper, d'un frère de Godefroi de Bouillon (1).

Le manuscrit de Fissieux, et le recueil 1054, dont M. Didot a fait usage (2), me paraissent avoir copié Vassebourg *(Antiquités de la Gaule Belgique),* dont l'autorité, en l'absence de documents positifs, ne mérite qu'une médiocre confiance. Nous lui emprunterons quelques extraits afin de ne négliger aucune des sources de nature à intéresser le lecteur. La généalogie des sires de Joinville, d'après cet auteur, se résumerait ainsi :

EUSTACHE II, aux Grenoms, 1049-1093, ép. 1° Goda d'Angleterre, 2° Ida d'Ardennes, dont :

1	2	3	4
GODEFROI, duc de Bouillon, r. de Jérusalem en 1099.	EUSTACHE III c^{te} de Boulogne.	BAUDOUIN, c^{te} d'Edesse.	GUILLAUME, (3) 1er sire de Joinville.

L'an M.CXVIII, mourut... Guillaume, le plus jeune des frères de Godefroy de Bouillon. Cestuy avoit eu pour son par-

---

(1) J'y ai fait une courte allusion, p. 7, ci-après.

(2) *Essai sur la généalogie des sires de Joinville.* (Ed. de Joinville, p. CXXVII.)

(3) Non cité dans l'*Art de vérifier les dates.*

tage la baronnie de Jaynville et aultres seigneuries circonvoisines, aussy avoit gouverné le Duché de Lorraine en l'absence et sous les noms consécutivement de ses deux frères Godefroy et Bauldouin...

Nous trouvons qu'il eut deux femmes, dont la première fut Geltrude, fille du comte de Las, la deuxième Mathilde, fille de Gerard, duc de Mozellanne. Il laissa trois fils qui lui succédèrent comme s'ensuit :

Théodoric le premier et aisné succéda au duché de Lorraine...

Godefroy, le second fils dudit Guillaume, eut pour son partage la baronnie de Jainville. Nous trouvons que, vivant encores sondict père, mesme environ l'an mil cent huid ou plus tost, selon aulcuns, il entreprit le voyage de Hiérusalem... (Il y aurait pris part aux exploits de son oncle Baudoin.)

Puis quelque temps après la mort de sondict oncle Bauldouyn, qui advient l'an 1119, il reveint en sa baronnie de Jainville qu'il gouverna jusques environ l'an 1128, auquel temps alla de vie à trespas, laissant un fils nommé Godefroy deuxième de nom... J'ay leu que cestuy Godefroy premier du nom, baron de Jainville, eut plusieurs enfans de sa femme Jehanne fille de Jehan de Harcont (1).

Henry, troisième et plus jeune des fils dudict Guillaume, baron de Jainville, estant encores en fleur de jeunesse....., l'an 1,110 s'embarqua à Marseille, en intention de faire voile en Terre Saincte, mais la tempeste et fortune de mer ou bien par délibéracion de ceulx qui le conduisoient fait que les navires vindrent aborder es parties de Galice (2).

Poursuivons la généalogie.

GUILLAUME de Boulogne, S. de Joinville, dont :

1	2	3
THIERRY, duc de Lorraine.	GODEFROI ou GEOFROI I, ép. Jeanne de Harcourt.	HENRY, 1ᵉʳ roi de Portugal.

(1) Vassebourg, f° CCLXXX.
(2) Ibid. Le reste de l'aventure est résumé dans Didot, d'après Fissieux.

GODEFROI II ép. Gertrude de Vaudémont, dont :

1	2
GODEFROI III, sire de Joinville, sénéchal de Champ., 1200? ép. Jeanne de Reynel, dont :	GUI, évêque de Châlons.

1	2	3
SIMON, sire de Joinville et sénéchal de Champagne.	GEOFROI *Trouillard,* s. de Vaucouleurs et de Reynel.	GUILLAUME, évêq. de Langres, puis archev. de Reims.

Cette généalogie renferme les erreurs les plus grossières : Etienne de Vaux et Roger, fils de Geofroi II, y sont omis, et Geofroi IV, dit *Trouillard,* n'y figure pas en qualité de sire de Joinville.

Toutefois, on rencontre dans les notices données par Vassebourg certains détails qui ne sont pas dépourvus d'intérêt et qu'il a pu emprunter aux traditions locales. Si l'on rapproche de ce qui précède les documents analysés par M. Didot, on verra que Fissieux, lieutenant général au bailliage de Joinville, auteur d'une histoire inédite de la principauté de Joinville (1632), a vraisemblablement copié Vassebourg, en ce qui concerne Guillaume de Boulogne, ses alliances, sa postérité, les aventures de Henry en Galice. Il paraît avoir pareillement omis Roger, fils de Geofroi II, et rapporte de la même manière certains faits relatifs à Gui, évêque de Châlons. Le manuscrit 1054 a sans doute aussi reproduit, d'après Vassebourg, la notice sur Geofroi III, son prétendu mariage avec la fille de Guillaume, baron de Vaucouleurs, sa mort en 1200. On pourrait faire des rapprochements semblables, en ce qui concerne Geofroi V, dit Trouillard, et Simon, son frère, auxquels Philippe Auguste, en quittant la Terre Sainte, aurait confié une partie de son armée. Le manuscrit de Fissieux suit presque littéralement Vassebourg, dans le récit qu'il fait des aventures des deux frères en Sardaigne et en Sicile.

Il me reste à exprimer toute ma gratitude envers la Société historique et archéologique de Langres qui a bien voulu accorder à cet ouvrage le suffrage le plus flatteur et le publier sous son patronage.

Je dois également des remerciements à Messieurs les archivistes de la Haute-Marne, de la Côte-d'Or, de la Meuse et de la Meurthe qui m'ont libéralement communiqué les documents dont j'ai fait usage.

Les ouvrages auxquels je renvoie plus spécialemenent le lecteur sont : *L'Histoire des Ducs et des Comtes de Champagne*, par M. d'Arbois de Jubainville. J'ai fait usage très-fréquemment de son catalogue des actes des C. de Champagne; j'indiquerai les citations que j'emprunte à ce recueil par les initiales A. J. suivies du numéro.

Levesque de la Ravalière, *Vie du Sire de Joinville*, insérée dans les mémoires de l'Académie des Inscriptions, etc., t. xx, p. 310 et s.

Du Cange, *Généalogie de la Maison de Joinville*,

publiée à la suite de l'*Histoire de saint Louis*, (Paris MDCLXXXVIII).

Champollion, *Documents inédits* relatifs à Jean, sire de Joinville, publiés dans le recueil intitulé : *Documents historiques extraits de la bibliothèque royale*, etc., t. I, p. 615 et s.

Mémoires de Jean, S. de Joinville..., précédés de dissertations, par M. A. F. Didot, Paris, 1858.

Wailly, *Recueil de chartes originales de Joinville*, en langue vulgaire. (Bibl. de l'Ecole des chartes, 28e année, p. 557 et s.

Jolibois, *La Haute-Marne ancienne et moderne*.

J'ai publié moi-même, dans le recueil des mémoires de l'Académie des sciences, arts et belles lettres de Dijon, treize chartes inédites de Jean, accompagnées de notes grammaticales. (Dijon, 1874.)

HISTOIRE ET GÉNÉALOGIE

DES

SIRES DE JOINVILLE

I

ÉTIENNE DE VAUX

Etienne de Vaux vivait au commencement du xɪᵉ siècle : il empruntait son nom soit au fief de Vaux-sous-Saint-Urbain, soit au pais des Vaux *(pagus Vallium)* sur la Meuse, entre Neufchâteau et Vaucouleurs, anciennes possessions de la maison de Joinville. Les chartes contemporaines le nomment *Stephanus de Vallibus*, et encore, ainsi que nous le verrons, *Stephanus de Novo Castello*. Il avait pour suzerain Engelbert I, comte de Brienne (1), qui avait

---

(1) Ce comte de Brienne devrait porter le titre d'Engelbert II. Le premier vivait en 951 ; il est mentionné par Richer (Livre ɪɪ, ch. c) avec un certain Gozbert, comme fondateur du château de Brienne, et dans une charte du Cartulaire de Montiérender. Toutefois, de peur de jeter de la confusion dans la discussion, nous nous conformerons à la nomenclature suivie par les généalogistes.

épousé Adélaïde de Sens, veuve de Geofroi I, comte de Joigny. Elle avait eu de son premier mariage une fille qui devait hériter du comté de Joigny, après la mort de son frère Geofroi II. Engelbert accorda la main de cette riche héritière à Etienne son vassal, lui céda l'avouerie d'une partie de la contrée du Blaisois, qui faisait partie des domaines de l'abhaye du Der, et l'aida à construire le château de Joinville. Etienne de Vaux recueillit du chef de sa femme, le comté de Joigny : ils eurent pour fils Geofroi qui hérita de cette seigneurie et mourut en 1081.

Il était indispensable de rappeler sommairement ces faits et ces dates, sur lesquels nous aurons à revenir, afin de rendre plus intelligible le texte d'Albéric de Trois-Fontaines que nous allons reproduire. Ce chroniqueur s'explique en ces termes :

« Année 1055... Guerre de Bologne ; prise de Geofroi ; mort de son fils Hildoin. En ce temps là était comte de Brienne Engelbert qui épousa la comtesse de Joigny, veuve d'un premier mari, laquelle avait une fille unique (1). Cette fille fut, par les soins d'Engelbert, donnée en mariage à un puissant chevalier, nommé Etienne de Vaux, proche l'abbaye de Saint-Urbain. Cet Etienne, après la mort de cette comtesse, devint comte de Joigny, du chef de sa

---

(1) Elle avait en outre un fils qui fut comte de Joigny après son père Geofroi I ; mais, comme il mourut sans postérité, le chroniqueur a pu écrire que sa sœur était ou resta fille unique.

femme ; et commença la construction du château de Joinville, avec l'aide du comte Engelbert.

« Etienne eut un fils, nommé Geofroi, qui fut comte de Joigny et deuxième seigneur de Joinville. C'est de lui que nous avons voulu parler, en faisant mention de la mort de Geofroi, lequel obtint sa liberté et vécut encore pendant vingt-six années. Tel est le récit sommaire des origines de Joinville.

« Année 1080. Mort de Geofroi, deuxième seigneur de Joinville et comte de Joigny, auquel succéda Geofroi son fils. »

Il importe de rapprocher de ce récit le texte d'une charte du Cartulaire de Montiérender qui présente avec le précédent une légère différence. Nous n'en transcrirons ici que le passage qui nous intéresse.

« Engelbert, comte de Brienne, avait une sœur qui n'était pas encore mariée : désirant lui faire épouser un homme de quelque valeur, il résolut de l'unir à Etienne de Vaux » (1).

Ce document étant contemporain du fait qui y est rapporté, devrait mériter plus de confiance que le récit d'Albéric qui écrivait deux siècles plus tard. Or la femme d'Etienne de Vaux, désignée comme belle-fille d'Engelbert dans le chroniqueur, figure comme sœur du comte de Brienne dans la charte de l'abbé Dudon. Cependant, nous considérons les

---

(1) Cette charte de l'abbé Dudon se place entre les années 1020 et 1034. Elle a été publiée par M. Didot (Ed. *Joinville*. p. cxxii).

deux documents comme parfaitement conciliables. L'abbé Dudon a été successivement en rapport avec Engelbert I, époux d'Adélaïde, comtesse de Joigny, et avec leur fils Engelbert II. Dans une charte antérieure, revêtue des sceaux d'Engelbert I et d'Adélaïde, il est traité de la cession du village de Saint-Christophe *(Dodiniaca curtis)*, par le comte de Brienne à l'abbaye du Der. La charte où il est question du mariage d'Etienne de Vaux est revêtue des sceaux du père et du fils, d'Engelbert I, et d'Engelbert II. On s'explique que le rédacteur de ce titre, se trouvant en présence de ces deux personnages, ait écrit que leur vassal avait épousé la sœur du comte de Brienne, puisque, en effet, l'héritière de Joigny était la sœur utérine d'Engelbert II, mentionné dans l'acte (1). Il résulte de ce rapprochement que la divergence entre le dernier texte et la chronique n'est qu'apparente : dans celle-ci, le narrateur désigne l'héritière de Joigny, comme belle-fille d'Engelbert I ; dans la charte de l'abbé Dudon, elle figure comme sœur d'Engelbert II, fils du précédent.

Afin de vérifier l'exactitude de nos déductions et de déterminer la date du mariage dont il s'agit, quelques observations sont nécessaires. Albéric nomme Geofroi I, fils d'Etienne de Vaux, puis Hildoin, fils de

---

(1) On pourrait cependant supposer que le témoin Engelbert nommé après le comte Engelbert, n'est pas le fils de ce dernier. Mais dans cette hypothèse ne pourrait-on pas dire que le comte de Brienne qui y est désigné est Engelbert II ?

Geofroi. Cet Hildoin tué dans le combat de Bologne, en 1055, laissa lui-même trois enfants. Si nous supposons que ce dernier soit mort à l'âge de vingt-cinq ans, nous pourrons placer la date du mariage de son père Geofroi sous l'année 1029, et çelle de sa naissance en 1009 au plus tôt. La mère de Geofroi aura épousé Etienne de Vaux vers 1008 ; et si on lui donne seize ans seulement à l'époque de son mariage, elle a pu naître en 992. Mais on ne peut guère supposer que ces personnages se soient mariés à peine nubiles ; ces dates doivent être quelque peu reculées. Ainsi la naissance de l'héritière de Joigny, future femme d'Etienne, pourra être fixée entre les années 985 et 988, et celle de sa mère Adélaïde de Sens à l'année 965. Rien dans les documents relatifs à la généalogie des divers intéressés ne contredit ces inductions.

Adélaïde était fille de Rainard I, comte de Sens, mort en 996 (1). Elle a dû épouser, vers l'année 983, Geofroi I, comte de Joigny, dont elle eut quatre enfants, savoir : Geofroi II, Gilduin, depuis archevêque de Sens (2), Renaud, et la future épouse du premier seigneur de Joinville que nous supposons née au plus tard en 988. Adélaïde a pu devenir veuve en 989, et se remarier en 990 avec Engelbert I. Leur fils

---

(1) Le P. Anselme suppose qu'elle épousa en premières noces Fromont III, comte de Sens et de Joigny, mais les deux comtés n'ont jamais été réunis.

(2) Gilduin fut sacré en 1032 et figure dans l'acte de fondation du prieuré de Joigny en 1042.

Engelbert II a pu en 1008, assister au mariage de sa sœur utérine avec Etienne.

Quant à Engelbert I, qui d'après les généalogistes, figure dans un titre de 990, il était évidemment contemporain d'Adélaïde de Sens : en le supposant de cinq ans plus âgé que celle-ci, il aurait eu 65 ans en 1025, date approximative de la cession de St-Christophe à l'abbaye du Der. Nous savons enfin que la comtesse Adélaïde et son premier fils Geofroi de Joigny, vivaient encore en 1044 ; elle pouvait avoir alors soixante-dix-neuf ans (1).

Nous considérons d'ailleurs comme certain que la charte de l'abbé Dudon, qui ne peut être antérieure à l'année 1020, a été rédigée plusieurs années après le mariage d'Etienne de Vaux qui doit être fixé au plus tard en 1008. Il est surtout question, dans ce document, de la cession de l'avouerie du Blaisois, consentie par Engelbert I à Etienne, et d'une deuxième convention qui intervint entre ce dernier et l'abbé du Der afin de fixer les redevances dues au nouvel avoué. Ces faits, distincts en eux-mêmes, n'ont pas été simultanés : il n'est pas extraordinaire que le rédacteur de l'acte rappelle, à cette occasion, les événements antérieurs qui ont donné naissance aux rapports existants entre les parties.

Une observation analogue s'applique au texte d'Albéric, lequel, pris à la lettre, donnerait lieu de

---

(1) *Gallia Christiana*, xii, Instr. p. 101, 102.

croire que le mariage du premier sire de Joinville n'a été contracté qu'en 1055. Le chroniqueur voulant expliquer quels personnages ont pris part à la bataille de Bologne, remonte dans le passé jusqu'à Etienne de Vaux, père de Geofroi et aieul d'Hildoin.

Quelques généalogistes désignent comme le premier ancêtre de la maison de Joinville Eustache II, comte de Boulogne, qui eut quatre fils, entre autres, Godefroi de Bouillon et Guillaume, qui aurait hérité du château de Joinville et aurait eu pour fils Geofroi I. Ce système, résumé par M. Didot qui le repousse, fait abstraction d'Etienne de Vaux, dont l'existence ne saurait être révoquée en doute.

Dom Calmet fait observer que les auteurs qui ont attaché tant d'importance historique au rôle de Guillaume, frère de Godefroi de Bouillon, se proposaient pour but de démontrer, contre toute raison, que les ducs de Lorraine avaient hérité des droits de la maison de Bouillon sur le royaume de Jérusalem, en qualité de successeurs de Guillaume (1).

M. Didot rattache cependant Etienne de Vaux à Guillaume, comte de Ponthieu (2), qui vivait en 957, et qui eut deux fils ; Hilduin, tige des comtes d'Ar-

---

(1) Ils donnent en conséquence pour fils à ce Guillaume Thierry le Vaillant qui vivait en 1070. Mais il est constant que ce duc de Lorraine a eu pour père Gérard d'Alsace. Du reste, Guillaume n'est pas, ainsi qu'on l'a supposé, un personnage imaginaire. Son existence est attestée par Guillaume de Tyr (l. IX. ch. V et liv. X. ch. II), par Lemire (*Piarum Donatinum*), t. 1, p. 162). V. en outre D. Calmet. t. I. p. cxxv.

(2) Et non comte de *Poitiers* comme l'a imprimé M. Didot.

cies et de Rameru, et Arnoul, comte de Boulogne, ancêtre de Godefroi de Bouillon. Etienne de Vaux serait l'arrière petit-fils de Hilduin (1).

L'un de ces systèmes, en passant sous silence Etienne de Vaux, fait abstraction des documents les plus sûrs, et ne saurait d'ailleurs expliquer comment le comté de Joigny a été recueilli par le deuxième seigneur de Joinville. Celui de M. Didot ne tient pas compte des textes qui permettent de considérer Etienne de Vaux comme appartenant à la famille des premiers seigneurs de Neufchâteau dont il portait le nom.

En effet, ainsi que l'a fait remarquer, le premier, le savant auteur de l'histoire des évêques de Langres (2), une charte du Cartulaire de Montiérender donne à Geofroi, deuxième sire de Joinville, le nom de *Gozfridus de Novo Castello*. Etienne de Vaux, son père, porte le même titre dans un mandement d'Hermann, évêque de Toul, par lequel ce prélat lui enjoint de s'abstenir des vexations dont il s'était rendu coupable envers les moines établis à Augéville. En l'année

---

(1) Les documents sur lesquels s'appuie M. Didot, ne nous inspirent qu'une médiocre confiance. Ducange suppose avec plus de raison que la maison de Joinville se rattachait à celle de Broyes dont elle avait pris les armoiries (d'azur à trois broyes d'or). Il présume qu'Etienne de Vaux fut le deuxième fils de Renaud, premier sire de Broyes, et d'Heluis ; mais ce fils n'est pas mentionné par Du Chesne, auteur de cette généalogie. M. Fériel cite même, sans donner des éclaircissements suffisants, des autorités desquelles on a pu induire que Joinville faisait partie des domaines de la maison de Broyes, dès le IXe siècle *(Notes historiques s. Joinville, p. 63).*

(2) L'abbé Mathieu, p. 63.

1005, l'évêque Bertold avait fait don de l'église St-Hubert d'Augéville au prieuré de St-Blin *(Bertiniaca curtis)*, dont les religieux desservaient cet oratoire. L'abbé de Saint-Urbain interdit à ses tenanciers, résidant à Augéville, de payer la dîme aux desservants. De son côté, Etienne de Neufchâteau avait molesté les ouvriers qui travaillaient dans la grange et poursuivi les moines jusque dans le sanctuaire. L'évêque Herman enjoignit à son archidiacre et au doyen de faire respecter le droit qu'il avait conféré au prieur de Saint-Blin de desservir cette église, et adressa deux mandements à l'abbé de Saint-Urbain et à Etienne, auteur de ces voies de fait. Nous savons enfin que la terre d'Augéville a été longtemps réunie à celle de Sailly qui faisait partie des domaines de la seigneurie de Joinville. D'où l'on doit tirer cette conséquence nécessaire que les actes attribués au seigneur d'Augéville, appelé Etienne de Neufchâteau, ne peuvent avoir eu pour auteur que Etienne de Vaux, premier seigneur de Joinville, contemporain de l'évêque de Toul (1019-1026) (1).

---

(1) On trouvera le récit complet des griefs du prélat dans le mandement adressé à l'abbé de Saint-Urbain (Pérard, p. 174).

Dans le mandement adressé à Etienne, il est expressément appelé *Seigneur de Neufchâteau*. L'abbé Mathieu cite en outre un texte de l'année 1251, dans lequel serait mentionné un certain Thiébaut, seigneur de Neufchâteau et de Joinville. Mais cette citation est insuffisante, et d'ailleurs il est certain que si Neufchâteau a eu des seigneurs particuliers dans le

On peut supposer ou bien que les seigneurs de Vaux-sur-Saint-Urbain venaient d'une branche cadette de la maison de Neufchâteau, ou même qu'ils ont pendant quelque temps possédé cette ville ainsi que la seigneurie de Joinville. Il est à remarquer en effet que leurs domaines s'étendaient sur la Meuse jusqu'à Vaucouleurs ; sur la Saux, sur l'Ornain, jusqu'à Montier-sur-Saux et Gondrecourt et au delà ; qu'ils avaient des possessions dans la région qui, dans le département de la Haute-Marne, longe celui des Vosges, à une faible distance de Neufchâteau (1). Il ne serait pas étonnant que cette ville eût été le chef-lieu naturel de ces seigneuries qui l'avoisinaient de deux côtés.

Comment est-il arrivé que ce fief considérable ait cessé d'appartenir ou de donner son nom aux descendants d'Etienne et de Geofroi ? Aucun document ne nous permet de présenter autre chose que de simples conjectures. Nous savons que deux guerres mémorables désolèrent les marches de la Champagne et du Barrois dans la première moitié du XIᵉ siècle. Vers l'année 1017 Widric, comte de Clefmont en Bassiguy, et son frère Amalric, archidiacre de

---

courant du XIᵉ siècle : cette ville était, dès les premières années du XIIIᵉ siècle, tenue en fief par le duc de Lorraine sous la suzeraineté du comte de Champagne. V. Digot. *Essai sur l'Hist. de la commune de Neufchâteau.* p. 10.

(1) L'abbaye de Mureau à une faible distance de cette ville reçut des dons des sires de Joinville.

Langres, attaquèrent Thierry, duc de Lorraine et se jetèrent dans le comté de Bar où ils firent de grands ravages. Le combat s'engagea près de Bar et se termina à l'avantage de Thierry qui tua l'archidiacre de sa main.

En 1036, Eudes, comte de Champagne, prétendant évincé du royaume de Bourgogne, envahit la Lorraine, afin de tirer vengeance de l'empereur Conrad, son adversaire plus heureux. Il s'empara du château de Bar et vint, le 31 octobre, mettre le siège devant Toul, qui fut énergiquement défendu par l'évêque Brunon. Forcé de se retirer en Champagne, Eudes y fut poursuivi par Conrad qui le força à signer un traité humiliant. L'année suivante, il pénétra en Lorraine une deuxième fois, mais il perdit du temps devant le château de Bar; le duc Gothelon réunit une armée et rencontra son adversaire dans la vallée de l'Orne. L'armée champenoise, beaucoup plus nombreuse, eut d'abord l'avantage; mais les Lorrains ayant reçu, pendant le combat, les contingents de l'évêque de Metz et ceux du comte Gérard, venant de Basse-Lorraine, la lutte se termina par la défaite de Eudes et des siens qui laissèrent deux mille hommes sur le champ de bataille.

Il n'est guère douteux que, dans ces deux campagnes, Etienne de Vaux ait compté parmi les envahisseurs de la Lorraine, et qu'il ait partagé les revers des partisans d'Amalric, en 1017, et le désastre du comte de Champagne, son suzerain, en 1037.

On s'expliquerait ainsi que le duc de Lorraine ait usé des droits de la victoire, en confisquant à son profit le fief de Neufchâteau possédé par un de ses ennemis (1).

Peut-être enfin faut-il supposer que la perte de ce fief fut la conséquence de la bataille de Bologne ou de Boulogne où, selon Albéric, le fils d'Etienne de Vaux fut fait prisonnier et où périt son petit-fils.

Les démêlés qui rendirent nécessaire l'intervention de l'évêque Herman en faveur des religieux d'Augéville ne sont pas les seuls qui se soient élevés entre les premiers seigneurs de Joinville et l'autorité épiscopale. On lit dans la notice concernant l'évêque Udon (1052-1069), que, à une époque remontant à quarante ans, l'évêque de Toul avait eu à se plaindre des violences des seigneurs de Vaucouleurs qui n'étaient autres que les seigneurs de Joinville.

Le prélat invoqua le secours de Gérard d'Alsace et fut assisté par les populations du voisinage. Le château de Vaucouleurs qui avait précédemment résisté à toutes les attaques, grâce au concours des seigneurs de Reynel et de La Fauche, fut assiégé cette fois par les troupes du duc de Lorraine et du comte de Bar et tomba entre les mains des assaillants. Il fut détruit complétement (2). Soit que ce

---

(1) Sur ces guerres V. Dom Calmet, 1. p. 940 ; et d'Arb. de Jubainville. T. 1 p. 340 : Digot, *Hist. de Lorraine*. T. 1. Passim.

(2) Sur ces événements, V. D. Calmet, 1, col. CLXXVII, et Benoît, cité par Digot, *Hist. de Toul*. p. 381.

siége, qui eut lieu vers l'année 1057, ait été soutenu par Etienne de Vaux ou par son fils Geofroi, il a pu fournir au duc de Lorraine une occasion de s'approprier la ville de Neufchâteau.

M. Fériel a fixé la date de la mort d'Etienne de Vaux à l'année 1060. Outre Geofroi qui suit, il laissa plusieurs enfants, auxquels fait allusion une charte du Cartulaire de Montiérender.

CHARTES CONCERNANT ÉTIENNE DE VAUX

Trois chartes concernant le premier seigneur de Joinville nous ont été conservées dans le Cartulaire de Montiérender.

La première est relative au mariage d'Etienne de Vaux et constate que le comte de Brienne, en donnant à son vassal la main de l'héritière de Joigny, lui a cédé l'avouerie de la contrée du Blaisois (1); que Etienne demanda à l'abbé Dudon de nouveaux avantages, promettant, de son côté, une protection efficace au monastère. Il fut convenu en conséquence que le nouvel avoué aurait droit annuellement à une redevance de quarante béliers et de quarante truies, et à six repas; qu'il pourra exiger des charrois pour amener à son château des bois et des fascines nécessaires pour les travaux de construction. Il se concertera avec les officiers du monastère pour requérir les ouvriers : les hommes de corvée ne pourront être retenus plus d'une journée hors de leur domicile. S'il exige rien au delà, le seigneur de Joinville sera déchu de tout droit sur ce territoire.

---

(1) Et non le territoire de Blois ou de Brie, ainsi que l'a traduit Didot. Il s'agit de la vallée de la Blaise, dans la partie qui s'étend de Dommartin-le-st-Père jusqu'à Vassy (Haute-Marne).

DE STEPHANO JUNVILLE CUI ABBAS DUDO DEDIT CONSUETUDINES.

« Notum fieri volumus omnibus Christi fidelibus quoniam Ego Dudo, licet indignus, abbas Dervensis, breviarium studui facere de territorio Blesensi quod est sanctorum apostolorum Petri et Pauli et venerandi martiris Christi Bercharii, qualiter ad defendendum et bene ab hostibus custodiendum, Stephano de Juncivilia commissum sit. Quapropter Engelbertus, comes Breonensis, habens quamdam sororem nullius adhuc junctam connubio, cupiens que eam tradere alicujus valentie potentie que viro, placitum inde habuit cum supra memorato Stephano, copulans eam illi vinculo maritali.

Hac itaque ratione, idem Stephanus, peroptans ab ipso aliquod extorquere proficuum sicut a tali ac tanto domino, quesivit et impetravit illud tantillum advocarie Blesensis pagi quod commissum fuerat Engelberto prenominato comiti. Verum quia sibi parum proveniebat hec talis advocaria, venit ad me ultro, promittens Deo et sancto Petro et mihi, coram fratribus et multis aliis, se deinceps melius defensurum terram illam nostram, si sibi gratis aliquid concederemus. Cujus confisi promissionibus, annuimus ei per annum de pertinentiis ad eamdem advocarium, quadraginta arietes et totidem porcas, sex prandia et carropera ad palos virgasque ferendas ad opus castri sui, hoc modo ut mane euntia in vesperis reverterentur. Concessimus etiam sibi de operariis ad laudem suorum et nostrorum hominum. Eo tamen tenore hec omnia sibi injunximus ut nihil aliud acciperet ibi ; si autem in aliquo deviaret, amplius nullum ibi dominium ipse nec ejus posteri haberent. »

S. Dudonis, abbatis ; S. Milonis, monachi ; S. Vuandelgerii, monachi ; S. Engelberti, comitis ; S. Vuidonis, comitis ; S. Tecelini ; S. Richeri ; S. Engelberti (1).

---

(1) Cette charte du *Cart. de Montiérender* (I, f° 35 v°) a été publiée par M. Didot. Il résulte de la lecture attentive de ce document que le mariage d'Etienne de Vaux est présenté comme un fait déjà ancien : la rédaction est également postérieure à la dernière transaction qui fixa les redevan-

Peu de temps après, l'abbé Dudon eut à se plaindre des abus de toute sorte commis par Etienne de Vaux : il avait envahi les domaines du monastère à Ragecourt-sur-Blaise, à Vaux, à Fays, à Trémilly, à Saint-Christophe, à Lassicourt et à Ville-sur-Terre *(Saura Terra)* (1). Le prélat s'adressa au roi Robert qui célébrait alors à Reims le couronnement de son fils Henri I. Après avoir consulté son conseil, qui fut d'avis que Etienne de Vaux avait mérité la peine de l'excommunication, le souverain ajourna la sentence au lendemain, ne voulant pas qu'un jour aussi solennel fût marqué par une malédiction. La sentence fut en effet prononcée (2). Etienne, désirant faire lever cette excommunication, entra en composition avec l'abbé Dudon ; la charte suivante constate une partie des réparations auxquelles avait droit le monastère.

ces dues au nouveau seigneur ; car l'abbé Dudon explique qu'il se propose de dresser un état des possesions de l'abbaye dans le Blaisois : il raconte à cette occasion, un fait passé et consacré par un acte revêtu de tels et tels sceaux.

(1) Ces trois dernières localités font partie du département de l'Aube ; les quatre autres du département de la Haute-Marne.

(2) Le couronnement du prince eut lieu le 14 mai 1027 ; M. d'Arbois de Jubainville suppose que les transactions arrêtées entre l'abbé Dudon et Etienne de Vaux, et constatées dans l'acte où son mariage est rappelé, ont été conclues à la suite de la sentence d'excommunication. *Hist. des comtes de Champagne*, t. 1. p. 287. Mais cette charte ne fait aucune allusion aux excès reprochés au seigneur de Joinville. Celle que nous allons transcrire s'y rattache au contraire avec la plus grande précision. La sentence d'excommunication et les faits qui l'ont motivée sont rapportés dans une charte du Cart. de Montierender publiée par M. Bouillevaux (*Moines du Der*, p. 325). Elle a été traduite par M. d'Arbois de J. *(loco citato).*

De Stephano qui villas nostras Ragisi-cortem et Vallis absolvit à consuetudinibus.

In nomine summi Dei, ego Stephanus, divinâ favente providentiâ, notum esse volumus omnibus presentibus et futuris, quod Dudo, abbas monasterii Dervensis cuncta que congregatio hujus loci petierunt nostram munificentiam ut quasdam villas sui juris, nostris infestationibus oppressas, ob amorem Dei et salutem nostram, et ut delectabilius pro nobis Domini misericordiam exorarent, his oppressionibus sublevaremus. Sunt autem hæc nomina villarum : Ragitsi-cortis et Vallis, que et Meliperarius dicitur, cum appendiciis suis. Quorum petitioni, cum consensu nostrorum fidelium, libenter annuentes, decrevimus atque statuimus ut nullus fidelium nostrorum, tam nostris quam successorum nostrorum temporibus aliquam violentiam aut injustitiam quasi pro consuetudine inferat, neque venatores neque alia quoque persona quocumque modo sibi ipsi receptaculum vel pastum equorum aut canum requirat. Quod si quis arrepticius, suâ devictus infamiâ, hoc nostrum decretum infringere præsumpserit, imprimis iram Dei omnipotentis incurrat, deinde quasi sacrilegus pervasa reddere cogatur. Et ut hæc auctoritatis nostræ corroboratio inconvulsa et intemerata per succedentia tempora permaneat, manu nostra fidelium nostrorum roborandam suximus.

S. Stephani; S. Richeri; S. Tecelini; S. Engelberti; S. Bosonis de Flammericurte; S. Rogeri; S. Amalrici; S. Hugonis, fratris ejus (1).

---

(1) *Cart. de Montiérender*, t. 1, f° xxxvii, recto. Il n'est plus question dans cette charte que du droit de gite et de past que le premier seigneur de Joinville aurait indument exercé à Vaux et à Ragecourt. Cf. *Ann. Bénédictin.* iv, p. 712.

II

GEOFROI I

DE NEUFCHATEAU, SEIGNEUR DE JOINVILLE ET COMTE DE JOIGNY

Geofroi devint sire de Joinville et comte de Joigny après la mort de son père. Nous ne connaissons de sa biographie que les faits rapportés par Albéric de Trois-Fontaines et ses relations avec les abbayes de Molesmes et de Montiérender. La bataille de Bologne, où périt son fils Hildoin et où lui-même fut fait prisonnier, en 1055, n'a laissé d'autres traces que les deux lignes du chroniqueur que nous avons transcrites ci-dessus. Albéric rappelle en même temps la bataille de Mortemer, en Normandie, où l'armée commandée par Eudes, frère du roi de France, fut complètement défaite par celle du duc Guillaume le Bâtard. Thibaut I, comte de Champagne, y combattit dans les rangs de l'armée royale, avec ses vassaux, au nombre desquels se trouvait vraisemblablement le sire de Joinville (1). Peut-être le combat de Bologne ou de Boulogne ne fut-il qu'un incident de cette campagne.

Au temps de l'abbé Brunon (1049-1082), Geofroi céda à l'abbaye de Montierender l'église de Wassy que ses prédécesseurs tenaient de l'évêque de Châlons (2).

Mû par le désir d'expier ses péchés et de mériter le salut éternel, dit le donateur, il prit la résolution de se dessaisir de cette église, afin que désormais, elle ne fût possédée par aucun laïque. Il se rendit à Thonnance, où se trouvait alors l'évêque Roger; l'acte de cession fut passé en présence de l'abbé de Saint-Urbain, avec le consentement de Blanche, épouse de Geofroi, et de leurs fils Geofroi et Renard. Il y est stipulé que l'abbé du Der devra établir des religieux à Wassy, et que dans le cas où quelque évêque de Châlons prétendrait revenir sur cette transaction, l'église ferait retour à la famille du donateur.

Brunon se montra reconnaissant de cette libéralité et fit à Geofroi l'abandon des églises qui avaient été usurpées par son père, ou plutôt, il confirma les

---

(1) D'Arbois de Jubainville, t. 1, p. 386.

(2) M. l'abbé Bouillevaux interprète ce texte d'une manière, ce semble, bien défavorable, lorsqu'il suppose que Geofroi s'était indûment emparé de cette église (p. 238). La charte rappelle seulement que les canons défendaient aux laïques de posséder des édifices consacrés au culte.

droits d'avouerie qui appartenaient au sire de Joinville sur ces domaines dépendant de l'abbaye. Geofroi commença par réintégrer le monastère dans l'église de Dommartin qui lui fut aussitôt rendue : puis la charte rappelle celles que son père avait possédées, savoir : Lassicourt, St-Christophe, Trémilly, Dommartin, Ragecourt, le lieu appelé *Villa de Gurgione* (1). Il est dit que Trémilly, Ragecourt, Fays et Gurgy sont cédés à Geofroi pour être conservés par lui et ses descendants jusqu'au deuxième degré. A défaut de postérité directe, ces domaines devront revenir à son frère ; après ce dernier, à son plus proche parent, de telle sorte que ces domaines devront faire retour à l'abbaye après la deuxième dévolution. Ce titre offre cette particularité à laquelle nous avons déjà fait allusion, que le seigneur de Joinville y est appelé G. de Neufchâteau.

On lit dans le *Gallia Christiana* (XII, col. 404) que, en 1080, Geofroi, c. de Joigny, donna à l'abbaye de la Charité-sur-Loire les églises de Notre-Dame et de St-Jean de Joigny, ainsi que les chapelles de St-Martin et de St-Thibaut.

---

(1) La villa de Gurgione et Dommartin (le saint-Père) ne sont pas mentionnés dans les chartes relatives aux possessions d'Etienne de Vaux ; en revanche elles citent Vaux-s-Blaise et Ville-sur-Terre qu'on ne retrouve pas dans celle-ci.

ACTES DE GEOFROI I

—

De ecclesiâ Vuasciacensi.

Ego Gaufridus, miles, volo notum esse tam presentibus quam futuris quod, perpendens in memetipso casus multimodos presentis mundi, nec ut putatur honoris et potentiæ, sed revera miseriæ ; inspiciens quoque me ac meos progenitores nimiis obsitos flagitiis nec in ullo plenam constare salutem, nisi studeat quisquis vitare mala et agere bona, animo concepi ut cujuscumque boni per me aliquid fieret initium ad promovendum presens futurumque Dei auxilium, et quia didiceram loquutione frequenti virorum sapientium decretis et plurimorum synodorum omnino prohibere laïcis possessionem altarium : inde, sperans me posse consequi aliquid spiritale commodum, altare quoddam multis circumjacentium nobilius, videlicet ecclesiam beatæ Mariæ de villa quæ Wasciacus dicitur, quod ego meique prædecessores teneramus præsulum Cathalaunensium, habitâ mecum deliberatione, studui a me abjicere, non ut iterum obveniret ditioni alterius laicæ personæ sed ut ulterius subjaceret alicui Dei ecclesiæ. Quia vero id mei nequaquam poterat esse operis, adii super hoc pontificem sanctæ supradictæ apostolicæ sedis scilicet tercium Rogerum, tunc forte consistentem in villa dicta Tonantia ; patefaciens que illi omnem mei animi intentionem, impetravi ab eo ut a me recipiens altare jam dictum, perpetuiter concederet altari sanctorum apostolorum Petri et Pauli sanctique Bercharii martyris Dervensis monasterii, et hoc ea ratione ut ab ipso cœnobio fratres in prædicta Wasciacensi ecclesia secundum loci possibilitatem ponerentur ad serviendum inibi Deo ejusque omnibus sanctis, addita insuper tali conventione ut si aliquando quisquam supradictæ sedis episcorum inficiare voluerit, nullius magis cedat altare illud quam meorum heredum possessioni. Ne vero ab aliquo subsequentium presulum aut meorum posterorum hæc definitio aliquando possit violari, laude jam dicti presulis Rogerii aliorumque qui aderant nobilium et maxime hortatu meorum fidelium hæc conventio publice habita, in supradictâ villâ Tonantiâ meo jussu tradita est litteris data que ad conservandum domino Brunoni, abbati Dervensis cænobii in memoriam mei pariter que hujus rationis, subscriptis simul nominibus testium qui presentes adfuerunt, quorum hec sunt nomina : D. Rogerii, Ep. Catalaun. ; D. Stephani, abbatis Sancti-Urbani ; Vualterii, archidiac. ; Guarini, cantoris ; Gilberti, decani ; Gaufridi, qui hoc donum dedit ; Blanchie, uxoris ejus, Gofridi, filii eorum ; Rainardi, filii eorum ; Hugonis cognom. Malaure : Alerauni ; Gunteri, Pagani, fratris ejus, Hugonis Albi, filii Richeri ; Adonis ; Bosonis ; iter. Bosonis ; Bosonis iter. ; Hugonis, præpositi.

Ego frater Bruno, abbas, qui hanc cartam vel donum de manu D^i Gaufridi, jussu et laude D. Episcopi Rogeri, suscepi, manu propria scripsi et subscripsi (1).

De Goffrido et ecclesiis.

In nomine S^{te} et individue Trinitatis, Patris et Filii et Spirit. Sancti. Ego frater Bruno sancti Berchari servus, notum esse volumus cunctis fidelibus qualiter Deo amabilis D. Gozfridus de Novo Castello petiit ut de ecclesiis quas pater suus Stephanus apostolis Petro et Paulo Sancto que martiri Berchario abstulerat, quasdam ei daremus per quamdam conventionem, et ut hoc faceremus ante quam conventio ista ad finem duceretur, ecclesiam Domini Martini predictis sàntis devota mente reddidit. Ecclesie autem quas pater suus possidebat hæ sunt : Ecclesia de Laderciaci curte, ecc. de Dudiniacâ

---

(1) *Cart. de Montiérender.* 73 f° verso : Roger III prit posession du siége de Châlons en 1066. Thonnance, cant. de Joinville, arron. de Wassy.

curte, eccl. de Tremilleio, ecc. Martini, eccl. de Ragisicurte, ecc. de Faieto, et villa de Gurgione cum ecclesia. Ecclesie autem quas a nobis petiit sibi et duobus heredibus dari hæ sunt : Eccl. de Tramileio et de Ragisi curte et de Faieto et villa de Gurgione cum ecclesia. Igitur hac conventione ei reddidimus ut ipse, dum viveret, teneret et post'eum filius suus, si haberet ; si vero absque filio esset et filiam haberet, ipsa teneret ; deinde si ex filio aut filia heres exiret qui jam tercius esset, iste teneret. Si vero filium aut filiam non haberet, secundus heres unus ex fratribus suis extiteret, et postea unus ex propinquis suis tercius esset. Post quorum decessum, hic locus predictorum sanctorum res suas absque nullius contradictione recipiet. Hæc denique conventio ut stabilis et inconvulsa permaneat, rogavit ut per chirographum ei faceremus litteras nostra et fratrum manu roboratas, et ubi hæc conventio facta fuit interfuerunt.

S. Brunonis abbatis ; S. Alberti, Hingonis, Deodati, Hingonis, Gozberti, Vuiteri, Nocheri, Albrici, Hugonis, Herberti, Valteri, Goffridi cum fidelibus suis.

S. Rogeri, archid.; Rotfridi, Stephani, fratris ejus, Bervardi, Rainoldi, Henrici, Frederici, Anselli, Tecelini, Alberti, Lorencii, Anselli ;

S. Theodonis, Constantii, Rodulfi, Vualterii, Tecelini, Rainaldi, Aremgaudi, Haimonis, Vuiteri, Hingonis, Blicionis, Godefridi. S. Gutberti, Petri, Walteri, Tirberti, Calonis, Hecelini, Rodulfi, Nocheri, Vindonis, Nevelonis et xvi aliorum (1).

Geofroi fut un des premiers bienfaiteurs de l'abbaye de Molesme. Saint Robert venait d'envoyer à Vaucouleurs des religieux qui y fondèrent le prieuré de St-Thibaut. Le sire de Joinville leur fit don du champ où fut bâti le sanctuaire, avec le pré attenant. Il y ajouta un champ à Bure, la chapelle du château,

---

(1) *Cartul. de Montiérender*. T. 1.

les prieurés de Thusey et de Chalaines. Il prit en outre l'engagment de racheter, pour les donner aux religieux, les possessions qui avaient appartenu à ses ancêtres dans les domaines dépendant de ces églises (1).

La chronique d'Albéric fixe la date de la mort de Geofroi I à l'année 1081, (le 25 janvier d'après Ducange).

---

(1) Mabillon. *Ann. Bénédict.* T. III, p. 478. Ces donations sont rapportées dans une notice insérée au Cartulaire de Molesme : nous la publierons dans le chapitre concernant Geofroi II, dont ce document rappelle aussi les libéralités.

FAMILLE DE GEOFROI I

Geofroi avait épousé Blanche de Mosellane, sœur d'Arnoul chanoine de Verdun, dont il eut trois fils qui sont :

1° Geofroi II qui suit ;

2° Rainard ou Renaud, que nous avons mentionné dans la charte relative à l'église de Wassy. Je crains que Ducange n'ait fait ici quelque confusion avec la postérité de Geofroi II : il suppose que Rainard ou Renaud, ayant épousé Vindemode, devint comte de Joigny. — En outre il désigne comme l'aîné des fils de Geofroi I, un certain Guy I, qui aurait hérité d'abord du comté de Joigny, et aurait fait le pèlerinage de la Terre–Sainte en 1096 (1).

3° Holdin ou Hildoin qui périt dans le combat de Bologne, au sujet duquel Albéric s'exprime en ces termes :

« Geofroi, seigneur de Joinville, eut un frère appelé

---

(1) Ni Gui, ni Renaud, ne figurent dans la lignée des comtes de Joigny. Mais parmi les fils de Geofroi II, sire de Joinville et de Joigny (sous le titre de Geofroi IV), on rencontre Renaud II, époux de Vindemode ou Vandelmode. Il importe néanmoins de noter que Ducange, pour justifier l'existence de Gui I, cite l'obituaire de Joinville. Si l'on admettait la série adoptée par ce grand critique, il faudrait supposer que Gui I, puis Renaud II auraient possédé le comté de Joigny avant Geofroi II.

Hildoin qui mourut jeune et laissa trois enfants en bas âge savoir : Gauthier et Vuitier qui moururent sans postérité, et Hesceline, dame de Nuilly, qui épousa Gui d'Aigremont. Celui-ci fut du côté de sa mère, frère de Tescelin le Saur, de Fontaine, père de saint Bernard, abbé de Clairvaux. Ils eurent en outre pour frères Hodoin, qui fut aïeul de Aubry d'Esmanies et Haimon de Colombey, père d'Abelin.. Gui d'Aigremont était lui-même frère consanguin d'Ulric, fondateur de l'abbaye de Morimond. »

Il résulte de cette intéressante notice que la petite fille de Geofroi, Hesceline, dame de Nuilly, était belle-sœur du père de St-Bernard, d'un côté, et de l'autre, belle-sœur du fondateur de Morimond. Gui d'Aigremont et Hesceline eurent pour fils Guerric, père de Gauthier de Nuilly, compagnon de Jean, sire de Joinville, à la croisade (1).

---

(1) Le père de Gui d'Aigremont était Foulque qui eut de sa première femme, fille d'Odalric de Reynel (outre Gui dont il vient d'être question): Guillenc, évêque de Langres ; Godefroi, qui périt en 1097, à la suite de la bataille de Nicée ; Foulques, archidiacre de Langres ; et Oldaric ou Ulric, appelé aussi Gulahaut, qui fonda l'abbaye de Morimond. Il avait épousé Adeline, fille de Regnier de Choiseul (Jolibois). Foulques épousa en secondes noces Eve de Grancey ou de Châtillon, veuve du seigneur de Fontaines.

III

GEOFROI II

SEIGNEUR DE JOINVILLE ET COMTE DE JOIGNY

Geofroi II succéda à son père dans la seigneurie de Joinville et dans le comté de Joigny. Nous ne connaissons guère de sa biographie que ses démêlés avec l'abbaye de Montiérender et les dons qu'il fit au prieuré de St-Thiébaut de Vaucouleurs afin de compléter la fondation commencée par son père.

Certains documents cités par Lévêque de Laravalière permettraient de penser que Geofroi II aurait été investi de la charge de sénéchal de Champagne, en 1104 et en 1114. Mais il paraît être décédé dans les dernières années du XIe siècle et cet historien l'aura confondu avec son fils Roger (1).

---

(1) Vie du sire de Joinville, dans les *Mémoires de l'Académie des Inscriptions*, t. xx, p. 311. M. d'Arbois de Jubainville cite comme premier sénéchal de Champagne Geofroi III, fils de Roger (*Hist. des comtes de Ch.*, t. IV. p. 487).

La perception des redevances que les seigneurs de Joinville se croyaient en droit d'exiger des hommes de l'abbaye de Montiérender, et l'exercice des droits de justice dans le Blaisois, donnaient lieu à des conflits incessants qui finirent par rendre nécessaire l'intervention du comte de Champagne. En 1081, Thibaut I assistait au concile de Meaux qui venait de s'ouvrir sous la présidence de l'évêque de Die, légat du Saint-Siége. L'abbé Dudon s'adressa à ce prince pour obtenir la réparation des abus dont il croyait avoir à se plaindre de la part du sire de Joinville et du comte de Brienne. Une excommunication fut lancée contre ce dernier. Geofroi, cité devant le concile, ne put être entendu parce que, sur ces entrefaites, Etienne Henri, fils du comte de Champagne, s'était révolté contre le roi de France et venait d'être fait prisonnier. Pendant que son père faisait des démarches afin d'obtenir sa liberté, le sire de Joinville, afin de prévenir la sentence dont il était menacé, résolut de transiger avec les religieux qu'il avait lésés.

Les redevances dues à Geofroi furent réglées de la manière suivante : Les maisons religieuses de Ville-en-Blaisois et de Dommartin devront lui livrer annuellement chacune vingt béliers au mois de mai, et vingt jeunes porcs à la St-André, au château de Joinville. Les charrois devront être exécutés de telle sorte que les voituriers quittant leurs demeures le matin pourront y rentrer dans la même soirée. Quant aux corvées nécessaires pour les travaux du château, les officiers du monastère fourniront des ouvriers en nombre suffisant pour qu'ils ne soient pas occupés plus d'une semaine. Le sire de Joinville aura droit à trois gîtes par an dans les deux résidences ci-dessus marquées, sans cependant qu'il puisse y amener une suite trop nombreuse. Mais on ne devra rien exiger sous aucun prétexte des serviteurs, clercs ou lais du monastère, tels que bouviers, porchers, vachers, vignerons ou fourniers.

Si les tenanciers de l'abbaye commettent quelque contravention, ils seront cités à la requête du sire de Joinville devant le messier *(villicus)*, devant le prévôt ou l'abbé : ce n'est qu'au cas où ceux-ci refuseraient de faire justice que le seigneur de Joinville pourrait s'attribuer la juridiction en sa qualité d'avoué.

Cette transaction renferme une clause vraiment humiliante pour Geofroi : il se vit contraint de désigner dix otages qui s'obligèrent sous serment à faire respecter la convention et à réparer le préjudice en cas de contravention.

Ainsi que nous l'avons dit, Geofroi II tint envers l'abbaye de Molesme les engagements pris par son père ; il abandonna au prieuré de St-Thiébaut de Vaucouleurs la sixième partie de l'église de Cusey, le quart de celle de Chalaines et trois pièces de terre. Il y ajouta le manse Blaini, le four banal du château, une partie du moulin de Chalaines, des droits de panage dans la forêt de Waivre et d'usage pour les bois de construction, une vigne, une partie du Breuil. Une dernière concession en faveur de ce prieuré a pour objet cinq familles de serfs avec leurs tenures.

Cet acte, qui porte la date de 1096, renferme en outre plusieurs libéralités du comte Eude de Champagne, fils de Thibaut, et du prévôt du château, Sigebert (1).

En rapprochant ce document d'une autre notice, insérée sous la date de 1105, dans le Cartulaire de Molesme, on voit que la fondation même du prieuré fut l'œuvre de Geofroi I (2).

C'est sans doute à Geofroi II, que l'on doit attribuer la fondation du prieuré de Joigny en 1080 (3).

---

(1) Plusieurs chroniqueurs ont passé sous silence le comte Eudes III ; mais son existence est attestée en outre par plusieurs actes mentionnés dans l'*Histoire des comtes de Champagne* de M. d'Arbois de J., (t. 1. p. 425).

(2) L'acte de 1105 ne présente qu'un intérêt secondaire : il a plus spécialement pour objet de constater un accord entre l'abbaye de Molesme et Bertrade abbesse de St-Jean de Laon, qui contestait aux religieux de St-Thiébaut la propriété même du champ sur lequel était bâti le sanctuaire. (*Cart. de Molesme*, 1. f° 92. Arch. de la Côte d'Or).

(3) *Cart. de l'Yonne*. t. 11, p. 34. Cette attribution dépend de la fixation de la date exacte de la mort de Geofroi I (1080 ou 1081).

ACTES DE GEOFROI II

Dervensium pactio cum Goffrido juniore, Junville domino, de consuetudinibus Blesensis.

Ego Dudo, gratiâ Dei, Dervensis ecclesia abbas cum sibi creditis (?), ad notitiam tam præsentium quam futurorum mandamus proclamationem quam ad magnanimum comitem Teobaldum de Gosfrido, Junville domino, multis injuriis coacti fecimus. Qui Goffridus nomen advocati et defensoris terræ nostræ Blesensis habebat, cui multas tortitudines versâ vice inferebat; unde monitus ab ipso comite ut omnem justitiam pro his tortitudinibus exiberet nobis, in præsentiâ sui, apud civitatem Meldis, et die constituto exibendæ justitiæ pro comite, gratiâ captionis filii sui Stephani, carcerali custodie a rege Francorum mancipati vehementer occupato, inde reversus hæsitans que ne pari proclamatione monitus acrius argueretur, per domnum Hugonem primicerium et per alios fideles nostræ ecclesiæ promisit se a rapinis et injustitiâ abstinere, et eas solas consuetudines accipere quas quondam avus suus Stephanus cum laude abbatis et monachorum visus est accipisse. Quæ consuetudines hoc modo recognitæ et deffinitæ sunt.

In duabus potestatibus quas ibi possidemus, id est villâ et Domno Martino, in mense maio, quadraginta arietes accipiet, id est in unâquâque potestate vigenti, quos nostri ministeriales colligentes, ad castrum deducent. Pari ratione totidem porcorum frescingias (1), in festo Sancti Andreæ accipiet. Carropera sic accipiet, ut mane progredientes cum carris et animalibus suis ad vesperum revertantur. Hoc autem semel in anno fiet. Similiter de opere castelli ministeriales nostri ordinabunt ut quando non potuerit quilibet hominum

---

(1) Redevances de porcs, en français *Fressenge* (V. Ducange).

solus operarium solvere, duos vel tres vel etiam quatuor de pauperibus simul adsocient, qui operarium integrâ septimanâ persolvent.

Servitia prandiorum vel hospitiorum, quas receptiones vocant, ter per annum in unâquâque potestate accipiet, id est simul sex, non tamen ut pro oppressione hominum multitudinem secum adducat, sed simpliciter, sicut ei transire contigerit.

A clericis nostris et equitibus, quos casatos vocant, et servientibus indominicatis, id est bubulcis et porcariis, vacariis, vinitoribus, furnariis, neque de prædictis consuetudinibus neque de' aliis rebus quicquam omnino accipiet. Si quid ei ab hominibus nostris in eadem advocatione degentibus forfactum fuerit, ipse vel præpositus suus advocationem faciet ad villicum Sancti Petri, vel ad præpositum vel ad abbatem. Si ab eis justitiam non impetraverit, tunc demum, sicut advocatus, justitiam sibi legalem accipiet.

Hæc omnia, sicut præscriptum est, prædictus Goffredus publice recognovit et juravit, et præpositum suum, nomine Burdinum id jurare fecit; et quotiescumque præpositi substituerentur. similiter eos id ipsum juraturos infra dies quindecim in eodem fermavit.

Obsides etiam de suis liberis hominibus per sacramentum nobis contradidit, Hilduinum, Jocelinum de Scoth, Hugonem Album, Amalricum, fratrem ejus, Bosonem de Panceio, Bosonem de Bracheio, Haibertum, filium Rogeri, Achardum, filium Dodonis, Fredericum, filium Seierii, Brunellum de Maisnix. Hos eâ ratione contradidit, ut quoties aliquis ex eis decederet, vel heredem ipsius, vel æqualis valentiæ hominem in obsidatu reponeret. Hi omnes juraverunt quod hæc quæ prædicta sunt observari facerent, et si quid a donno Goffrido vel præpositis suis forfactum foret, et per ipsos obsides id emendare nollet, ipsi damnum, infra dies quadraginta ex quo conventi essent a nobis, de suo restaurarent, et deinceps, si fractura accideret, totiens simili ratione emendationem facerent (1).

---

(1) *Annal Bénédict.* T. v. p. 642. Cet acte y figure à la date de 1088.

Fondation du prieuré de St-Thiébaut à Vaucouleurs.

[1096]

Quoniam universis qui malis actibus baptisma inquinarunt, Divinâ Providentia elemosinæ præparante auxilio, Ego Gaufredus de Junccivillâ, innumeris peccatorum meorum confixus sagittis, hanc solam medicinam ut Christi pauperibus subvenirem misericordiæ operibus, dedi apud Vallicolorem sanctæ Mariæ Molimensis monasterii in manu Roberti, primi videlicet ejusdem loci abbatis, campum illum in quo modo monachi ecclesiâ constructâ degunt, et pratum quod subter est, præcipiens præposito meo Sigiberto nomine, ut monachis ibidem degentibus tantum de terra bonâ daret quantum uni aratro sufficeret ad arandum. Dedi etiam agrum unum apud Bures, qui est de quarto. Capellam quoque castelli eisdem monachis dedi et presbiteratum de Tusiaco et de Caslenis, promittens me acquisiturum quicquid mei in eisdem ecclesiis habebant eisque nihilominus daturum.

Illo autem communi sorte defuncto, filius ejus Gaufridus, ut patris permissionem adimpleret, supradictis fratribus contulit sextam partem ecclesiæ de Tusiaco et quartam ecctesiæ de Caslenis, simili modo promittens, ipse scilicet et uxor ejus, se patris promissum ex toto adimpleturum. Unde etiam dedit eis hos tres campos, unum qui est juxtà comitis campum, et alios duos qui fuerunt Letardi, majoris, unum ex unâ parte ville, et alterum ex alterâ parte.

Receptis autem his quæ ejus pater promisit, dedit mansum Blaini et furnum Castelli bannalem, et omnem porcorum pastum silvæ de Waurâ, et de eâdem villâ quicquid monachis opus erit ad edificandum, et terram ubi vinea plantata est ante ecclesiam, et tres virgas molendini de Caslenis, et hoc quod Walterius filius Sigiberti habebat in broilo Letardi majoris, et campum ex alterâ parte castelli juxtà ortos, et servum, nomine Villinum, cum uxore et filiis et omnis terra sua; Durannum quoque, carpentarium cum omni domo suâ et terrâ; Humerium, piscatorem cum omni suâ et terrâ et domo; Bernardum, cum omni domo suâ et terrâ; Girbertum et terram snam.

Comes deinde Odo, filius Theobaldi, dedit eis fratribus Molismensibus campum qui secus ecclesiam est. Sigibertus vero, ejusdem castelli præpositus, eidem cellule contulit pratum quod ipse dederat filio suo Droconi nomine, et mansum unum apud Rinnacum, et quartam partem vinearum quas ipse habebat apud Parniacum, et quartam molini Ragberti, et quidquid habebat in ecclesiâ Abeniville, et campum in Waura, et mansum ante portam castelli. Sed post mortem uxoris sue dedit etiam quartam partem molendini apud, teste Warnerio, genero suo (1).

On lit dans un autre document plus spécialement relatif à Geofroi II et où se trouve désignée sa femme Hodierne, le passage suivant qui autorise le prieuré à posséder en franc-alleu tout ce qu'il recevra d'un de ses fondataires.

Notum sit omnibus fidelibus quod Dominus Gaufredus senex Jonciville, pro remedio anime sue et predessorum suorum, cellule Vallicoloris, in tempore Philippi regis Francorum, et Pibonis, Tullonsis episcopi, concessit ut quicumque feodum suum teneret, si ecclesie tribuere voluisset, quantum ad se, ipsa ecclesia quasi in alodium possideret. Concessit etiam, laudante filio suo, et uxore ejus Hodiernâ.... »

Les témoins désignés sont :

Provasius et Milo, filius ejus, Haibertus de Peslon, Hugo de Musterello, Aimardus de Musceio, Odo præpositus (2).

---

(1) Archives de la Côte d'Or, *Cart. de Molesme*, t. 1 p. 142. Les lieux mentionnés dans l'acte, sont Thusey, Chalaines, Burey, Pagny, Rigny, cant. de Vaucouleurs arrondissement de Commercy, (Meuse), et la forêt de Woèvre ; puis Abainville (?) E. de Gondrecourt, même arrondissement.

(2) Ibid., H. 251. Cet acte paraît être l'original sur lequel a été rédigée la notice de l'année 1096.

FAMILLE DE GEOFROI II

Geofroi avait épousé Hodierne, fille de Josselin I, seigneur de Courtenai dont il eut trois fils et deux filles, savoir :

I. Valfride ou Geofroi, nommé le premier avec ses deux frères, dans un titre de l'abbaye de Boulancourt : il est en outre cité comme partie avec son père dans une charte en faveur du prieuré de Vaucouleurs *(Ann. Bénédict,* t. v. p. 479*).* Il mourut avant son père.

II. Renaud qui devint comte de Joigny et qui aurait épousé Vandelmode, fille de Humbert I, sire de Beaujeu, puis Amicie. Il fut l'un des fondateurs de l'abbaye cistercienne de Boulancourt à laquelle il fit, vers l'année 1095, une donation, du consentement de Hugue Bardoul, seigneur dominant, son parent (1).

L'ancien historien des évêques d'Auxerre nous apprend que Renaud avait un droit annuel de onze livres sur le château d'Appoigny. En 1139 il fut témoin d'une donation faite à l'abbaye d'Escharlis par

---

(1) *Notice sur le Cartulaire de Boulancourt,* par M. l'abbé Lalore, dans les mémoires de la Société académique de l'Aube. (T. xxxiii, 1869 p. 114).

Haldéarde et Gautier son fils. Il laissa d'Amicie, sa seconde femme, trois enfants, Gui, Renaud et Elvide qui devint abbesse de Saint-Julien d'Auxerre.

III. Roger, qui suit.

IV. Hadevide qui, selon la généalogie de la maison d'Apremont, par Mussei, aurait apporté en dot cette seigneurie à Gobert I. Cependant d'autres autorités citées par Dom Calmet font mention d'un seigneur d'Apremont, dès l'année 1052, époque antérieure au mariage de Hadévide, ce qui permet de douter que le château d'Apremont ait primitivement appartenu aux sires de Joinville.

V. Laure, qui devint abbesse (non citée par Ducange (1).

Geofroi II mourut après l'année 1099, car il est cité à cette date dans une charte du Cartulaire de Molesme, avec Geofroi de Troyes, la comtesse Adélaïde et ses fils Hugues et Philippe.

---

(1) Peut-être doit-on compter parmi les descendants de Geofroi II Miles ou Milon de Joinville, cité comme témoin dans un acte de donation en faveur de Molesme par Haymon de Brie sous Robert, év. de Langres, qui vivait en 1106 (Ducange, p. 28).

IV

ROGER

Roger succéda à son père, comme seigneur de Joinville, en même temps que Renaud, son frère aîné, devenait comte de Joigny. Il est douteux, malgré les autorités citées par Levesque de La Ravalière, qu'il ait été pourvu de la charge de sénéchal de Champagne. Du reste son nom n'est associé à aucun événement historique. Nous savons seulement que, en 1113, il se trouvait à Troyes, où siégeait dans sa cour féodale Hugues, comte de Champagne, lequel se disposait alors à partir pour la Terre-Sainte. Ce prince exigea que le comte Erard de Brienne renonçât en faveur de l'abbaye du Der à ses droits sur le village de Saint-Remy qu'il avait sous-inféodé au seigneur de Joinville. La renonciation de Roger est mentionnée dans le même acte. On s'explique du reste que Roger se soit montré perticulièrement conciliant à l'égard de ce monastère. Il avait épousé en effet Adélaïde, fille de Roger, sire de Vignory, dont un fils, pareillement nommé Roger, était devenu abbé de Montiérender, en 1097. Les deux beaux-frères s'abstinrent de ces conflits affligeants dont les conséquences étaient souvent désastreuses pour les populations.

Roger est cité en outre dans un acte de donation que fit Hugues de Champagne, en 1101, à l'église de St-Oyen d'Ioux, et en 1104, dans un acte du même prince en faveur de l'abbaye de Molesme (1).

Ce seigneur paraît avoir émis des prétentions inquiétantes sur les domaines de l'abbaye de St-Urbain dont il avait l'avouerie. Mais en 1131, le pape Innocent II étant à Troyes confirma les possessions du monastère, en menaçant d'excommunication les usurpateurs. Roger se soumit. Mais en même temps, les religieux lui reconnurent des droits de justice sur le marché de St-Urbain entre le lever et le coucher du soleil, sous la réserve du droit d'asile du moustier. Ces conventions furent l'objet d'une transaction qui fut rédigée à Thonnance en 1132 (2).

Roger fut l'un des bienfaiteurs de la Chapelle aux Planches au diocèse de Troyes (3). Il confirma en 1121, une donation faite précédemment par Renaud, comte de Joigny, son frère, à l'abbaye de Boulancourt (4).

Il mourut au plus tôt en 1132 (5).

---

(1) Ducange, p. 7. D'après ce savant généalogiste, il s'agirait dans ce dernier acte de la confirmation faite par le comte de Nevers Guillaume des donations par lui consenties en faveur de ce monastère, pendant le concile de Troyes.

(2) Jolibois. V° *St-Urbain*.

(3) *Gallia Christiana*, t. xii, p. 595.

(4) Cart. de Boulancourt.

(5) En 1128, suivant Fériel ; en 1130, selon Didot.

ACTES DE ROGER

De altari Sigifontis remisso ab Erardo comite.

In nomine Sancte et individue Trinitatis, ego Rogerus, gratiâ Dei, Dervensis abbas, notum facio tum presentibus quam futuris ecclesie filiis, quod comes Brepnensis Airardus altare Sancti Remigii Sigifontis et alia quedam altaria que [ecelesie nostre appendebant injuste tenebat. Qui cum iturus esset Hierosolimam, et à romanâ sede generale et jussum exisset edictum laïcos ab altaribus et cæteris ecclesiasticis prorsus removeri, Trecas adiit, me presente, que de altaribus injuste tenuerat Philippo episcopo manumisit, qui, auditâ et probatâ nostrâ super ipsis altaribus causâ, nobis reddidit.

Rogerus quoque Junivillensis cui predictus comes de altare sancti Remigii feodaverat, comitis manumissionem probavit, et Joinville, nobis presentibus cum monachis nostris Letaudo preposito, Odone capellano, Giroldo camerario, laïcis quoque Guidone Wangionis rivi, Gilberto villico, Macelino, Pagano, filio Hepelini, coram uxore et principibus suis Hugone capellano, Hugone dapifero, Bosone de Pancsio, in presentiâ D. Guillelmi, Cathalaunensis episcopi, cum clericis suis, Rogero de Businmonte, Rainaldo cancellario, eidem altari et ad altare pertinentibus renunciavit, et ut nostra ad nos redirent concessit... etc.

« Signum Rogeri abbatis, etc... » (1).

---

(1) *Cart. de Montiérender.* 1, f° cviii, Ceffonds (Sigifons) C. de Montiérender, arrondissement de Wassy.

FAMILLE DE ROGER

Albéric s'exprime en ces termes sous la date de l'année 1110 : « Roger de Joinville, fils de Geofroi, épousa la sœur de Gui de Vignori : ses enfants furent Geofroi le Gros, Gui, évêque de Châlons et Beatrix de Grandpré qui laissa une nombreuse postérité. »

Mais cette liste n'est pas complète : elle doit être ainsi rectifiée.

1° Geofroi III succéda à son père.

2° Robert est mentionné dans un acte passé entre son frère et l'abbaye de St-Urbain, en 1168 (1).

3° Gui fut d'abord archidiacre de Langres, puis évê- de Châlons en 1164. Ce prélat se distingua par sa charité dans le courant des années 1176 et 1177, en soulageant les misères qu'avait causées une grande famine dans son diocèse. En 1179, il assista au sacre du roi Philippe-Auguste ; à cette occasion, il aurait été élevé à la dignité de comte et de pair de France.

En 1181, Gui se réunit à Simon, duc de Lorraine,

---

(1) Son nom se rencontre dans la charte de fondation de N.-Dame du Val d'Osne (1145).

et à Arnoul, évêque de Verdun, contre le bâtard Albert Pichot qui avait usurpé les biens de l'église. Les alliés firent le siége de Ste-Menehould : Arnoul y fut tué et Gui rentra dans son diocèse.

Notre prélat se montra parfois rigoureux dans l'exercice de ses fonctions épiscopales, ainsi qu'on en peut juger par deux lettres du pape Alexandre III et du cardinal Guillaume à l'archevêque de Reims. Gui, après avoir excommunié plusieurs particuliers de son diocèse, les avait relevés de cette sentence, à l'exception d'une femme qui cependant avait fait sa soumission. Elle avait refusé de payer une amende de neuf livres que le prélat prétendait lui imposer comme condition de son absolution, et en conséquence elle n'avait pu recevoir les derniers sacrements ni la sépulture dans le cimetière. Le pape manda à l'archevêque de faire procéder à l'inhumation et de suspendre son suffragant. Gui fut pareillement réprimandé par le Saint-Siége, pour avoir contraint un vieux prêtre nommé Vivianus à renoncer à son bénéfice, avant de le nommer chanoine de St-Memmie, et pour avoir révoqué sans motif suffisant, un autre ecclésiastique nommé Lambert. Ces deux prêtres furent réintégrés dans leurs églises (1).

Le Cartulaire de l'église de St-Laurent de Joinville renferme plusieurs actes émanés de l'évêque de

---

(1) V. *Amplissima collectio*, t. 11, p. 904, 928, 937, 938.

Châlons (1). Dans une charte de l'année 1178, il réunit à cette collégiale l'église de St-Cyr d'Osne, avec toutes ses appartenances, il fonda dans le chapitre de Saint-Laurent une cinquième prébende dont le titulaire devait remplir les fonctions curiales dans cette annexe.

Par un acte de l'année 1185, Gui régla le partage des revenus entre les desservants de l'église d'Osne et le chapitre. En 1187, les chapellenies de St-Quentin et de Beauvoir étant devenues vacantes, il les concéda au chapitre et fonda une nouvelle prébende.

Dans une charte de l'année 1190, il constate que le nombre des canonicats a été porté à dix et il institue un prévôt investi du droit de juridiction sur les chanoines. Ce dignitaire élu par le chapitre, devait être confirmé dans ses pouvoirs par l'évêque de Châlons auquel il prêtait serment de fidélité : à l'occasion de cette institution, le prévôt institué et le chapitre s'engagèrent à célébrer l'anniversaire de notre prélat (2).

Gui suscita entre l'abbé de Montiérender et celui de St-Urbain un conflit des plus graves qui rendit nécessaire l'intervention du souverain Pontife. L'évêque de Châlons (selon M. l'abbé Bouillevaux,) ne

---

(1) M. Jolibois a publié une charte de l'année 1167 qu'il considère comme le plus ancien monument de la langue française dans notre département, et par laquelle Gui jugea un différent qui s'était élevé entre les Templiers de Ruetz et les habitants de Bienville, (V° Bienville).

(2) Nous donnons ces chartes ci-après.

voulait pas reconnaître les immunités accordées à à l'abbaye du Der par ses prédécesseurs ; il s'arrogeait sur le monastère et sur les églises de son officialité des droits incompatibles avec les priviléges du monastère. Afin de mieux réussir dans son dessein, il engagea l'abbé de St-Urbain à revendiquer certains droits sur St-Dizier : les arbitres nommés par le pape Alexandre III pour vider ce différent, donnèrent gain de cause à Gauthier, abbé du Der (1162-1166) (1).

Vingt ans après, notre prélat se montra plus bienveillant envers ce monastère dont Vuiter était alors abbé (1183-1191). Deux chartes émanées de Gui évêque de Châlons, et de Guillaume, archevêque de Reims, confirmèrent les moines du Der dans leurs droits de juridiction sur les églises de St-Remy de Montiérender, de Robert-Magny, de Planrupt, Frampas, Champaubert et Braucourt, dont les cures étaient à leur nomination.

Une autre charte de Gui (1185) reconnaît le droit que l'abbé de Montiérender avait de présenter à certaines cures de son diocèse (2).

L'évêque de Châlons fit partie de la croisade de Philippe-Auguste et mourut en Terre-Sainte où il fut inhumé (3).

---

(1) Bouillevaux, *Les Moines du Der*, p. 163.
(2) Bouillevaux, p. 172.
(3) Selon Vassebourg et Bouillevaux.

4° Adélaïde, était en 1150, abbesse d'Avenai.

5. Guillelme succéda à sa sœur dans cette dignité. Elle est aussi mentionnée comme religieuse à La-Ferté-sous-Jouarre (1).

6° Beatrix épousa Henri III, comte de Grandpré, qui selon Albéric, fut inhumé dans l'abbaye de Foisny (2).

Peut-être faut-il compter parmi les descendants de Roger Gilbert de Joinville qui fit à l'abbaye de St-Urbain, en 1183, don d'un petit domaine, en présence de Gui, évêque de Châlons et de Henri, comte de Bar (3).

---

(1) L'une des deux sœurs mentionnée par Ducange aurait été élue par Guillaume aux blanches mains, sans le consentement de Thibaut, comte de Champagne, ainsi que cela résulte d'une lettre de ce prélat, insérée au Cartulaire de Champagne, V. *Gallia Christiana*, t. IX, p. 280 et Ducange, p. 7 de la *Généalogie de Joinville*.

(2) Les auteurs de *l'Art de vérifier les dates* donnent à ce comte de Grandpré, une épouse du nom de Lucharde.

(3) *Gall. Christ.* IX, p. 926.

V

GEOFROI III

DIT LE GROS OU LE VIEUX

Selon Ducange, Geoffroi III fut le premier seigneur de Joinville qui ait été investi de la charge de sénéchal de Champagne laquelle appartint depuis à ses descendants héritiers du château de Joinville. Il figure en cette qualité, dans des actes des années 1152, 1153, 1154, 1157, 1159, 1161, 1163, 1164 et 1179.

Il avait épousé Félicité de Brienne, et mourut après l'année 1184. Selon toute apparence il suivit le comte de Champagne Henri le Libéral à la seconde croisade (1147). On rapporte même que Geofroi monta sur le même vaisseau que le roi de France, Louis le Jeune (1). Il fut inhumé à Clairvaux : c'est à lui que doit s'appliquer la première partie de la mémorable épitaphe, composée en l'honneur de ses ancêtres par Jean son arrière-petit-fils.

(1) Fériel, p. 71.

« Diex sires tous poussans, je vous proie que vous faices bone mercy à Jofroi, signour de Joinville qui ci gist, cui vous donastes tant de grâce en ce monde, qui vous fonda et fit plusours esglises en son tans, c'est à scavoir : l'abie de Cuiré, de l'ordre de Cités, item l'abie de Jauvillier, de Prémontréi ; item la maison de Maaton, de l'ordre de Grandmont, item la Prioulëi dou val de Onne, de Moleimes ; item l'esglise de Saint-Lorans dou chastel de Joinville ; dont tuit cil qui sont issu de ly doivent avoir espérance en Deu que Deus l'a mis en sa compaignie, pour ce que li saint témoignent qui fait la maison Deu en terre, atufie la seue propre maison en ciel. Il fu chevalière, etc. » (1).

Le *Gallia Christiana* a conservé le souvenir des nombreuses libéralités auxquelles fait allusion l'épitaphe qui précède. On doit à Geofroi III la fondation du prieuré du Val d'Osne (1145), celle de l'abbaye d'Ecurey (1144), celle de la maison de Mathons ou des Ermites, dépendant de l'abbaye de Macheray à laquelle il donna les terres nécessaires à son établissement et des droits d'usage dans la forêt (1168). Il fit des dons considérables, en 1132, à l'abbaye de Vaux-en-Ornois, à celle de Riéval, puis, en 1157, à la Chapelle-aux-Planches, à l'abbaye de Boulan-

---

(1) V. Didot p. LXVXI. Ce qui suit s'applique certainement à son fils Geofroi IV, bien que le texte puisse donner lieu à quelque confusion.

court (1). Il fonda l'abbaye de Jovillier en **1160**, la maison-Dieu de Vaucouleurs (**1164**), et prit part à la fondation de la commanderie de Ruetz (2).

C'est en la personne de Geofroi III que finit la dévolution des domaines du Blaisois, déterminée par la charte de l'abbé Brunon, en faveur de Geofroi I. Une transaction passée avec l'abbé du Der, régla ses rapports avec le monastère. Il y est dit notamment que si l'abbaye veut se choisir un avoué pour les églises de Doulevant et de Dommartin, elle ne pourra choisir que le seigneur de Joinville. Ses droits d'avoué sur le Blaisois y sont déterminés.

Geofroi le vieux est mentionné parmi les donateurs de l'abbaye de Mureau dans une bulle du pape Alexandre III de l'année 1180 (3). On doit probablement lui attribuer une charte incomplétement datée par laquelle G. de Joinville déclare terminer un différend entre l'abbaye de Vaux en Ornois, et trois

---

(1) V. sur ces diverses fondations : *Gall. Christiana*, t. XII, p. 595, 605 et 621 ; *Ann. Bénédic.*, t. VI, p. 392, et Jolibois, v. *Mathons*. S. Ecurei et Jovilliers, v. Dom Calmet, II, p. 22 et pr. p. CCCXXIII. Herbert, premier abbé de Riéval, fonda Jovillier et reçut des dons de Geofroi.

(2) « La commanderie de Ruetz avait été fondée, en 1137, par Haton de Hatoncourt. L'acte en fut scellé à Châlons par l'évêque Geofroi, en présence de plusieurs seigneurs du pays, entre autres Geofroi de Joinville, Roger, père de Geofroi et sa mère » (Jolibois, v. *Ruetz*). Il résulterait de ce passage pris à la lettre que Roger aurait vécu au moins jusqu'en 1137. M. Longnon (*Vassaux de Champagne*, p. 330) fixe cependant la date de sa mort à l'année 1130, et mentionne des actes de Geofroi III de l'année 1134.

(3) **Documents de l'histoire des Vosges.** III, p. 2, 3.

personnages nommés : Lambert, Hugues et Vidéric (1).

Il résulte de l'épitaphe que nous avons transcrite, que l'on doit à ce seigneur la fondation de la collégiale de Saint-Laurent de Joinville. Nous savons enfin qu'à la suite de certains démêlés avec l'abbaye de Saint-Urbain qui possédait des serfs à Maizières, Geofroi s'était indument emparé de l'un de ses hommes. Pour réparer ses torts, il céda au monastère un ménage composé d'une femme avec ses fils et sa fille.

---

(1) Arch. de la Meuse.

ACTES DE GEOFROI III

Donation en faveur d'Ecurei.

« In nomine Patris et Filii et Spiritus Sancti, amen. Ego Gaufridus, dominus Joinville, fundator ecclesiæ sanctæ Mariæ de Escureio, laude et assensu filii mei Gaufridi, ob remedium animæ meæ et parentum meorum, dedi Deo et prædictæ ecclesiæ et fratribus ibidem Deo servientibus, tam præsentibus quam futuris, terram meam de Hernalt Chasnei, sicut metæ à me designatæ et impositæ ostendunt. Hoc donum laudaverunt Theobaldus de Linai, et Petrus filiaster ipsius. Et ut hoc donum firmum et ratum in posterum permaneat, scripto et sigillo meo et Episcopali confirmari et præmuniri volui, subnotatis eorum nominibus qui hæc viderunt et audierunt. S. D. Guidonis, Cathalaunensis Episcopi. S. Gerardi, cancellarii. Testes laïci : Albertus, Milo, Warnerius Begart, Rainardus de Harmevillâ, Hugo, miles de Salei (1).

Copie de la Fondation de Notre-Dame du Val-d'Osne.

[1145]

Au nom de la Très-Sainte et Indivisible Trinité, parce que, selon la tradition de nos anciens pères, les heureuses mémoires sont en recommandation chez les sages ; à ces causes, nous ne différons pas de recommander à la dite mémoire les dons et les aumônes que Gaufroy de Joinville, avec son honnête femme Félicité et son fils, le jeune Gaufroy et sa sœur

---

(1) Arch. de la Meurthe. Ce document doit être postérieur à l'année 1144, date de la fondation d'Escurei (à une faible distance de Montier-sur-Saux), rapporté par Dom Calmet (II, pr. p. CCCXXIII). L'acte où figure le fils du sire de Joinville, est donné sous le sceau de Gui, évêque de Châlons. Harméville et Sailly, cant. de Poissons, arrondissement de Wassy.

et sa mère Eldéaldé, et le vénérable Guidon, archidiacre de Langres, et son frère Robert, ont donné, pour la rédemption de leurs âmes et de celles de leurs ancêtres, aux religieuses servant Jésus-Christ, sous la tutelle de l'église de Molesme, dans le Val d'Osne. En tant que nous le pouvons, nous faisons savoir à tous que le dit Gaufroi a donné aux dittes religieuses le lieu où elles servent Jesus-Christ, le vénérable Géraud étant abbé de Molesme (1). Il leur a aussi donné les terres qu'il faisait labourer par ses propres charrues dans les confins d'Osne, et sa part des corvées d'Osne. Et il a accordé, qu'au cas que quelqu'un des habitants d'Osne, mourant sans héritiers, donnât aux dittes religieuses sa terre, cette terre leur appartiendrait ; et la troisième partie du bois qui s'appelle Famille, et une certaine part dudit bois appartenante par droit d'héritage à un certain convers de Mauri *(alias Armorius)* et l'usage d'un asne pour aller quérir du bois pour le besoin des dittes religieuses, dans le bois qui s'appelle Baldrehes, et tous les prez qu'il avoit à Osne et deux fours dans Joinville, et le droit qu'il avoit sur le moulin moulant auprès de la porte avec ses dépendences, et le minage du mardi de Joinville et certains pâturages dont il a acheté une partie de Guiard de Rive *(al. du Ruisseau)*, pour trente schillings. Mais Garnier frère de Guiard, et Robert soldat, ont donné pour l'amour de Dieu, leur part des pâturages. Item Gaufroi a donné aux dittes religieuses certains prés à Roceline *(al. de la colline)*, qu'il a achetés.

Item le même Gaufroy a donné aux religieuses une certaine terre dans le territoire du monastère pour y construire des granges, et un certain pré au dessus du monastère et son bourret (?), et une autre terre qui s'appelle *Alraidum*, et le moulin de *Parois*, et tout ce qu'elles pourront cultiver avec bêche ou charrue dans le bois de Perche *(al. Percey?)* et dans le champ de *Hérommes* et *Alraidum*.

Il a été aussi accordé aux mêmes religieuses par le même Gaufroi et ses héritiers de faire la même chose dans le territoire d'Osne.

Abdo, miles de Saint Urbain, a donné pour l'amour de

---

(1) Geraldus, abbé de Molesme (1140-1148).

Dieu aux dittes religieuses, par le consentement de Gaufroy, ce qui lui appartient de droit dans les confins du monastère.

De plus Gaufroy a donné au couvent des religieuses certain lieu qui s'appelle *Menoncors*, avec toutes les dépendances du dit lieu, savoir la terre et les eaux, à la réserve de la chasse qu'il ne leur a pas donné, mais le lieu qui s'appelle *Menoncors* et les choses qu'il a acheté des frères qui s'appelle les *Chaudroy (al. Calderons)*, et qu'il a acheté d'Imbert le Gros *(al. Hubert)* et de tous ses héritiers.

De plus, il a donné l'usage de tous les bois, de tous les herbages et de toutes les eaux, partout où ils sont, aux dittes religieuses.

Les témoins de la part de Gaufroy le Vieux et de son fils le jeune Gaufroy sont : Guichard, abbé de Saint-Urbain ; Hugue son prieur; Guillaume, moine ; maître Joerme ; Guy, clerc ; Pierre, prestre ; Vincent, prestre ; Odo de Fronville ; Achard, son neveu ; Roger de Rive *(al du Ruisseau)*; Radulfe de Dommartin ; Gauthier de Cavillon ; Humbert le Gros et ses enfants; Humbert et Brutin Rahers; Radulphe de Mussey ; Addo, miles ; Jean de Paroy ; Hugue de Paroy ; Albert, son frère ; Albert, fils de Guinière ; Guiard Morez : Hugue, fils de Jean; Hugue, fils d'Angerbaud ; Jean le Chasseur. De la part des religieuses : Giraud, abbé de Molesme : Maître Humbert Mainard, moine ; Robert premier, prieur des Religieuses (1).

---

(1) Arch. de la Côte-d'Or (H. 251). Dans ces documents nous avons relevé la note suivante : « Le prieuré N.-D du Val d'Osne a quelque bon titre qui « dit sa fondation estre de 1116, et d'autres qui le prouvent... »

La traduction qui précède présente tous les caractères d'une scrupuleuse fidélité. Son auteur suivait le texte pas à pas et traduit *miles* par *soldat* pour chevalier. Le texte original ne s'est retrouvé ni dans les titres du prieuré ni dans le Cartulaire de Molesme.

Don de la Terre de Longeville à La Chapelle aux Planches.

[1157]

Ex constitutione veterum habemus ut quecumque, pro communi utilitate temporibus principum agerentur, ad rememorandam generationem que superventura erat, scripture commendarent. Quapropter Ego, Gaufridus, Jovisville dominus, comitis Henrici Senescaldus, notum facio posteris quod Dom. Galterus, abbas, fratres que Capelle a me petierint terras Lungeville adjacentes, quas pater meus Rogerus eidem Capelle antiquitus contulerat sibi collaudari, tenorem que suum impressione sigilli mei infirmari. Quorum petitionibus libenter annuens paci que nec non quieti eorum in posterum previdens, Ego Gaufridus, Felicitate uxore mea et filio meo Gaufrido filia que Gertrudâ pariter collaudantibus, pro salute animarum nostrarum, terram quam prefata capella eatenus sive extirpaverat seu acquisierat cum pratis et aquis concessi, liberam que absolutam ab omni redditu fratribus sub jure meo possidendam usibus que ipsorum et profectibus omni modo profuturam.

Cujus termini terre sunt : Secus silvam descendentes ad Veriam fluvium et ascendentes secus eandem firmam silvam per salta Marberti, Haimberti, Grimoldi, Odonis ad Tassunerias, inde ad sartum Vergeri, per campum D. ad campos de Rochei et campos de Forchemont usque ad sartum Renodi.

Hanc, inquam, terram que arari potest infra predictas metas in omni profectu ecclesie laudo. Usuarium nichilominus nemoris quod a summitate sarti predicti Renodi distenditur in direpctum ad raisnomuz (?), quousque Veria et Sublena ad unum conveniunt, necessariis usibus eorum relaxo. Hujus siquidem liberalitatis donatio ne unquam valeat presumptione cujuscumque inmutari, minorari, temerari, presenti scripto et sigillo meo cum attestatione eorum qui inter fuerunt, assignare, curavi : Radulfus, abbas de Bullencur; Obertus, prior ejusdem loci; Isambardus prepositus, Gislebertus villicus, Gotherus, villicus; Rogerus miles, de Ru, Arnulfus de Lousâ, Robertus de Longavillâ, presbiteri.

Actum anno ab incarnatione Dⁱ M^o C^o LVII° regnante Ludo vico, Francorum rege, coram astantibus abbate Galtero et fratribus Capelle in eodem loco unde tractatum est (1).

La Maison Dieu de Vaucouleurs.

[1164]

In nomine sancte et individue Trinitatis, ego Gaufridus, senior de Joneville, tam futuris quam presentibus notum facio quod dilectus meus Hugo albus, animadvertens etiam post obitum suum pauperibus Christi se posse subvenire, domum Dei de Vaucolor, affectu mei consilii, ab omni jugo servitutis liberam et absolutam fundavit. Ego siquidem desiderans esse particeps tam boni operis, ecclesie beate Marie Molismensis ipsam dignam duxi submiti, multimodâ ratione inspectâ, videlicet ut quicumque extiteret prior de Vaucolor fratribus et sororibus Domus predicte consilium pietatis et auxilium misericordie impenderet et curator animarum eorumdem qui sibi tenentur obedire permaneret. Preterea sciendum est quod licet prior de Vaucolor magistratum domus Dei habeat de proprietate rerum suarum aliquid subtrahere sibi non licebit, quamvis fratribus superstitibus consilium et defunctis obsequias impendere teneatur. Et ut hoc ratum et inconcussum permaneat, mei sigilli impressione confirmavi.

Testes sunt Letardus, sacerdos; Petrus Chanevez; Galterus de Huigni; Renerus, milites; Gilardus, celerarius; Henricus, viator; Durannus, decanus, Hoc actum ab incarnatione Domini M^o C^o S^o IIII° (2).

---

(1) Arch. de la Haute-Marne, *La Chapelle aux Planches*, 2e liasse. Longeville, canton de Montiérender, arrondissement de Wassy. La Voire, rivière dont il est question dans le texte, reçoit le cours d'eau de la Laine (*Sublena*) au bas du moulin de la Sagie. Le nom de *Sublena* lui vient sans doute de Soulaines où ce ruisseau prend sa source.

(2) Côte d'Or. Cf. *Cartulaire de Vaucouleurs*, f° 1, où se trouve la charte de l'évêque de Langres qui approuve cette donation.

Carta de hiis que ecclesia Dervensis habet sub domino Joviville.

[1184]

Ego Gaufridus senior, dominus Joviville, notum fieri volo omnibus tam futuris quam presentibus quod causa de quibusdam habita inter me et abbatem Dervensem hoc modo terminata fuit. Allodia que abbas et monachi Dervenses habent apud Doulevant magnum et apud Doulevant parvum, apud Donmartin-le-Franc in eâ libertate tenebunt quâ nobiles viri qui ea possidebant tenebant, absque omni meâ exactione, quocumque modo monachi ea acquisierunt. Et si advocatum de novo facere voluerint, nullum nisi dominos Joviville facient. Alias etiam villas habent prefati abbas et monachi in Ripariâ Blese, de quibus omnis justitia integerrime monachorum est, et ego ex eis sum advocatus : in quibus si quid michi vel ministerialibus meis forefactum fuerit, ego et mei ministeriales clamorem villicis abbatis faciemus. Villici vero diem nobis prefigent. Et si abbas vel prepositus placitis interesse voluerit, justitiam eis tenere licebit. Et si neuter eorum venerit, villicus abbatis justitiam tenebit. Ego siquidem et ministeriales mei villicis contramandabimus. Et si contigerit quod duella inter meos ministeriales et eorum homines firmata sint, apud monasterium Dervense fient. De prenominatis tantum pax inter nos hoc modo reformata fuit. Et ut hoc ratum permaneat, sigilli mei impressione firmavi. Actum est hoc anno ab incarnatione domini milles° centes° octoges° quarto (1).

---

(1) Montiérender, II, f° LX. Nous avons déjà remarqué ce qu'il y avait d'anormal dans la clause qui attribue à la justice de l'abbé la connaissance des duels qui d'ordinaire appartenait à l'avoué du monastère.

Approbation du don des terres d'Annonville et de Maconcourt, fait à l'abbaye de St-Urbain par Thibaut et Gauthier du Breuil.

[Vers 1180 (?)]

Solent etiam res bene geste maligna hominum perversitate vel crebro temporum lapsu a suo statu alienari. Ea propter, ego, Gaufridus, dominus Jonisville, senescallus Campanie, notum facio tam futuris quam presentibus sancte matris ecclesie fidelibus quod Theobaldus, miles de Bruel, et Galterus, frater ejus, laudante sibilla, matre suâ, quidquid habebant apud Asnunvillam et apud Maconcort, in terris et pratis et boscis, et mansis, et hominibus et in omnibus proficiis, ecclesie sancti Urbani, laudante Roberto, fratre meo, de cujus feodo illud erat, in remedium animarum suarum et antecessorum, in perpetuam elemosinam contulerunt.

« Preterea jam dictus Robertus, frater meus, querelam illam quam habebat adversum jam dictam ecclesiam sancti Urbani super molendino quod dicitur molendinum Galteri, quod est situm supra molendinum de Menoncourt injustam fuisse recognovit, illam que amore Dei, Galtero abbati supradicte ecclesie et fratribus ibidem Deo servientibus in perpetuum acquitavit. Et quia ipse Robertus, frater meus, sigillum non habebat, ad preces et ad laudem ipsius, presentem carthulam sigilli mei impressione in testimonium confirmavi.

« Actum anno ab Incarnatione Domini M° C° LXXXX° (?) Datum per manum Gilonis. Hujus rei testes : ipse Gilo ; Gaufridus, prior de Flammereicort ; Arnulphus, monachus ; Hugo Landréicort ; Boso de Daulie ; Rogerus de Fronvillâ ; Martin, Burgensis de Salleio. » (1).

---

(1) Arch. de la Haute-Marne ; (V° l. 4° partie *Saint-Urbain*).
Cette charte porte par erreur la date de 1190 ; car nous avons antérieurement à cette année des actes de Geofroi IV qui avait alors succédé à son père. Annonville (canton de Poissons), Maconcourt (canton de Doulaincourt), arrondissement de Wassy.

Geofroi déclare terminé le différend qui s'était élevé entre l'abbaye d'Evaux d'une part et Lambert, Hugue et Videric.

[11...]

Ego Gaufridus Jonville tam posteris quam presentibus patefacio : Quum omnimoda querela que inter fratres de Vallibus et Lambertum, Hugonem et Vidricum versabatur, hoc modo finem accepit in presentiâ Esmorici, clerici de Jonvillâ et Herberti, viilici mei de Monasterio, quos, quare interesse non potui, hujus negotii examinatores et judices constitui. Factâ utriusque partis examinatione, abbas de Vallibus et sui probationem suam legaliter fecerunt super dampnis suis et super elemosinâ suâ de prato Elerii, et de prato in alodio subtus Wahuncort, et de campo juxta corvetam. Predicti vero homines omnes querelas et elemosinam penitus adquitaverunt, et in manu ipsius abbatis posuerunt et fidei sue sacramento firmiter de cetero se tenere promiserunt, et quandiu fratres de Vallibus erga eos jus persequi voluerint res ipsorum non accipient. Compositionis hujus fidejussor et responsalis extitit Herbertus, predictus villicus meus de monasterio.

Testes Esmauricus, clericus, Gislebertus, Johannes, Ysembardus clerici; Aubertus, clericus de Monasterio, Rambaudus, villicus de Treverei; Bonus, villanus, Renaudus de Sancto Georgio (1)

---

(1) On peut hésiter à attribuer cette charte et celle qui suit à Geofroi III ou à Geofroi IV. Cependant la plupart des actes émanés de ce dernier, le désignent comme frère de Hugues de Broyes; l'absence de cette particularité me fait présumer que ces deux textes sont de Geofroi III.

Geofroi donne à l'abbaye d'Evaux, son pré clos derrière la maison du Saint-Esprit de Vaucouleurs.

[1187]

In nomine Patris et Filii et Spiritus sancti : quum temporibus vicissim snccedunt tempora, non nunquam rei geste oblitteatur memoria; quapropter Ego, Gaufridus, Jonville dominus Polleroy, memorie commendo et sigilli mei impressione confirmo quod ob anime mee salutem, dedi et concessi in puram elemosinam ecclesie Sancte Marie de Vallibus, pratum meum quod clausum dicitur, retro domum Sancti-Spiritus, sicut inter aquas undique et includitur, preter duas falcatas quas cuidam hominum suorum Bormundo, avus meus contulit. In recompensationem hujus beneficii, fratres predicte ecclesie duos pontes construerunt ad egressum ejusdem ville in chauceiâ, unum hinc per medium noe, alterum altrinsecus per medium alterius noe, et ad exitum utrius que pontis, chauceiam duas lanceas in longum, unam in latum continentem. Quos pontes omni tempore predicti fratres manutenebunt et quoties expedierit, de communibus nemoribus de Vaucolor eos reparabunt; et hoc de consensu hominum meorum majorum et minorum.

Testes meorum Lethardus, Maufridus, Fridericus, milites, et omnis simul ejusdem loci ecclesia. Actum est anno incarnati Verbi millesimo centesimo, octuagesimo, septimo, tempore Domni Virici abbatis (1).

---

(1) Cette charte, comme la précédente, est extraite des archives de la Meuse. — *Abbaye d'Evaux.*

CHARTES DE GUI, ÉVÊQUE DE CHALONS.

Lettre dou don de l'église et dou patronage de Osne.

[1178]

In nomine sancte et individue Trinitatis, Ego Guido, Dei gratiâ Catalaunensis episcopus, omnibus sancte matris ecclesie fidelibus notum fieri volumus quod curam et cantuarium et omnia parochialia jura ecclesie sancti Cyriaci de Onâ ecclesie sancti Laurencii de Jonivillâ et canonicis ibidem Deo servientibus perpetuo habenda et possidenda, assensu Balduini illius loci archidiaconi, salvo per omnia jure Episcopali contulimus et assignamus; et de redditibus parrochialibus predicte ecclesie de Onâ, in ecclesiâ sancti Laurencii de Jonivillâ cum quatuor tum ibi essent prebendæ, quintam fecimus prebendam. Concessimus autem ut predicti canonici capellanum vicarium in jam dictâ ecclesiâ de Onâ, qui ibidem deserviat, annuatim instituant. Hanc igitur donationem et constitutionem meam ratam et inconcussam haberi volentes, presentem paginam sigilli nostri impressione signavimus; et ne quis contrà ire presumat sub anathemate prohibemus.

Testes sunt : Balduinus, archid.; Robertus, decanus et archid.; Rainardus, archid.; Jacobus, thesaurarius; Rainaudus, cantor; Petrus, senescaldus; Odo Thorcars; Robertus succentor; Magister Jacobus; Robertus Remensis; Michael, decanus de Onâ; Albertus, decanus de Preis; Petrus de Culleio. Actum Cathalaun. Anno ab incarn. Domini M° C° LXX° VIII° per manum Girardi, Cancellarii (1).

---

(1) *Cartul. de saint Laurent de Joinville*, n° XLII. Le *cantuarium* dont il est question dans cette charte et dans la suivante, était un bénéfice ecclésiastique affecté au profit du desservant qui disait la messe (V. Ducange).

Lettere confirmationis pacis inter Decanum et Capitulum Beati Laurencii de Jonivillâ et curatum de Onâ.

[1185]

In nomine sancte et individuæ Trinitatis, Ego Guido, Dei gratiâ, Cathalaun. Episcopus, noverit universitas fidelium quod cum inter sacerdotem ecclesie de Onâ et canonicos sancti Laurencii qui in eâdem villâ jus habent patronatus, super decimatoribus et aliis proventibus ejusdem ecclesie diutius coram nobis questio fuisset agitata, tandem de assensu utriusque partis, nobis mediantibus, in hoc modo conquievit, videlicet quod predictus sacerdos XIIII sesterios annone cujus medietas erit frumentum, reliqua medietas erit avena, nomine cantuarii, in magnâ decimâ percipiet. In aliis vero proventibus, quocienscumque et undecumque provenerint predicti canonici duas partes, sacerdos tertiam percipiet, præter oblationes confessionum que ex integro sacerdotis erunt, et exceptis minutis decimis quas canonici in universum habebunt sicut habere consueverunt.

Et ut hec transactio in presentiâ nostrâ facta inter canonicos et presbiterum et eorum successores rata et inconcussa habeatur, eam sigilli mei impressione communivimus. Actum apud Cathal. anno Verbi incarnati M° C° LXXXV° (1).

Littere de dono Belverio et de S^{to} Quintino.

[1187]

In nomine sancte et individue Trinitatis, Ego, Guido, Dei gratiâ Cathal. Episcopus, notum facimus tam futuris quam presentibus sancte matris ecclesie fidelibus quod cum altaria de Belverio et de sancto Quintino vacare contigisset et in

---

(1) *Cart. de St-Laurent.* XLIV.

manu nostra devenissent, ea cum omnibus eorum appenditiis, pro nostrâ et predecessorum nostrorum salute et pro animarum nostrarum remedio, ecclesie sancti Laurencii de Jonivillâ et fratribus ibidem Deo servientibus dedimus et in perpetuam elemosinam contulimus, et prepositum et canonicos predicte ecclesie de predictis altaribus canonice investivimus, volentes et de eorum voluntate et assensu statuentes ut, cum pauci ibidem essent canonici, ad servitium divinum augmentendum, unus de novo in eâdem ecclesiâ canonicus fieret et perpetuo statueretur. Ut autem hec nostra donatio firmitatis robur obtineat, presentem cartulam sigilli nostri impressione et attestatione firmavimus. Et ne quis hanc nostre donationis paginam infringere audeat, sub anathemathe prohibemus. — Datum per manum Girardi, archidiac. et cancellarii nostri, anno ab incarn. D^i. M^o C^o octog^o VII° (1).

Lettres des Priviléges l'évêque Gui de Chalons.

[1190]

In nomine sancte et individue Trinitatis, Ego Guido, Dei gratiâ, Cathal. episcopus, nos quorum paterne sollicitudinis instanciâ profectibus ecclesiarum inviligare tenemur, sicut earum incrementis studere, ita beneficia eis collata tueri et modis omnibus illesa conservare debemus; quocircâ notum fieri volumus tam presentibus quam futuris, quod cum in ecclesiâ B^{ti} Laurencii de Jonivillâ quatuor tantum essent prebende, Dei adjutorio, tam nostrâ quam aliorum bonorum hominum largitione et elemosinâ usque ad decem numerus excrevit. Quas volentes in suâ integritate permanere, ut et cultus Dei numerosior in ecclesiâ suâ valeat ampliari, episco. auctoritate nostrâ confirmamus, munientes custodiâ et protectione nostrâ eamdem ecclesiam cum omnibus que in presentiam possidemus aut que in futurum, prestante Deo, adipisci poterit, ins-

---

(1) *Cart. de St-Laurent.* XLI.

tituimus et in eâdem ecclesiâ sancti Laurencii de novo prepositum qui in temporalibus et spiritualibus illi presit ecclesie et plenam super canonicos juridictionem habeat, et nos super ipsum, quem etiam de curâ totius ecclesie investivimus, statuentes ut omnes canonici obedientiam ei faciant. Quod si prebendas vacare contigerit, ipsas prepositus liberé donabit prout dominus ei dictaverit. Si vero prepositum vacare contigerit, canonici liberam eligendi prepositum habeant potestatem : quem postquam elegerint, ipsum nobis presentabunt et nos eum de curâ ejusdem ecclesie investiemus, et ipse prepositus homagium et prestito juramento fidelitatem faciet quod debitam subjectionis reverentiam et obedientiam nobis et successoribus nostris exibebit. Concessimus autem, tam ipse prepositus quam omnes canonici, quod aniversarium nostrum in ecclesiâ nostrâ solemniter celebrabunt. Ut autem hec nostra tam pia quam laudabilis predictorum institutio perpetue firmitatis robur obtineat, eam inviolabiliter à nobis et à successoribus nostris nec non à preprepôsito et canonicis et eorum posteris observari decrevimus, statuentes et sub anathemate prohibentes ne quis audeat eam violare aut aliquo modo infringere. Actum anno ab incarnat. Domini M° C° XCC°. (1).

---

(1) Même Cart. n° XLV.

Cette charte portant institution d'un prévôt du chapitre de Saint-Laurent, nous a paru mériter d'être reproduite : on y voit quelle autorité exerçait l'évêque de Châlons sur cette collégiale qu'il considérait comme sienne. « La charge de prévôt, écrit Fériel, ne tarda pas à faire naître un despotisme fatigant ; aussi vingt-trois ans après, à la demande générale, le prévôt fut changé en doyen » (Hist. de Joinville, p. 24).

Nous possédons l'acte par lequel Gérard, évêque de Châlons, établit ce doyen, en 1213. La collation des prébendes appartenait à ce dignitaire ; mais il prenait part à l'élection de concert avec le chapitre. Il était tenu de résider à Joinville ou dans le château pendant trente-deux semaines par année à moins qu'une nécessité évidente ne l'obligeât à prolonger son absence. Le même document renferme des règles sur le choix, l'élection et la résidence des chanoines (Même Cartulaire, n° XLVII).

FAMILLE DE GEOFROI III

Le texte d'Albéric relatif à ce seigneur est ainsi conçu : « Geofroi le Gros de Joinville épousa Félicité, veuve de Simon de Broyes, et donna le jour à Geofroi Valet et à Gertrude, qui fut mère de Hugues, comte de Vaudémont (1132). Vers le même temps, mourut Simon, seigneur de Broyes dont la veuve, nommée Félicité, devint l'épouse de Geofroi le Gros de Joinville ; ainsi le seigneur de Broyes, fils de ce Simon, tint sa terre pendant quatre-vingts ans. »

Félicité était fille d'Erard I, comte de Brienne, et d'Alix de Roucy (1).

Les enfants issus de son second mariage avec le sire de Joinville sont :

I. Geofroi IV qui suit ;

II. Gertrude qui épousa Gérard II, comte de Vaudémont, dont une descendante, Marguerite, devint l'épouse de Anseau, sire de Joinville, dans les premières années du XIVe siècle.

---

(1) Dom Calmet donnait pour père à Geofroi III, son aïeul Geofroi II, et pour mère, Gertrude, fille de Gérard de Vaudémont. Il donne pour femme au même Geofroi III, Jeanne, fille de Guillaume, baron de Reynel et de Vaucouleurs (T. 1, p. 1114). On trouve la même erreur dans une généalogie citée par M. Didot (p. CXXIX). C'est par suite d'une faute d'impression que le même auteur désigne Félicité comme fille de Simon de Broyes.

VI

GEOFROI IV

DIT VASLET OU LE JEUNE

Geofroi IV reçut, du vivant de son père, le double surnom qui le distingue, et lui succéda comme seigneur de Joinville et sénéchal de Champagne. Albéric le nomme parmi les chevaliers qui prirent la croix en 1190 ; et, dans l'épitaphe de sa famille à Clairvaux on lit qu'il fut : « Chevalière li meudres de son temps, et ceste chose a paru es grans fais qu'il fist de sà mer et delà. »

Il partit en effet pour la troisième croisade commandée par les rois Philippe-Auguste et Richard-Cœur-de-Lion, accompagné de ses deux fils Geofroi et Simon. Le but de cette expédition était de délivrer Jérusalem que Gui de Lusignan avait perdue en 1187. Le sire de Joinville était au nombre des vassaux de Henri II, comte de Champagne, qui se mit en route avant les rois de France et d'Angleterre, sans doute vers le mois de mai de l'année 1190. Ils s'embarquèrent à Marseille et arrivèrent le 27 juillet sous les murs d'Acre dont Gui de Lusignan avait commencé le siége un an auparavant. La noblesse de Champagne s'illustra entre toutes, dans cette laborieuse expédition ; la famine et la maladie décimèrent l'armée des croisés : au commencement de l'année 1191, elle était réduite des deux tiers. La ville ne capitula que le 27 juillet suivant. Geofroi y périt. Son fils Geofroi, dit Trouillard, resta en Palestine et ne rentra en France que l'année suivante (1).

Geofroi IV avait épousé Helvide de Dampierre dont il eut huit enfants.

Dans plusieurs chartes, il prit le titre de frère de Hugues de Broies (son frère utérin), sans doute afin de se distinguer de son père et de son fils. Ces documents témoignent de ses libéralités en faveur des maisons religieuses déjà dotées par ses prédécesseurs. Le catalogue des titres du Val d'Osne mentionne trois actes de Geofroi en faveur de ce prieuré sous les dates de 1188, 1189 et 1190.

Il fit à l'abbaye de Montierender l'abandon de ses droits d'avoué et vint demander à l'abbé Vinter de bénir ses armes avant de partir pour la croisade (2). En 1188, il fit don à l'abbaye de Saint-Urbain d'une

---

(1) D'après Longnon (*Vassaux de Champagne*), il ne serait revenu qu'en 1196. Mais cette date est contestable : car nous donnerons un acte de Geofroi V de 1192.

(2) Bouillevaux, p. 173.

vigne à Mussey pour la fondation de l'anniversaire de son père. Il confirma la fondation du prieuré de Saint-Jacques et fit plusieurs libéralités au chapitre de Saint-Laurent.

Nous pouvons citer du même Geofroi IV un acte de l'année 1189, en faveur de l'abbaye d'Evaux, par lequel il déclare exempt de toutes servitudes le pré du clos situé à Vaucouleurs donné par son père en 1187. Les habitants prétendaient avoir le droit d'y faire paturer leur bétail et de s'exercer au tir.

Deux actes non datés, appartenant aux archives de la commanderie de Ruetz, constatent l'abandon fait à cette maison par Hatton de Sommeville de plusieurs propriétés litigieuses. L'un d'eux en forme de transaction, est l'œuvre d'Helvide, dame de Joinville.

ACTES DE GEOFROI IV

Don d'une vigne à Mussey, en faveur de St-Urbain.

[1188]

Ego Gaufridus, Dominus Jonisville, frater Hugonis, domini Brec., notum facio tam futuris quam presentibus, me pro salute anime mee et predecessorum meorum, laude et assensu Helvidis, uxoris mee, Gaufridi, filii mei et aliorum filiorum meorum, vineam quam possidebam ad Mucei monasterio Sancti Urbani eâ libertate quâ pater meus eam possedit, in perpetuam elemosinam concessisse, eo tenore ut anniversarius dies obitus patris mei Gaufridi in predicto monasterio singulis annis celebraretur. Et ut hec donatio mea rata et inconcussa permaneat, ipsam sigilli mei impressione confirmavi.... Magister Gilo, Achardus, miles, Valterus presbiter. Actum anno ab Incarnatione Domini millesimo centesimo LXXXVIII° (1).

Donation au profit du prieuré de St-Jacques.

[1188]

Ego Gaufridus, dominus Jovisvillæ, frater Hugonis Brecensis, notum facio tam futuris quam presentibus quod Gaufridus, pater meus, in remedium anime sue et antecessorum suorum in fundatione ecclesie sancti Jacobi, eidem ecclesie unum modium de moture in molendino de Donjuers, in festo Sancti Remigii, singulis annis percipiendum assignavit, et viginti solidos in theloneo Jovisville in predicto festo singulis annis percipiendos. Assignavit antereâ theloneum in festo

(1) Arch. de la Haute-Marne, *Saint-Urbain*, IX° liasse, 11° partie, Mussey, canton de Doulaincourt, arrondissement de Wassy.

Sancti Jacobi super quamcumque feriam festum evenerit, singulis annis percipiendum. Assignavit etiam prenomitate ecclesie vineam que fuit Radulfi de Aliâ, et falcatam prati et sex jugera terre. Et ut hec donatio patris mei Gaufridi rata et inconcussa teneatur, eam impressione signi mei, assensu Helvide, uxoris mee, et assensu Gaufridi et Roberti, filiorum meorum, confirmavi. Hujus confirmationis testes sunt : M^{ter} Acelinus, M^{ter} Johannes, medicus; Albricus de Salli ; Achardus, miles de Fronville ; Joh. Morellus. Et hec confirmatio facta est anno ab incarnatione Domini M° C° LXXX° VIII° (1).

Geofroi confirme à l'abbaye d'Evaux la jouissance du pré situé derrière la maison du Saint-Esprit de Vaucouleurs.

[1189]

In nomine sancte et individue Trinitatis, amen. Nobilitas principum ornat ecclesiam et prompta erga pauperes Christi religiosos liberalitas decorat ipsam. Ea propter, Ego Gaufridus, Jonville dominus, notum facio universis quod cum homines mei de Vaucolor movissent questionem contra abbatem et conventum de Vallibus super usuariis et pascuis que ipsi dicebant habere infra clausum retro domum sancti Spiritus quod ego dedi Beate Marie, tandem post multas altercaciones, veritatem inquirere per bonos virosDeum pre oculis habentes feci et inveni quod nemo aliquid juris in predicto clauso neque in pascuis neque in aliquo usu habebat preter illas duas falcatas quas avus meus dedit, sed de licentiâ prepositi mei, a festo nativitatis beate Marie usque ad medium in arcu ipsum clausum juvenes consueverant ad jocalia ire ; et ideo imposicione quieverunt, et ipsos fratres pacifice et quiete gaudere et ipsum clausum ab omni servitute et consuetudine liberum et quietum fecerunt. Insuper, de voluntate et consensu majorum et minorum, nobilium et ignobilium et omnis scilicet ejusdem ville, ecclesie concedo et in perpe-

---

(1) Donjeux, chef-lieu de canton, arrondissement de Wassy.

tuum tribuo predictis fratribus potestatem predictum clausum secandi quum eis placuerit, absque aliquâ exactione aut emendâ, nec de cetero volo ipsum edictis ville esse subjectum. Huic autem tam celebri questioni testimonium dixerunt Laurentius, prior, Theodericus et Petrus, monachi; Fredericus et Hugo, milites; Magister Lothardus, omnis que simul ecclesia de Vaucolor. Actum est hoc anno verbi incarnati millesimo centesimo octagesimo nono (1).

Acte sous le sceau d'Helvide, dame de Joinville, par lequel Hatton de Sommeville cède à la maison de Ruetz, ses droits sur Wischerei, sur la grange de Caret et ses dépendances.

[Sans date]

In nomine sancte et individue Trinitatis, ne rerum gestarum actio latere queat, Ego Helvidis, domina Jovisville, scripture volui commendari quod, in presentiâ meâ factum est, quod Hato, miles de Summavillâ, in Wischerei jure hereditario clamabat, et in hortis quos Garinus, conversus de Chevilum et familia ejus possidebant, et quicquid in grangiâ de Careto et in appenditiis ejus clamabat, laude et assensu Bartolomei et Garneri, filiorum ejus, et uxoris ejus, et omnium heredum suorum, pro remedio anime sue et animabus antecessorum suorum quiete et absolute concessit domui de Rues : censum prefati prati scilicet Wischerei quod sex nummorum erat, eo quod fenum et currus igni dederat, pro quatuor nummis annuatim solvendis acquitavit. Et si in eodem prato molendinum factum fuerit idem Haton sine molitura molet. Et pro eodem prato aliud pratum eidem Hatoni concessum fuit.

(1) Meuse, *Abbaye d'Evaux*. V. ci-dessus l'acte de 1187 par lequel Geofroi III fit don de ce même pre à l'abbaye d'Evaux. Il résulte de notre texte, qui présente en ce point une certaine obscurité, que les jeunes gens de Vaucouleurs avaient été autorisés par le prévôt à s'exercer au tir de l'arc dans cette propriété.

Hujus rei testes sunt : Achardus miles; Vodo, de Cuirel ; Hato de Onâ ; Gaufridus de Chapes ; Rogerus, filius Achardi : ex parte de Rues, Albertus, decanus; Guidricus de Gorzum ; Haymericus ; Petrus de Chevillum ; Laurentius de Fontanis ; Frater Richerus ; Giraldus ; Teodericus, frater Bouduinus, preceptor de Rues (1).

Lettre de plusors dons que Messire Gaufroiz, frères Huon de Broies donna à Saint-Lorant, et confirmation de plusieurs choses.

[1188]

Quoniam, scriptorum auctoritate neglectâ, oblivionis obscuritas res etiam bene gestas a proprio statu solet alienare ; ea propter, Ego, Gaufridus, Joniville Dominus, frater Hugonis Brecensis, presentis scripti paginam, tam ad presentium quam futurorum fieri volo notitiam questionem quœ inter me et canonicos Sancti Laurentii vertebatur de capellâ quam in palatio meo constituere volebam in hunc modum esse sopitam, videlicet quod prenominati canonici fructus prebendarum suarum unius anni ad fabricam ecclesie Sancti Laurencii dimidiaverunt. Ego vero et Heluydis, uxor mea, et Gaufridus, filius meus, et alii filii mei constitutioni capelle in perpetuum renuntiavimus, ecclesiam B. Laurencii nobis capellam debere esse et posteris nostris recognovimus. Donationes autem a nobis sive ab aliis eidem ecclesie factas approbavimus. Sunt autem hec donationes videlicet : quidquid possidebam in decimis tam magnis quam minutis que sunt Charmis-Maggnis ; quidquid possidebam in decimis magnis que sunt ad Magnis ; quidpuid possidebam in decimis tam magnis quam minutis qne sunt ad Vaucolor et portionem oblationum que me contingebat in parrochiâ de Vaucolor in die Pasche ; v solidos in censu novalium de Chaleines, singulis annis per-

---

(1) Arch. de la Haute-Marne. *Ruetz*.

cipiendos ; quibus siquid accrescat, ad dominum de Vaucolor pertinebit ; quidquid possidebam in decimis tam magnis quam minutis que sunt ad Donjuex, singulis annis ad festum sancti Martini percipiendum ; preter hec omnia, quatuor falcatas prati Jonniville juxtâ Marnam quarum duas circumfluit rivus, relique due illis rivo mediante collimitantur, nec procul sunt a fonte de Andelous ;ختereâ xx solidos in foro, ut ex eis ministret oleum uni lampadi in capellâ B. Laurencii coram relictis incessanter ardenti. Si quid autem ex xx solidis residuum fuerit, in usus ecclesie convertet. Vincam quam dedit Hernaudus, Burgensis, laude et assensu Achardi de Frontis villâ, pro quâ debentur sex denarii in censu ; viii falcatas prati quas dedit Dom. Brutinus, laude et assensu uxoris sue et Gilonis, filii sui, et aliorum filiorum suorum que sunt in loco qui dicitur magnum pratum ; quatuor libras in foro Joniville, singulis annis in festo sancti Johannis percipiendas ; theloneum singulis annis in festo sancti Laurencii percipiendum quâcumque die evenerit ; furnum de Herupe ad Epeivillam ; in quâlibet domo singulis annis in festo sancti Stephani, quod est in natali Domini, duos panes, duas gallinas, duos denarios ; in eadem villâ, in prato abbatis de Annileir, annuatim cartatam feni ;ختereâ in eâdem villâ, unum modium annone cujus media pars est frumentum, reliqua avena in horreo ejusdem abbatis ; census quos eidem ecclesie ab hominibus meis in elemosinam datos(?) ; preterea in qualibet die lunœ, v denarios in foro Joinville percipiemdos, qui sunt de redditu thesaurarii, ut ex eis candelam et oleum ecclesie ministret. Et ut hoc ratum et inconcussum permaneat, presentem paginam sigilli mei impressione communivi. Actum ab incarnatione Domini Mº Cº LXXº VIIIº (1).

---

(1) *Cart.* Nº xxxvii. Cet acte offre cet intérêt particulier qu'il porte confirmation de tous les dons faits à St-Laurent par les sires de Joinville. Les autres titres en faveur du chapitre émanés de Geofroi le Jeune, ne présentent qu'un médiocre intérêt. Les localités mentionnées sont : Charmes-la-Grande, c. de Doulevant ; Magneux, c. de Wassy ; Donjeux, c. de Doulaincourt, arrondissement de Wassy ; Vaucouleurs et Chalaines, même canton, arrondissement de Commercy (Meuse).

FAMILLE DE GEOFROI IV

Sa femme Helvide, fille de Guillaume de Dampierre, connétable de Champagne, et d'Ermengarde, eut pour petits neveux les comtes de Flandre de la maison de Dampierre. Elle apporta en dot les terres de Magney et de Remignicourt (Ducange).

Ils eurent neuf enfants, savoir :

I. Geofroi V, qui suit.

II. Robert, qui prit la croix en 1198, avec son frère Geofroi et Gauthier de Vignory, suivit en Pouille le comte de Brienne, Gauthier III (1). Il est mentionné dans un acte de 1188 qui précède et dans un autre de l'année 1201 que nous transcrirons.

III. Simon, qui succéda à Geofroi V.

IV. Guillaume, d'abord archidiacre de Châlons, puis évêque de Langres, en 1209, et archevêque de Reims, en 1219 (2). Il donna la charte d'établissement du monastère du Val des Ecoliers (1211), et

---

(1) On lit dans Villehardouin : « Et quant Joffrois li mareschaux passa Moncenis, si encontra le conte Gautier de Brienne qui s'en aloit en Puille, conquerre la terre sa femme qu'il avoit espousée, puis qu'il ot prise la crois, et qui estoit fille au roi Tencré. Avec lui aloit Gautiers de Montbéliart et Eustaces de Conflans, Robert de Joinville et grant partie de la bone gent de Champagne qui croisié estoient » (Ch. xx, xxi).

(2) D'après l'abbé Mathieu, Guillaume aurait été d'abord moine de Clairvaux (*Ev. de Langres*, p. 90) ; mais c'est par erreur que l'auteur lui donne pour mère Sybille de Bourgogne.

dota le nouvel ordre dont il fut en réalité le fondateur. En 1216, il siégea, en qualité de pair de France, dans l'assemblée de Melun, qui maintint le comte de Champagne dans sa souveraineté et débouta Erard de Brienne. Dans la guerre qui éclata entre ce prétendant et la comtesse de Champagne, Simon de Joinville avait pris parti contre son suzerain ; il ne rentra en grâce, en 1218, qu'à la condition de remettre son château de Joinville entre les mains de son frère Guillaume, pour garantir l'exécution de ses engagements.

Notre prélat, devenu archevêque de Reims, sacra le roi Louis VIII, en 1223. Il prit part à la croisade contre les Albigeois et mourut à St-Flour en 1227. Il fut inhumé à Clairvaux.

On trouvera, dans l'histoire des évêques de Langres, les faits principaux de la vie de Guillaume de Joinville. M. Jolibois a fait connaître les conditions sous lesquelles il traita avec l'abbaye de St-Etienne de Dijon, de l'acquisition des domaines de Montigny, en 1217. Par une charte de la même année, le prélat associa le comte de Champagne à ses droits, en stipulant que les acquisitions seraient communes entre eux et qu'ils construiraient une forteresse à Montigny.

V. Gui, auquel son père Geofroy fit don des fiefs de Sailly, Donjeux, Echenai, Augéville, etc. Il épousa Péronelle de Chappes et eut pour fils : 1° Robert, son héritier à Sailly ; 2° Simon, qui devint seigneur de

Donjeux; 3° Guillaume, seigneur de Juilly; et trois filles (1).

Sailly était le chef-lieu d'une seigneurie dont relevaient dix-sept fiefs. Gui la tint en parage de Simon, son frère aîné. Mais, en ce qui concerne Donjeux, Simon ayant consenti à ce que son frère devînt l'homme lige du comte de Champagne, Gui en fit hommage à ce prince. L'acte est ainsi conçu :

« Ego Guido, dominus Sailliaci, notum facio universis præsentibus et futuris, quod de karissimo domino meo Th. comite campaniæ cepi in feodo et homagio ligio villam meam que dicitur Donjues, cum omnibus pertinentiis ejusdem villæ, et de omnibus sum homo ligius prædicti comitis, ante omnes homines et feminas quæ possunt vivere et mori. In cujus rei testimonium, præsentem cartam feci fieri sigilli mei munimine roborari. Actum anno gratiæ M.CCXV, mense junio (2). »

Du chef de sa femme, fille de feu Gui de Chappes, Gui de Sailly était devenu possesseur du fief de Jully-sur-Sarce, dont le donjon seul relevait de Champagne. Il prêta foi et hommage à ce titre, au mois d'août de l'année 1221 (3). L'acte qui en fut dressé présente cette particularité que le vassal stipule pour ses enfants que l'un d'eux prêtera spécialement l'hommage lige pour le fief de Jully.

Gui de Sailly fit partie de l'assemblée convoquée à Troyes pour régler les successions nobles entre

---

(1) La généalogie des descendants de Gui de Sailly présente certaines difficultés : nous la donnerons en appendice à la fin de cet ouvrage, ainsi que celles des S. de Juilly et de Donjeux.

(2) Chantereau, II, p. 59.

(3) Ibid. II, p. 128, 129.

enfants mâles (1224). En 1206, au mois d'octobre, il approuvait la vente du tiers des dîmes de Sommancourt, consentie par Eude de Bettoncourt, au chapitre de St-Laurent de Joinville (1).

Nous possédons des chartes de Gui de Sailly, en faveur de l'abbaye d'Ecurey (1219); en faveur du prieuré de Chambroncourt (1225); en faveur de Saint-Urbain (1248).

Gui tenait en fief du comte de Champagne une rente assise sur la ville de Wassy, dont il toucha plusieurs annuités, le 2 octobre 1242 (2).

Il passa avec les habitants d'Augéville, en 1256, du consentement de Jean sire de Joinville, son neveu, une transaction d'où résulte en partie leur affranchissement (3).

C'est par erreur que M. Fériel attribuait à ce seigneur la fondation de la maladrerie de *Boucheraumont* à Donjeux, sous le nom de La Charité-Notre-Dame; cet établissement qui ne date que du xive siècle, fut l'œuvre de Gui III, son petit-fils (4).

VI. André de Joinville qui fut templier.

VII. Yolande de Joinville, fut épousée en secondes noces par Raoul de Nesle, comte de Soissons; elle mourut en 1223.

VIII. Félicité épousa Pierre de Bourlémont; son

---

(1) Cart. n° LXXIX.
(2) D'Arb. de Jubainville, Catalogue n° 2608.
(3) Jolibois, V. *Augéville*.
(4) Id. V. *Boucheraumont*.

fils Geofroi de Bourlémont est nommé avec elle dans un titre de 1237.

Ducange suppose que Marguerite, épouse de Hogier de Donjeux, seigneur de Lafauche, était fille de Geofroi IV, mais il fait confusion avec Marguerite d'Yceleu citée par le P. de sainte Catherine (1).

Les six fils de Geofroi le Jeune sont mentionnés dans la chronique d'Albéric, qui s'exprime en ces termes :

« 1201. En ce temps là, il y avait à Joinville cinq frères, savoir : Geofroi, Robert, Simon et Gui, chevaliers et Guillaume clerc; leur autre frère André devint chevalier du Temple. Robert suivit le comte Gautier, et partit pour la Pouille où il périt. Geofroi, l'aîné, surnommé Trulard, se distingua dans les combats, prit la croix, passa la mer et mourut après de nombreuses prouesses. Simon devint seigneur de Joinville. Gui fut seigneur de Sailly, et Guillaume archidiacre de Châlons.

« 1208. Mort de Robert évêque de Langres qui avait succédé à Hilduin; il a pour successeur Guillaume de Joinville.

« 1209. Guillaume, évêque de Langres, frère de Simon de Joinville, devient archevêque de Reims, le cinquième jour des ides de juin. »

---

(1) V. cependant Jolibois. V. *La Fauche.*

VII

GEOFROI V

dit Trouillard

Geofroi V, ainsi que nous l'avons vu, était en Palestine, lorsque son père y périt, en 1191. Il est probable que, durant son absence, la seigneurie de Joinville fut administrée par sa mère Helvide de Dampierre.

C'est pendant ce premier séjour en Orient, que Geofroi et Simon son frère se distinguèrent sous les yeux du roi Richard-cœur-de-Lion. Ils s'étaient embarqués à Gênes avec Philippe-Auguste ; jetés par la tempête en Sardaigne, ils y combattirent les Infidèles. Ils rejoignirent les deux rois en Sicile et gagnèrent ensuite la Terre Sainte. Voulant leur donner un témoignage particulier de son estime, Richard leur concéda le droit de partir leurs armes de celles d'Angleterre (1). L'origine du surnom de *Trouillard* est ainsi rapportée par les anciens historiens de Joinville.

---

(1) Didot, p. cxxxv. La Curne de Sainte-Palaye, *Mém. sur l'ancienne chevalerie*, 4ᵉ mémoire, note 18.

« Un pirate génois, nommé Trouillard, était venu incendier le soir, les embarcations des croisés. Geofroi, qui pêchait au bord de la mer, s'élança sur lui et le tua d'un coup de l'instrument de pêche dont il se servait. D'autres font venir ce surnom de l'engin de pêche, appelé *trouille*, que notre chevalier avait à la main (1). »

Au commencement du mois de décembre de l'année 1199, Baudoin, comte de Flandre et de Hainaut, convoqua au tournoi d'Ecly, un grand nombre de vassaux qui, pour la plupart, répondirent à l'appel de Foulques de Neuilly et prirent la croix. Parmi les nouveaux croisés, on compta Thibaut III, comte de Champagne, Geofroi de Villehardouin, et Geofroi V, sénéchal de Champagne. Le jeune comte Thibaut, qui avait été désigné comme chef de l'expédition, mourut prématurément à Troyes, le 24 mai 1201 : Villehardouin rend compte, en ces termes, des démarches qui furent faites pour le remplacer :

« Quant li quens fut enterrés, Mahius de Mommorenci, Symons de Monfort, Joffrois de Joinvile, li sénéschaus, et Joffrois de Villehardouin li mareschaux alèrent à l'ostel le duc Eudon de Bourgoigne et li distrent : « Sire, vostre cousins est mors ; or poes
« veoir le damage qui a la terre d'outre-mer est ave-
« nus; si, vous prions pour Dieu que vous préignié
« la crois en leu vostre cousin, et nous vous ferons

---

(1) Didot, p. cxxxii.

« tout son avoir ballier, et vous jurerons seur sains
« et le vous ferons as autres jurer que nous, en aussi
« bonne foi vous servirons en l'ost comme nous feis-
« sions lui.

« La volenté du duc fut tele que il refusa, et sa-
« chiès que il peust bien mieus faire. Dont envoièrent
« Joffroi de Joinvile au comte de Bar pource qu'il
« autretel offre li feist; car il avoit esté cousins au
« comte qui mort estoit; et li cuens de Bar le duc
« refusa autre si... » (1).

Le marquis de Montferrat devint chef de l'expédition ; mais, tandis qu'il se dirigeait avec l'armée
principale sur Constantinople, une autre troupe commandée par Renaud de Dampierre, représentant de
Thibaut dans la quatrième croisade, se sépara des
autres croisés à Plaisance, passa en Pouille et de là
gagna Antioche, où elle fut mise sous les ordres de
Bohémond qui était alors en guerre avec le roi d'Arménie. Geofroi Trouillard les y avait suivis. Il mourut en 1204.

Nous complèterons cette notice par la deuxième
partie de l'épitaphe de Clairvaux dont les premiers
mots concernent Geofroi IV.

« Issi Jofroi, qui fut sire de Joinville qui oist en
Acre, liquex fut père à Guillaume qui gist en la tombe
cuverte de plomb, qui fut évesques de Langres, puis
arcevesques de Rains, et freires germains Simont, qui

---

(1) Villehardouin, ch. XXIV et XXV.

fut sires de Joinville et séneschaus de Champaigne, lequex refut dou nombre des bons chevaliers pour les grans prie d'armes oult de sà mer et de là, et fut avec le roi Jehan d'Acre à panre Damiette. Icis Simons fut peire de Jehan, signour de Joinville et sénéchaus de Champaigne, qui encor vit liquex fit faire cest escrit, l'an mil ccc et xi, auquel Deus doint ce qu'il seit que besoin li est à l'âme et au cors ! Iscis Simons refu freires à Jofroy Troullard, qui refu sires de Joinvile et séneschaus de Champaigne, liquex par les grains fais qu'il fit de sà mer et de là, refu en nombre des bons chevaliers ; et pour ce qu'il trespassa en la Terre-Sainte sans hoir de son corps, pour ce que sa renomée ne périst, en aporta Jehan, sires de Joinville, qui encor vit, son escu, après ce qu'il out demoré en service dévôt de le saint roy outre-mer pacé de six ans ; liquex roys fit audit signour mont de biens. Lydis sires de Joinville mist l'escu à sainct Lorans, pour ce qu'on proit pour lui, enquel écu apert la prouesse doudit Jofroi, en l'onneur que li roi Richard d'Aingleterre ly fist en ce qu'il parti ses armes à seues. Icis Jofroi trespassa de ce siècle en l'an de grâce mil six vins et douze, en mois d'aoust. Icis Jefroi quiescat in pace. » (1)

---

(1) Cette date (1132) est évidemment erronée. Geofroi mourut en 1204. Lors de la prise de Joinville par Charles V, le 30 juin 1554, l'église St-Laurent fut incendiée, et ce prince enleva l'écusson mentionné par l'épitaphe. Didot. p. LXXXVI.

Nous possédons un acte de l'année 1190, de Geofroi V et de sa mère Helvide (sans doute en l'absence de Geofroi IV), par lequel ils font donation de la Maison-Dieu au prieuré de St-Jacques de Joinville qui dépendait de St-Urbain, à la condition que leur anniversaire y sera célébré (1).

Le catalogue des titres du prieuré du Val d'Osne mentionne deux actes souscrits par Geofroi, en 1195 et 1196, en qualité de seigneur de Joinville et de sénéchal de Champagne.

Nous lisons dans la notice de M. l'abbé Lalore sur le Cartulaire de Boulancourt que Geofroi V fit don à ce monastère d'un emplacement pour construire la grange de Morancourt, du consentement de sa mère Helvide de Dampierre et de ses frères savoir : Guillaume, archidiacre de Chalons, Robert, mort en Sicile, et Simon son successeur. Cette donation fut renouvelée en 1197, avec cette condition que les religieux ne pourraient rien acquérir, sans son autorisation, dans les domaines du sire de Joinville (2).

Dans un acte de l'année 1192, Geofroi confirma l'abandon du gîte de Landéville et une donation de deux familles de serfs, consentis par son père en faveur de St-Urbain. En 1201, il concède aux habitants de Watrignéville des droits d'usage dans la

---

(1) Cette date de 1190 est assez suspecte : Geofroi prend dans l'acte le titre de sire de Joinville, qu'il n'eut pas ce semble, le droit de porter avant la mort de son père en 1191.

(2) *Mémoires de la Société académique de l'Aube*, xxxiii, p. 150.

forêt de Mathons : il dispense les hommes de l'abbaye du péage du pont établi sur la Marne et fait don au monastère d'une femme de Mucey. En 1196, il avait approuvé les réparations auxquelles se soumit Roger de Fronville, à raison des usurpations qu'il avait commises sur la justice et le marché de Saint-Urbain. La même année, il avait confirmé toutes les donations faites par ses prédécesseurs à l'abbaye de Sept-fontaines, moyennant l'engagement pris par les religieux de célébrer un service perpétuel pour le repos de l'âme de sa mère.

Un autre vassal de Joinville, Barth. de Chevillon, partant pour la croisade, fit sous le sceau de Geofroi, un traité avec la maison de Ruetz, à laquelle il abandonna les dîmes de Gorzon et de La Neuville (1200).

Ajoutons à cette nomenclature deux actes en faveur de l'abbaye de Mureau (1198, 1200), et un don en faveur de celle d'Evaux (1201) (1).

On trouvera enfin dans le catalogue publié par M. d'Arbois de Jubainville le sommaire de quelques actes où figure Jofroi V (2).

---

(1) Archives de la Meuse.

(2) Nous possédons en outre le texte d'une transaction intervenue entre les abbayes de St-Urbain et de Boulancourt, pour la perception de certaine redevance à la charge de leurs tenanciers respectifs, et approuvée par Geofroi V (1193). Ce titre n'a qu'un rapport très-indirect à l'histoire de Joinville.

ACTES DE GEOFROI V

Donation de la Maison-Dieu de Joinville au chapitre de St-Jacques : Fondation de plusieurs services.

[1190]

Ut etatis nostre negotia firmitatis id habeant et vigoris ne quid in eis postmodum apponat cupiditas aut detraat oblivio, de quo possit in posterum oriri dissensio, Ego Gaufridus, dominus Joniville, et Helvis, mater mea, tam futuris quam presentibus notificamus quod domum Dei qui est Joniville cum possessionibus et appenditiis suis, adquisitis et acquirendis in omnibus commodis, laude et assensu Martini, abbatis ecclesie Sancti Urbani et totius capituli, domui sancti Jacobi libere et absolute, nullo alio participante, habendam et regendam in perpetuum concessimus. Preter hec siccum nemus quod pater meus omnimodo ad usuarium predicte domus Dei per totum nemus Joniville quod appellatur Defeys ; eâ videlicet conditione quod monachi in prefatâ ecclesiâ Sancti Jacobi deservientes missam de Sancto spirito ad salutem anime mee et anime matris mee, nobis viventibus, bis in ebdomade celebrabunt. Post decessus vero nostros, missa pro fidelibus defunctis maxime pro animabus nostris similiter bis in ebdomade perpetuo celebrabitur. Singulis autem diebus, sine intermissione, commemoratio nostri in oratione a sacerdote in ecclesia sancti Jacobi magnam missam celebrante fiet. In predictis etiam ecclesiis pro me et patre meo anniversarium celebrabitur. Preterea prefate ecclesie nos tanquam confratres et benefactores in orationibus suis receperunt. Nos igitur tanti memores beneficii contra calumpniantes et reclamantes donationi nostræ garantiam portabimus. Hoc autem ut ratum et inconcussum permaneat, Ego Gaufridus predictus et predictus abbas et mater mea hoc sigillis nostris confirmavimus. Actum est hoc anno ab incarnatione D¹ M° C° XC°.

Sigillum D. Gaufridi j. v. domini de Jonivillâ; S. Helvidis, domine Jonisville; S. abbatis sancti Urbani, PP et M.

Renonciation au gîte de Landéville : don de deux familles de serfs à St-Urbain.

[1192]

Ego Gaufridus, Joniville Dominus, tam futuris quam presentibus notifico quod Gaufridus, pater noster, in obsidione Anconensi ultra mare contra Saladinum principem Turcorum factâ defunctus, ante mortem suam, gistum de Landevillâ, quod injuste tenere se recognavit, ecclesie beati Urbani liberum et absolutum, et sine omni calumpniâ in perpetuum possidendum concessit. Watereâ pro redemptione anime sue familiam Viviani de Autinneio, familiam Hugonis Bursete prefate ecclesie in elemosinâ in perpetuum similiter possidendas concessit. Ut autem hec donatio patris mei rata et inconcussa perenniter maneat, eam autoritate sigilli mei confirmo.

Hujus rei testes sunt Matheus, Cathalaun. archidiaconus et cancellarius; Amauricus, Sancti Laurentii canonicus; magister Herbertus, presbyter; Haymo, clericus de Columbeio; Guillermus, miles de Nuleio; Achardus de Fronvillâ, etc...

Actum autem hoc anno ab Incarnatione D¹ m° c° LXXXXII° (1).

Roger de Fronville renonce à ses prétentions sur le marché de St-Urbain, etc.

[1195]

Ego Gaufridus Dominus de Jonivillâ, notum fieri volo quod Dominus Rogerus de Fronvilla invadiavit abbatem ecclesie

---

(1) *St-Urbain.* VIII° liasse, 6° partie. Landéville, canton de Doulaincourt, Autigny, canton de Joinville, arrondissement de Wassy.

Sancti Urbani quicquid habebat in justiciâ mercati ville Sancti Urbani, et quicquid habebat in vice comitatu supradicte ville extra sepes et....natinacovillâ (?), et quicquid juris habebat in observatione pratorum abbatis et monachorum... pace possidebat, quicquid injuste se supradictus Rogerus habere dicebat in actione (?) decimarum de Frunvillâ donec redimeret precio xxxii Tur... »

Et hoc factum est assensu et laude domini Rogeri et heredum suorum, anno ab Incarnatione Domini M° C° XC° V° (1).

Geofroi approuve et confirme toutes les libéralités faites par ses prédécesseurs à l'abbaye de Sept-Fontaines.

[1196]

Solent etiam res bene geste malignâ hominum perversitate vel crebro lapsu temporum a suo statu alienari. Ea propter, Ego, Gaufridus, Dominus Joniville, senescallus Campanie, notum facio tam futuris quam presentibus sancte matris ecclesie fidelibus quod ego ecclesie Septem Fontium et fratribus ibidem Deo servientibus quicquid predecessores mei ipsi ecclesie in elemosinam contulerunt, et quicquid a predecessoribus meis juste et canonice adepti sunt, pro salute anime mee et in remedium animarum patris et matris mee et antecessorum meorum in perpetuum concessi habendum et possidendum. Hinc est quod omnibus innotescere volo Nicolaum, abbatem Septem-Fontium et ejusdem ecclesie conventum me in beneficiis suis recepisse et beneficiorum sepedicte ecclesie et ecclesiarum ad ipsam appendentium me participem fecisse. Preterea sciendum est quod supradictus abbas et conventus, in remedium felicis memorie barissime matris mee et pro salute anime sue unam missam pro fidelibus Dei defunctis

---

(1) *St-Urbain*, liasse xv. Au verso se trouve la renonciation de Roger à toutes les possessions par lui usurpées. L'acte ci-dessus transcrit est malheureusement oblitéré en partie.

singulis diebus in perpetuum celebrandam concesserunt et compromiserunt. Quod ut ratum permaneat et inconcussum, ipsam paginam annotavi annotatam que sigilli mei impressione corroboravi. Actum anno ab incarnatione D^i mill° cent° nonag° sexto, mense maii — Testes sunt : Amauricus, canonicus ; Gilo ; Stephanus, miles de Rovroi ; Petrus, miles, frater ejus ; Rogerus de Fronvillà (1).

Droits d'usage dans la forêt de Mathons, concédés aux habitants de Watrignéville. Péage de la Marne, etc.

[1201]

Notum sit presentibus et futuris hominibus quod Ego, Gaufridus, Jonivillœ Dominus, ad sepulcrum Domini et loca sanctorum visenda proficisci desiderans, pro salute animœ meœ meorum que predecessorum, concessi hominibus ecclesiœ Sancti Urbani de Watrineyvillà usuarium in nemore de Maston usque ad viam nocentem (?), sicut homines villœ Sancti Urbani habent per totum nemus. Aquitavi etiam peagium omnibus hominibus Sancti Urbani, ubicnmque maneant sive longe sive propre de ponte suprà Maternam qui est juxtà capellam sancti Urbani in pratis. Dedi etiam eis, id est monachis predictœ ecclesiœ quandam feminam nomine Ermangardem cum filià sua et patrimonio suo quod est apud Muceium.

Notum etiam facio quod Hugo, Miles de Landreicorte, dedit ecclesiœ beati papœ et martyris Urbani, sex sextaria bladi in molendino de Fronvillà, tria frumenti et tria avenœ pro filio Luciœ de Fronvillà quem Dominus abbas monachum ecclesiœ fecit. Sex quoque sextaria bladis tria frumenti et tria avenœ, dedit in concambio idem Hugo apud Soleincort eidem ecclesiœ, in terragiis ejusdem villœ, et in decimis et in masnagiis (?)

---

(1) Arch. de la Haute-Marne, 1re liasse 2e partie. Sept-fontaines écart de Blanchevilte, c. d'Andelot arrond. de Chaumont.

Notum quoque facio cunctis hominibus litteratis et laicis quod Boso, miles de Daulleyo (?) dedit unum sextarium frumenti annuatim solvendum in festo sancti Remigii thesaurario Sancti Urbani, pro lampade ipsius sancti, unum sextarium frumenti apud Bertoncourt, quod videlicet concambivit ad unum mansum qui est apud Chevillon, qui debebat sex decim denarios.

Et ut ista sint rata, litteris tradi et sigillo meo confirmari precepi. Actum anno D¹ millesimo ducentesimo primo (1).

---

(1) Ibid. *St-Urbain*. liasse xvi⁰ 1ʳᵉ partie. Watrignéville, écart de St-Urbain. Fronville, canton de Joinville ; Bettoncourt, c. de Doulaincourt ; Chevillon, chef-lieu de canton ; Soulaincourt, canton de Poissons, arr. de Wassy.

VIII

SIMON

Geofroi étant mort en Palestine, Simon son père lui succéda dans la seigneurie de Joinville et dans la dignité de sénéchal de Champagne. Tous deux avaient pris la croix en même temps que leur père en 1191 ; mais rien ne prouve que Simon ait suivi son frère à la croisade de 1199. Il résulte de deux actes de l'année 1204, passés à Joinville, que, à cette date, il fonda un double anniversaire pour le repos de l'âme de Geofroi dans l'église St-Laurent et dans la chapelle du prieuré de St-Jacques (1).

Simon épousa, en 1206, Hermengarde de Montclerc (Diocèse de Trèves), fille de Wiric, seigneur de Walcourt, qui fonda en 1130, l'abbaye de Freistroff, dans le diocèse de Metz. Son douaire se composait d'abord de la moitié de la seigneurie de Joinville, pour lequel elle fit hommage en 1209, à Blanche, comtesse de Champagne (2).

---

(1) Nous donnerons cet acte ci-dessous.
(2) D'Arbois de Jubainville, *Cart. des actes*, n. 704.

La biographie de ce seigneur de Joinville peut se diviser en deux parties : la première, qui précède son départ pour la croisade de 1219, fut remplie par la guerre de Champagne qui s'engagea entre la comtesse Blanche et Erard de Brienne : la seconde s'étendra depuis la fin de ce conflit jusqu'à l'année 1233.

Le 1er octobre 1210, Jean de Brienne avait été couronné roi de Jérusalem : séduit par l'exemple de cette haute fortune, son cousin germain Erard de Brienne, seigneur de Venizy, résolut de demander la main d'une des filles que Henri II, comte de Champagne, avait eues de sa femme Isabelle, seconde fille d'Amaury I, roi de Jérusalem. Une pareille alliance devait porter ombrage à Blanche, régente de Champagne et tutrice de son fils en bas-âge, Thibaut le Posthume. En effet, bien que les filles de Henri II et d'Isabelle, issues d'un mariage illégitime, eussent été exclues de la succession de leur père, un prétendant peu scrupuleux, en épousant l'une d'elles, pouvait susciter un parti dangereux contre le véritable héritier. C'est ce qui arriva : Érard de Brienne prit la croix et s'embarqua en 1213 : au mépris des remontrances que lui avait fait faire la comtesse Blanche, et malgré les obstacles de toute nature qu'elle lui suscita, il gagna la Palestine et réussit à faire célébrer son mariage avec la princesse Isabelle (1205). L'active surveillance de la régente retarda son retour en France ; mais Érard fut assez heureux pour échapper à tous les dangers et rentra en Champagne au commencement de l'année 1216 (1).

Pendant l'absence de son adversaire, la régente n'avait rien négligé pour lui enlever des partisans et se préparer à une lutte imminente. En même temps qu'au prix des plus grands sacrifices, elle s'assurait l'appui du roi Philippe-Auguste, et celui du duc de Bourgogne, elle réclamait l'hommage et le serment de fidélité de ses vassaux, au nombre desquels se trouvaient Simon de Joinville, et son frère Gui de Sailly (1214-1215) (2). Elle avait de justes raisons de se défier des dispositions de son sénéchal ; il était en effet cousin du prétendant et parent de ses principaux alliés (3). C'est à ce motif qu'il faut attribuer le refus qu'elle fit de reconnaître le droit héréditaire de Simon à la sénéchaussée de Champagne : elle voulait sans doute le lier plus sûrement aux intérêts de son fils, en lui offrant comme un prix éventuel de

---

(1) Nous empruntons le résumé de cet épisode à l'intéressant récit de M. d'Arbois de Jubainville, *Hist. des comtes de Champagne*, t. IV, p. 111 et suiv.

(2) D'Arbois de Jub. *Catalogue*, n. 867 et 919. Le premier de ces actes, en date à Troyes du mois d'août 1214, a un double objet. Simon fait hommage de sa charge de sénéchal à Blanche, comme baillitre et tutrice, sans que cette formalité doive rien faire préjuger sur la valeur du titre héréditaire, toute discussion devant être ajournée jusqu'à la majorité du jeune comte. Il fait ensuite hommage pour le château de Joinville, promettant de servir son suzerain contre les filles du comte Henri (V. cette pièce dans Didot, p. cx).

(3) Erard et Simon étaient arrière-petits fils d'Erard I, comte de Brienne, le second par sa grand mère paternelle Félicité.

sa fidélité la reconnaissance du droit contesté. Sa méfiance se traduit en outre par d'autres actes.

En même temps qu'elle recevait l'hommage et les promesses les plus solennelles de son vassal, elle obtenait de Guillaume, évêque de Langres, l'engagement que le prélat frapperait son frère Simon de l'excommunication et sa terre d'interdit, dans le cas où le sire de Joinville méconnaîtrait la foi jurée. Gauthier de Vignory, leur parent, se porta caution de cette convention (1).

Les hostilités commencèrent à la fin de l'année 1215 ; mais elles furent suspendues au début par une trêve qui semblait devoir se prolonger jusqu'à la mort du jeune comte Thibaut et pendant laquelle les parties auraient pu porter leur différend devant la cour du roi. Mais Erard de Brienne reprit les armes dans les premiers mois de l'année 1217. Albéric a rendu compte en ces termes, des principaux événements de la campagne.

« 1215. La guerre commença en Champagne : un chevalier appelé Erard de Brienne, avait épousé une fille de Henri, comte de Champagne, mort à Acre, et l'avait amenée des pays d'outre-mer, afin de se faire reconnaître, par son moyen, comte de Champagne. Il entreprit cette guerre et trouva dans sa famille plusieurs complices et de puissants auxiliaires. Le comte Erard, père de Jean de Brienne, roi de

---

(1) D'Arb, de Jub. N°° 868, 876.

Jérusalem, avait eu pour frère, André de Venezy, fameux par de hauts faits de chevalerie, et qui fut père de cet Erard, auteur de cette audacieuse entreprise. Simon de Joinville, son parent, lui avait confié la défense de son château.

« 1218. Les opérations de la guerre de Champagne ayant été portées par Erard près de Joinville, furent l'occasion de pillages, de dégâts et d'incendies : Sermaize fut brûlé. Cependant la nouvelle de la mort de l'empereur Othon étant arrivée vers l'Ascension (1), les alliés d'Erard se dispersèrent. D'après le conseil de sa mère, le comte de Champagne fortifia le château de Montéclair, sur les frontières du diocèse de Toul. »

Nous voyons par le texte d'Albéric, que Simon poussa son dévouement envers le prétendant jusqu'à remettre entre ses mains son château patrimonial. De son côté, l'évêque de Langres temporisait, et deux ans après (1217), il hésitait encore à publier la sentence d'excommunication fulminée contre les ennemis de la comtesse de Champagne. Ce prélat encourut même la peine de la suspension. Erard, dont les premiers actes avaient surtout consisté dans des dévastations, avait conclu une nouvelle trêve qui fut respectée depuis le mois de septembre 1217 jusqu'au milieu de l'année suivante (2).

---

(1) Othon IV mourut le 19 mai 1218,
(2) D'Arbois de Jubainville, t. IV, p. 146 à 150 ; Catalogue, n°^{s} 1072, 1105.

La comtesse Blanche ayant réuni une armée dans les environs de Wassy, envahit d'abord la Lorraine, avec le secours du duc de Bourgogne ; puis, après avoir contraint le duc de Lorraine, allié du prétendant (1), à se soumettre, elle vint livrer bataille à ses ennemis dans les environs de Joinville ou de Châteauvillain. Les châteaux de Joinville et de Doulevant appartenant à Simon, qui se trouvait dans les rangs de ses adversaires, tombèrent au pouvoir de la régente. Simon, réduit aux dernières extrémités, livra en otage son fils Geofroi, consentit à ce que l'évêque de Langres, son frère, restât saisi de son château de Joinville, jusqu'à ce qu'il eût rempli ses engagements (2), et renonça à la mouvance du fief de La Fauche. Il fit de nouveau hommage à son suzerain : puis en retour, il obtint que son droit héréditaire à la sénéchaussée de Champagne et celui de son fils fût expressément reconnu (3), et il fut relevé de la sentence d'interdit qui l'avait frappé (4). Quant à la mouvance de La Fauche, Thibaut et sa mère devaient provisoirement la conserver. Simon reçut en échange celle des fiefs de P. de Bourlémont, de H. de Landri-

(1) Nous donnerons ci-après un acte duquel il résulte que Simon de Joinville avait pris des engagements directs envers le duc de Lorraine, en vue de cette guerre, à peine de cent marcs d'argent.

(2) En cas de décès de l'évêque de Langres, Simon de Châteauvillain, devait prendre la garde du château (7 juin 1218).

(3) Le texte de ces intéressantes conventions, incomplètement reproduit par M. Didot (p. cxii), se trouve dans Chantereau, ii, p. 32, 33.

(4) D'Arb. de Jubainville, n° 1172.

court, de Geofroi de Cirey et d'Arnoul de Reynel. Cependant le sire de Joinville se disposait à partir pour la croisade : sa mort, si elle survenait dans ces circonstances où ses domaines étaient engagés, pouvait amener des difficultés pour la liquidation des droits de sa femme et de ses enfants. Dans cette prévision, Hermengarde de Montéclére souscrivit une convention au terme de laquelle elle déclara renoncer à son douaire, dans le cas où elle se remarierait après le décès de son mari : elle explique que, d'après ses conventions matrimoniales, son douaire portait sur la moitié de tous les domaines appartenant à Simon : elle restreint ses droits à la terre et à la chatellenie de Vaucouleurs, à celles de Montier-sur-Saux et du Val d'Osne, sauf les droits des usages dans les bois qui en dépendent : mais, dès que les dettes contractées par son époux seront acquittées, elle pourra exercer son douaire sur tous les domaines qui y étaient originairement affectés, à l'exception du château de Joinville, à moins toutefois qu'elle ne convole en secondes noces. On ajoute que si son fils aîné, parvenu à l'âge de quinze ans, veut se séparer de sa mère, Hermengarde lui fera l'abandon de ses droits héréditaires et se tiendra à son douaire (1).

Ces conventions ainsi arrêtées, Simon partit pour la Terre-Sainte. Au mois de mai 1218, le roi Jean de Jérusalem, obéissant à l'appel du Souverain-Pontife,

---

(1) Didot, p. cxiii.

était parti d'Acre avec son armée pour aller mettre le siége devant Damiette. Dans le courant du mois d'août, les chrétiens s'emparèrent d'une tour située au milieu du Nil qui devait leur servir de point d'appui pour des opérations plus décisives. La nouvelle de ces premiers succès avait encouragé les fidèles d'Europe à prendre part à l'expédition. Simon de Joinville fut sans doute au nombre de ces derniers, parmi lesquels on compte plusieurs vassaux de Champagne, et deux de ses parents, Milon, comte de Bar-sur-Seine, et Gaucher son fils (1). Il ne se mit en route qu'après le mois de juillet 1218 (2).

Les opérations du siége continuèrent et Damiette fut prise dans les derniers jours de l'année 1219.

Simon était de retour dans ses domaines au mois de septembre de l'année suivante, ainsi que le constate un acte par lequel il choisit pour arbitre d'un de ses différends avec le chapitre de St-Laurent, Guillaume, archevêque de Reims (3).

---

(1) Milon avait épousé Elissande, fille de Renaud IV, comte de Joigny et se trouvait ainsi allié de la maison de Joinville.

(2) Simon figure en effet sous cette date dans deux actes insérés au Cartulaire de St-Laurent, en même temps que son frère Gui de Sailly. C'est d'ailleurs par erreur que M. Collin *(Tablettes historiques de Joinville)*, fixe la prise de Damiette à l'année 1212. M. Champollion s'est pareillement trompé, lorsqu'il suppose que Thibaut IV prit la croix en même temps que son sénéchal de Champagne. La guerre avec Erard n'était pas complétement terminée, ou du moins il restait à régler de nombreuses difficultés.

La présence de Simon au siége de Damiette est attestée par l'épitaphe de Clairvaux.

(3) Simon prétendait avoir le droit de conférer des prébendes.

Sa femme Hermengarde de Montéclére, était morte peu de temps après le départ du Sire de Joinville pour la Terre-Sainte. Il épousa en secondes noces Béatrix de Bourgogne, fille d'Etienne III, comte d'Auxonne, et de Béatrix, comtesse de Châlons (1).

A partir de cette époque, Simon se montra vassal fidèle du comte de Champagne ; on le voit, en effet, en 1221, pris pour arbitre afin de vider un différend entre la comtesse Blanche et Hugues, fils du comte de Réthel. L'année suivante, il se porta caution de la fidélité de son suzerain envers le roi Philippe-Auguste ; enfin, quelques mois après, Thibaut IV garantit une dette contractée par son sénéchal envers Guillaume, évêque de Châlons.

---

(1) Cette alliance était des plus glorieuses pour la maison de Joinvile : Béatrix avait pour frère Jean le Sage qui devint comte d'Auxerre et sire de Salins ; pour sœur, Clémence, qui épousa Berthold V, dernier duc de Zœringhen. Hugues, fils de Jean le Sage, et neveu de Béatrix, devint comte de Bourgogne par son mariage avec Alix de Méranie (1248-1266), arrière-petite-fille de Frédéric I, empereur d'Allemagne. Ainsi Jean, fils de Simon, sire de Joinville, était cousin germain par sa mère Béatrix, du comte régnant de Bourgogne. L'empereur Frédéric II étant lui-même petit-fils de Frédéric I, était cousin germain de la mère d'Alix de Méranie, et cette dernière se trouvait cousine germaine par alliance de Jean de Joinville. D'un autre côté, Béatrix de Bourgogne, femme de Simon, et Frédéric II comptaient parmi leurs ancêtres un auteur commun, Etienne le Hardi, comte de Bourgogne (1087-1102) ; mais ils n'étaient pas précisément cousins germains, ainsi que le dit l'historien de St'Louis :

« Li grans amiraus des galies m'envoia querre... et il me demanda si je tenoie rien de lignaige à l'Empereur Ferri d'Allemaigne qui lors vivoit, et je li respondi que je entendoie que madame ma mère étoit sa cousine germaine » *(Hist. de St-Louis, p. 152)*. Béatrix et Frédéric II étaient cousins au 8° degré.

Cependant, bien que son droit héréditaire à la sénéchaussée de Champagne ait été reconnu avant son départ pour la croisade, on voit que, en 1224, cette question n'était pas encore définitivement réglée. Thibaut IV prétendit sans doute que la convention de 1218 n'avait pu conférer à son sénéchal un titre plus étendu que celui qui avait été défini, en 1214, alors qu'en rendant hommage à Blanche, baillitre du comté, Simon n'avait pris possession de sa charge que sous la réserve que la difficulté dont il s'agit serait vidée ultérieurement par son suzerain devenu majeur. En 1224, il fut convenu entre Thibaut et le sire de Joinville, en présence de Guillaume, archevêque de Reims, que Simon tiendrait la sénéchaussée en fief et hommage lige pendant sa vie, et qu'après sa mort, son héritier ne pourrait s'en dire saisi à titre héréditaire, tant que la question n'aurait pas été expressément décidée (1). Brussel fait observer, à cette occasion, que, à partir de l'année 1214, la comtesse et son fils, lorsqu'ils eurent à conférer quelqu'un des grands offices du comté de Champagne, eurent soin de se faire donner par le nouveau pourvu une reconnaissance qu'il ne tenait sa charge qu'à titre de viager.

Deux ans après néanmoins, Simon obtint de Thibaut la confirmation définitive de son droit hérédi-

---

(1) Les actes 1214 et de 1224 ont été publiés par Brussel, *Usage général des fiefs*, p. 638,639.

taire si longtemps contesté (1). Le comte de Champagne, qui, à cette époque, se disposait à faire la guerre au roi de France et se sentait en butte à la haine de nombreux ennemis, voulait ainsi s'attacher par des liens plus étroits un vassal dont la fidélité, au jour du danger, ne devait pas lui faire défaut.

La guerre éclata en 1229, entre Thibaut et les barons de Champagne : la duchesse de Bourgogne et le comte de Bar avaient pris le parti de ses adversaires. Ils accusaient le comte d'avoir trahi le roi Louis VIII, et même de l'avoir empoisonné. Thibaut, de son côté, leur reprochait d'avoir favorisé les prétentions de la reine de Chypre, Alix, fille du comte Henri II, à l'hérédité de la Champagne. La guerre commença sur les confins de la Lorraine entre le comte de Bar et le duc de Lorraine avec lequel Thibaut avait conclu un traité d'alliance. Le comte de Bar s'empara du château de Montier-sur-Saux, qui appartenait à Simon de Joinville, et le ruina. Il est probable que ces dévastations furent dirigées plus particulièrement contre ce puissant vassal de Thibaut. Albéric a laissé le récit de cette campagne :

---

(1) Cet acte a été publié par Champollion *(Documents inédits*, p. 618) et par Barthelemy *(Diocèse de Châlons*, I, p. 307). Les autres vassaux de Champagne obtinrent des faveurs plus considérables. V. D'Arb. de Jub., t. IV, p. 631 et 11. Les titres concernant la sénéchaussée de Champagne se classent sous les dates du mois d'août 1214, du 7 juin 1218, du 9 juin 1224 et du 28 juillet 1226.

« 1230. Le comte de Bar attaqua son neveu (1) aussitôt après Noël et brûla soixante-dix villes ainsi que nous le dirons.

Cependant le duc de Lorraine, de concert avec le comte de Champagne, Simon de Joinville, et de nombreux alliés, fit encore plus de mal au comte de Bar : ils fortifièrent contre lui le château de Montier-sur-Saux que le comte ruina complètement dans le cours de la même année. De leur côté, les Messins, alliés du duc Mathieu, rompirent le pont de Maidières contre le comte de Bar. Le comte de Champagne et le comte de Flandre firent subir de grands dommages au comte de St-Pol. Mais les autres seigneurs, alliés du comte de Bar, dont le chef était Philippe, comte de Bologne, incendièrent Epernai, Sézanne et Vertus, assiégèrent plusieurs villes de Champagne et la Tour de Fimes, commirent de nombreux dégats, et se livrèrent au pillage sur divers points de la Champagne. Le comte lui-même, pour les arrêter, incendiait lui-même ses propres villes avant leur arrivée » (2).

Ainsi Thibaut n'avait pas réussi à défendre les places qui formaient le boulevard de ses états du côté du nord : il attendit ses ennemis devant Provins;

---

(1) Henri II, comte de Bar, était frère consanguin d'Agnès, fille de Thibaut I, laquelle épousa Ferry II, duc de Lorraine, père de Mathieu II dont il s'agit ici, et qui se trouvait ainsi neveu du comte de Bar par sa mère. Il est à remarquer que les événements de la campagne commencèrent en 1229 : Albéric fixe le premier jour de l'année 1230 à Noël.

(2) Dom Bouquet, t. XXI. p. 600.

mais il fut vaincu et s'enfuit à Paris pour solliciter les secours du roi. Les alliés cependant, après avoir ruiné le pays, rentrèrent en Champagne, s'emparèrent de Ramerupt et marchèrent sur Troyes, tandis que le duc de Bourgogne se disposait à l'attaquer du côté du sud. C'est alors que les habitants effrayés envoyèrent demander du secours à Joinville. Simon qui avait réuni ses vassaux, franchit en une nuit une distance de vingt lieues, arriva devant Troyes avant le jour, et mit ainsi la ville à l'abri d'un coup de main, en attendant que l'armée royale vînt la délivrer. L'historien de St Louis nous a laissé le récit de cette expédition si glorieuse pour la mémoire de son père.

« Li bourgois de Troies, quant ils virent que il avoient perdu le secours de lour signour, ils mandèrent à Symon signour de Joingville, père du signour de Joinville qui ore est, qu'i les venist secourre. Et il, qui avoit mandei toute sa gent à armes, mut de Joinville à l'anuitier, si tost comme ces nouvelles li vindrent et vint à Troies ainçoit que il fust jour. Et par ce, faillirent li baron a lour esme que il avoient de penre la dite citei... » (1).

Simon se trouvait en même temps vassal de Thibaut et de Hugues IV, duc de Bourgogne, l'un des plus puissants adversaires du comte de Champagne; mais nous voyons qu'en faisant hommage du chef de

---

(1) *Histoire de St Louis*, p. 30. C'est par erreur que M. Collin a placé cet événement sous la date de 1227 *(Tablettes historiques)*.

sa femme du château de Marnai qu'il tenait en fief de son suzerain Bourguignon, il ne prêta serment que sous la réserve de ces derniers devoirs envers le comte (1).

Dom Calmet a conservé le souvenir d'un différend qui, vers l'année 1231, se serait élevé entre les bourgeois de Toul et Simon. Ce conflit fut terminé par la médiation du duc Mathieu (2).

Nous rencontrons enfin dans la Chronique de Richer, moine de Senones, le récit d'un épisode des plus dramatiques, dans lequel figure Simon de Joinville. Mathieu, fils du duc de Lorraine Mathieu I, successivement grand prévôt de l'église de St-Dié, puis évêque de Toul, s'était abandonné à tous les désordres. Dépouillé de ses fonctions épiscopales par le chapitre, il se livra aux mêmes excès dans le château de Clermont qu'il avait fait construire près de St-Dié. Ferri II, duc de Lorraine, s'en empara et le fit démolir. Mathieu, confiant dans la parenté qui l'unissait à ce prince, continua ses brigandages : il attaqua l'évêque de Toul son successeur, dans une embuscade, et le fit égorger par ses satellites. Le nouveau duc Thibaut, son neveu, qu'il voulait faire

---

(1) Pérard, *Recueil de pièces* etc., p. 416.

(2) Dom Calmet II, Pr, f° xxiii. Il s'agit certainement ici de Simon de Joinville (*Simon de Junvilla* dans le texte de Richer). Dans une vie manuscrite du duc Thiébaut on lit qu'il était gentilhomme du duc et avait nom Simon de Joinville, « qu'était en sienne compaignie, ès-chasse proche Rambervilliers. » V. Gravier, *Hist. de St-Dié*, p. 115, Nompatélize et Rambervilliers (arr. de St-Dié, Vosges).

passer pour son complice, résolut d'avoir raison du criminel. Il vint pendant les fêtes de la Pentecôte à St-Dié. Le mercredi suivant, il se dirigea du côté de Nompatélize, accompagné de Simon de Joinville, son vassal. Arrivé au void de Parupt, ils rencontrèrent Mathieu qui était venu au-devant du prince, dans l'espoir d'obtenir son pardon. Saisi d'indignation à la vue de l'assassin, Thibaut donna l'ordre à Simon de le percer de sa lance : « Dieu me garde, s'écria le vassal, de frapper un homme d'un si haut rang ! » Mais le duc, lui arrachant la lance des mains, et sans avoir égard aux prières de Mathieu qui s'était jeté à ses pieds, le perça de part en part et le laissa sans vie dans le ruisseau.

En 1231, Simon arrêta les conventions du mariage de son fils Jean, à peine sorti de l'enfance, avec Alix, fille de Henri V, comte de Grandpré, et de Marie de Garlande.

Il mourut en 1233, laissant son héritier encore mineur sous la tutelle de sa mère Béatrix (1).

---

(1) Ducange place la date de la mort de Simon en 1235 ; mais nous possédons un acte de Béatrix, sa veuve, de l'année 1233, de laquelle il résulte notamment qu'il mourut de maladie dans son lit, avant d'avoir pu juger un différend entre l'abbaye d'Evaux et un clerc tonsuré de Neuville.

ACTES DE SIMON

On trouvera rappelés dans le catalogue des actes que nous avons emprunté à M. d'Arbois de Jubainville, la plupart des événements auxquels donna lieu la lutte engagée entre la comtesse de Champagne et Erard de Brienne. Nous reproduirons seulement deux des transactions plus particulièrement relatives à l'hérédité de la sénéchaussée de Champagne.

Les extraits publiés par M. Champollion nous apprennent que, en 1214, il s'éleva quelques difficultés entre Simon de Joinville et Gui de Sailly, son frère, pour le réglement de la succession de leur père. Leur frère Guillaume, évêque de Langres, termina cette contestation.

Un autre différend s'était élevé entre Simon et son beau-frère, Hugue de Chalon, au sujet du fief de Marnai, en 1225. Il fut terminé par un traité aux termes duquel Hugue prit l'engagement de lui relâcher ce fief, un an après la mort du comte Etienne, son père. Simon, de son côté, promit son assistance contre toute personne, à l'exception du comte de Champagne, du duc de Lorraine et du comte de Luxembourg (1). Nous donnerons ci-après l'acte d'hom-

---

(1) Guillaume, *Hist. de Salins*. I. p. 115.

mage qu'il rendit au duc de Bourgogne pour Marnai, en 1230.

En 1221, Simon avait fait hommage à Thibaut, comte de Bar, pour les fiefs de Germai, de Bure, Biencourt, Ribeaucourt et autres qu'il avait reçus de ce prince.

Ses démêlés avec l'abbaye de St-Urbain durèrent pendant plus de vingt ans : ils forment un des innombrables épisodes des luttes soutenues par les avoués des églises pour maintenir à leur profit les droits contestables qu'ils prétendaient exercer dans les domaines des abbayes.

Dès l'année 1206, il avait renoncé au gîte de Landéville qu'il avait voulu conserver nonobstant le désistement que ses devanciers avaient consenti à l'abbaye. En 1213, il promit de ne réclamer, en qualité d'avoué, aucunes tailles ou exactions indues ; il se soumit à l'arbitrage de l'évêque de Châlons, et en cas de transgression, il consentit à être frappé d'excommunication. En 1214, il fit à ce monastère l'abandon de la forêt du Pavillon afin de se faire pardonner le meurtre d'un religieux qui avait été tué par un de ses officiers. En 1217, il reconnut qu'il ne pouvait imposer aux hommes de Saint-Urbain l'espèce de corvée appelée *hordamentum*, et consistant en travaux au château seigneurial. En 1218, il renonça pour lui et ses chateurs au gîte de Watrignéville. Il concéda aux habitants de Blécourt des droits de pâturage. Son vassal, Aubert de Brachay, fit des concessions analogues à ce monastère. Nous voyons cependant que malgré ces marques de déférence envers les religieux, Simon encourut, en 1228, l'excommunication de l'évêque de Châlons, à raison de certains griefs que lui imputait l'abbé de St-Urbain (1).

Ces faits témoignent de l'autorité et de l'ascendant qu'avaient acquis les maisons religieuses. Simon alla jusqu'à s'obliger à payer à la même abbaye le terrage et la dîme pour les terres dépendant de sa grange de Celsois, établie sur les domaines du prieuré de Sainte-Anne.

Ses relations avec l'abbaye de Montiérender ont le même caractère. Il renonce à exiger des tenanciers de la chambrerie de Mertrud, aucune corvée pour les réparations de son château de Joinville, et il abandonne un moulin qu'il avait fait construire à Vaux (1214). Les seigneurs de Joinville ne pourront désormais rien posséder sur la rivière de Blaise. Bien plus, il semble que ce soit par pure tolérance que l'abbé du Der autorise Simon à conserver une garenne qu'il avait établie vers Courcelles, sur le territoire de Dommartin. Il est convenu que les habitants pourront exercer leurs droits d'usage dans cette région : le camérier de l'abbaye pourra même y donner la permission d'y chasser et c'est le camérier qui aura la

---

(1) C'est ce qui résulte d'un mandement de l'évêque de Toul au curé de Magnil (Bourdon, canton d'Andelot), l'invitant à sommer le sire de Joinville de donner satisfaction aux religieux (Arch. de la Haute-Marne).

connaissance des délits de chasse qui pourraient y être commis. C'est là encore une reconnaissance formelle de la juridiction du monastère, à l'exclusion des avoués.

Simon céda en outre à l'abbaye ses dîmes à Dommartin-le-Franc, et ajouta à cette concession le don de quatre ménages de serfs (1226). Lorsqu'il statue comme arbitre entre ses hommes et l'abbé du Der, il se prononce en faveur de ce prélat (1223, 1228, 1231).

Simon se montra pareillement libéral envers l'abbaye de Clairvaux, à laquelle il concéda des droits de pêche dans tous ses cours d'eau pendant les trois jours et les trois nuits précédant la réunion du chapitre géral (1). Nous possédons des chartes de ce seigneur en faveur des cammanderies de Ruetz et de Couvertpuis (1215, 1225); une donation à l'abbaye d'Ecurey, (1218), le don d'un terrain concédé au prieuré de Vaucouleurs pour y établir une chapelle en l'honneur de saint Laurent (1223). La charte d'affranchissement de Mathons est un des documents les plus intéressants émanés de Simon de Joinville (2). Il com-

---

(1) Champollion, *Documents*, p. 618. Ce droit de pêche fut ensuite racheté par Jean (Ibid. p. 631). Chantereau a publié un texte de 1222, aux termes duquel Simon engagea à la même abbaye ses revenus de Charmes et de Colombey, pour garantie d'un prêt de 400 l. (II. p. 141, 142).

(2) Cette charte, publiée par Crépin (Not. s. Blécourt, p. 98), est calquée sur la loi de Beaumont. On trouvera dans la même brochure la mention d'une libéralité de Simon envers l'abbaye de Jovilliers, à la charge de contribuer aux réparations de l'église Notre-Dame de Blécourt, datée de 1235. Cette date, acceptée par Ducange, est certainement erronée.

pléta par divers actes les libéralités faites par ses prédécesseurs à Boulancourt (1). Parmi les textes renfermés dans le cartulaire de St-Laurent de Joinville, nous choisirons ceux relatifs à la fondation de l'anniversaire de son frère Geofroi et du sien (1204 et 1233).

Lettre de xx S. en la vente et en Tornu de Joinville, par l'anniversaire Monsignor Gaufroi, sign. de Joinville.

[1204]

Ut res nostris gesta temporibus non excedat memoriam posterorum, nobis novit litterarum beneficium subvenire eâ propter, Ego Symon, Joniville Dominus, notum facio omnibus sancte matris ecclesie fidelibus quod, pro anniversario fratris mei Gaufridi bone memorie viri singulis annis celebrando, qui cum advisitandum Domini sepulcrum, Ierosolimitanum iter arripuisset, apud Acram universe carnis debitum persolvit, et pro remedio anime mee et predecessorum meorum, canonicis ecclesie beati Laurencii capelle mee, xx solidos Kalendis Augusti, in passagio et in venta Joniville contuli annis singulis persolvendos. Quod ut ratum et inconcussum permaneat, presentem paginam mei sigilli impressione roboravi. Actum anno Verbi incarnati M° CC° IV°. Datum per manum Gilonis, tunc notarii nostri (2).

---

(1) Il confirma, en 1210 et en 1232, les acquisitions que ce monastère avait faites dans les domaines de ses prédécesseurs pour l'établissement de la grange de Morancourt. Au mois de février 1235, Béatrix, sa veuve, agissant en qualité d'exécutrice testamentaire, retira au profit de Boulancourt les droits d'usage que les chanoines de St-Laurent prétendaient exercer dans les bois de la Neuve-Grange (*Cartul. de Boulancourt*, n°⁰ 167, 301, 444).

(2) *Cart. de St-Laurent*, xiv. A la même date, Simon fit dans la même intention, une donation identique au prieuré de St-Jacques de Joinville.

Hommage envers le comte Bar pour les terres de Buincourt, Robancourt, Bures, etc.

[1221]

Ego Symon, dominus Jovisville, seneschallus Campanie, notum facio universis presentibus et futuris presentes litteras inspecturis quod ego sum homo ligius comitis Barri, post comitem Campanie, et ipsum juvare debeo bonâ fide contrâ omnes gentes, salvâ fidelitate comitis Campanie.

Ipse vero comes Barri mihi contulit quicquid habebat apud Buincuriam et Robancuriam et Bures et Baincuriam et Germaium et Juvigneis, in omni commodo et usu, et super hoc mihi tenetur portare warantiam contrà omnes homines juri venire volentes, hoc adjuncto quod in prenominatis villis nullum de hominibus comitis Barri possum retinere. Et etiam ipse comes Barri nullum de illis hominibus quos mihi dedit in predictis villis in terrâ suâ potest retinere.

Si vero heres meus istam ligietatem facere noluerit ipse tamen remaneret homo comitis Barri in eodem puncto quod ego eram ante predictam ligietatem factam. Et prenominata terra de Buincuriâ et Robancuriâ et Bures et Baincuriâ et de Germai et Juvigneis, libere et absolute revertentur ad ipsum comitem Barri et ad heredes suos. Ut autem omnia supradicta rata permaneant et illesa. Ego in testimonium presentes litteras sigilli mei munimine roboravi. Actum anno Domini millesimo ducentesimo vicesimo primo mense decembris (1).

Lettres que li contes de Monbeliart fut pleges à Duc de C. mars par Seignor Symon de Joinvile.

[1218]

Ego R., Montisbeligardi comes, notum facio universis presentem paginam inspecturis quod ego sum plegius Th. duci

---

(1) Biencourt, Ribeaucourt, Bure, canton de Montier-sur-Saux, arr. de Bar-le-Duc; Juvigny, cânt. de Commercy, (Meuse); Germay, canton de Poissons, arr. de Wassy (Haute-Marne).

Lothorengie de C. Marcis pro domino Symone Jonville, proximo mense post pascham, si post requisitionem dicti ducis Loth. idem dominus S. Jonville fidem illam quam ei dedit non teneret. In hujus rei testimonium, presens scriptum sigillo meo signavi. Actum anno Dom. M° CC° VIIIX° (1).

Beatrix, dame de Joinville, autorise Simon, son mari, à reprendre le fief de Marnai du duc de Bourgogne.

[1230]

Ego, Beatrix, Domina Joniville, notum facio presentibus et futuris quod ego volui et precepi... Domino et Marito meo Symoni, Domino Symoni, Domino Joniville quod caperet à Domino Duce Burgundie Hugone castrum de Marnai quod movet et est de capite et hereditagio meo, et quicquid per ipsum dominum meum de dicto feodo factum est, sicut in litteris suis continetur ratum habeo et volo et concedo. Anno Domini millesimo ducentesimo tricesimo, mense... »

Dou flé Mons. Symon de Joinvile et sa femme, pour Marnay.

[1230]

Ego Symon, dominus Joniville, senescallus Campanie, omnibus notum facio quod cepi à nobili viro Hugone, duce

---

(1) Meuse, *Cartul.* B. 256. f° 202 v°. Ce document constate que, au moment d'engager la guerre avec Blanche, comtesse de Champagne, le duc de Lorraine avait voulu s'assurer du concours du seigneur de Joinville ; afin de se lier par une promesse plus efficace, celui-ci avait garanti ses engagements par une clause pénale de cent marcs d'argent. Richard, c. de Montbéliard, qui avait épousé une nièce du duc Thibaut I, se porta caution de cette promesse.

Burgund., domino meo laude et assensu Beatricis, uxoris mee, castrum de Marnai in feodo ligio, et teneor dominum Ducem juvare de dicto castro contrà omnes homines preter Th. comitem Campanie, de hâc guerrâ quam modo Dom. Dux et comes Campanie inter se habent, et specialiter contrà Johannem comitem Cabilon. : Et cognosco quod sum ligius ducis contra omnes à Lingon. versus Burgundiam. Actum anno Domini M° CC° tricesimo, mense septembris, die Martis ante festum Michaelis. Apud compendi (1).

Simon renonce, au profit de l'abbaye d'Ecurey, à un cens de 21 s. qu'elle lui devait sur ses vignes de Joinville. Il autorise l'abbaye à vendre ses vins de Colombé à Joinville, dans les saisons où les habitants de cette ville ont la faculté de vendre leurs vins de provenance étrangère.

[1218]

Ego Symon, dominus Joniville et senescallus Campanie contuli in elemosinam, pro remedio anime mee, ecclesie Sancte Marie de Eschureio fratribus quo illic Deo servientibus viginti et unum solidos quos mihi annuatim debebant pro arpentis vinearum suarum quas in territorio Jonville possident. Venditionem quoque vini Colombeii eis concessi apud Jonvillam eo tempore quo homines ipsius ville vinum de alienis territoriis in eâdem villâ conductum venditionem facient. Et tamen à Penthecoste in posterum usque ad vendemiam predicti fratres vinum suum absque contradictione vendere poterunt. Et ut hoc ratum et inconcussum habeatur, sigilli mei munimine roboravi. Actum anno ab Incarnatione Domini millesimo et ducentesimo octavo (2).

---

(1) Arch. de la Côte-d'Or, B, 10471. 24 septembre. Ces actes ont été incorrectement publiés dans Pérard, Marnay, arr. de Gray (Haute-Saône). Ce fief appartint ensuite à Simon s. de Gex, fils de Simon et de Béatrix.

(2) Meuse, *Ecurey*, Colombei, c. de Clefmont, arr. de Chaumont.

Concession définitive de l'hérédité de la sénéchaussée de Champagne.

[1226]

Ego Theobaldus, Campanie et Brie comes palatinus, notum facio universis, tam presentibus quam futuris, quod ego donavi dilecto fideli mei Simoni, Domino Joinville, senescallo Campanie, et heredibus suis, in augmentationem fidelium qui de me tenent, senescalliam Campanie possidendam in perpetuum et habendam, tali videlicet conditione quod unus heredum domini Simonis qui tenebit Joinvillam et erit dominus ejusdem ville, tenebit dictam senescalliam, et ex inde, scilicet de Joinvillâ et senescalliâ faciat homagium legium contra omnes homines qui possent vivere aut mori et heredi meo qui tenebit Campanie comitatum. Ego siquidem de omnibus supradictis recepi in hominem legium Simonem superius nominatum. Quod ut notum permaneat et firmum habeatur, litteris annotatum sigilli mei munimine roboravi. Datum anno gratie mill° ducent° vices° sexto, die martis post festum sancti Jacobi apostoli.

Quia vero sigillum meum renovavi, presentes litteras sigilli mei novi munimine roboravi. Datum anno gratie millesimo ducentesimo tricesimo secundo, mense martis (1).

Redevances dues à Ste Ame par la grange de Cersois. Simon s'interdit de l'aliéner sans le consentement de l'abbé de St Urbain.

[1209]

Quod affirmat scriptorum auctoritas non depravat improborum improbitas. Ea propter ego Symon dominus Joviville, notum facio tam presentibus quam futuris sancte matris ecclesie fidelibus quod ego juxtà fontem in quodam monte qui

---

(1) Champollion, *Documents historiques*, t. 1., p. 618.

apellatur Cersois qui est in terra sancte Ame, per laudem venerabilis viri Galieri, tunc temporis abbatis sancti Urbani totius que capituli, quamdam grangiam constitui et edificavi tali tamen conditione quod de omnibus terris sancte ame quas ibidem vel circà excluerint de xi gerbis unam pro terragio et totam decimam tam grossam quam minimam sicut de jure persolvi tenetur, tempore vite mee ecclesie sancte Ame persolvam. Post decessum vero meum, quisquis ut heredes mei ut alii grangiam illam possederint rectum terragium sicut ab antiquis temporibus persolvi debet ecclesie sancte Ame integre persolvent. Et sciendum est quod si, Deo imperante, predictam grangiam alicui ecclesie aut alicubi in elemosinam conferre voluerint, nulli ecclesie nisi ecclesie sancti Urbani vel ejus appendiciis conferre potero. Ad hec etiam innotescere volo quod sepedictam grangiam de manu meâ alienare nisi per laudem abbatis sancti Urbani totius que capituli factum fuerit, nullâtenus mihi licebit.

Quod ut ratum et inconcussum permaneat, presentem paginam in testimonium annotari feci, annotatamque sigilli mei impressione communivi. Actum Joviville, anno gratie millesimo ducent⁰ nono, mense aprili (1).

Four banal d'Annonville.

[1207]

Ego Symon Joniville dominus, tam presentibus quam futuris notum facio quod Galterus venerabilis abbas sancti Urbani totusque conventus ejusdem ecclesie, prece et amore meo concesserunt quod homines de Asnunvillâ ad ecclesiam beati Urbani ibidem (?) spectantes, in eadem villâ furnum de Baudi (?) adibunt in hunc modum, quod qui de hominibus sancti Urbani in illo furno panem suum coxerit, à viginti duobus panibus usque ad viginti et octo unum panem persolvet et non amplius. Si vero aliquis hominum memorate ecclesie, odio

(1) Archives de la Haute-Marne, *Saint-Urbain*, liasse 3.

vel aliâ causâ, alibi panem suum coxerit, sine emendâ et omni exactione exclusâ furnagium suum persolvet. De furre, si quid erit, siccato post panem ibidem coctum, homo sancti Urbani unum nummum tantum... tenebitur persolvere. Si vero ad requisitionem hominis sepefate ecclesie furnerius noluerit vel nequiverit furnum calefacere ad desiccandam segetem, homo ecclesie sancti Urbani liberam habebit potestatem calefaciendi furnum, et calefaciet furnum et inde nihil persolvet. Si vero furnarius de lignis suis furnum calefecerit nec ibidem primo panem apposuerit, homo qui segetem suam ibi siccaverit, duos nummos persolvet. Ne autem hec concessio in irritum revocetur paginam presentem sigilli mei munimine communivi. Testes autem hujus rei sunt Theobaldus, tum prepositus, Milo de Ranceio. Actum anno gratie M° CC° VII° (1).

Transaction par laquelle Simon renonce à tous droits de taille et de gîte sur les possessions de Saint-Urbain.

[1213]

Girardus Dei gratiâ Cathalaunensis episcopus, omnibus ad quos littere iste pervenerint, in Domino salutem. Noverit universitas vestra quod vir nobilis s. dominus Joviville, per litteras suas patentes nos requisivit et rogavit ut pacem que facta est inter ipsum et ecclesiam sancti Urbani litteris nostris patentibus confirmare dignaremur, et quantum ad nos pertinet inviolabiliter faceremus observari, sicut in ipsius S. litteris patentibus continetur in hoc modum.

Quoniam ea que fiunt oblivionis quandoque constringuntur nebulâ, et propter temporum vetustatem ab humanâ recedunt memoriâ, idcirco in signum majoris noticie, Ego Symon, dominus Joviville, laude et assensu uxoris mee Ermengardis, tam presentibus quam futuris notum facio quod, cum questio verteretur inter me et abbatem et capitulum sancti

(1) Arch. de la Haute-Marne, id. liasse 5, 4ᵉ partie.

Urbani super talliis, exactionibus et rogatu et petitionibus que prepositus meus in villis et terrâ eorum consueverat accipere, Ego, diligentius inquisita veritate cognovi et didici quod predecessores mei et ego pariter in predictis nihil juria haberemus. Considerans siquidem ea que in predecessorum meorum et salutis mee fiebant prejudicium, volens que minus rationabiliter facta erant in statum debitum reducere, dictis abbati et capitulo bonâ fide promisi et tanquam legitimus advocatus in veritate concessi me in eorum villis et terris tallias exactiones, rogatus petitiones de cetero non facturum. Notandum etiam quod prepositus meus quicumque sit ille, in terris, villis jam dicti capituli sicut jam pretaxavimus, ab omni exactione, tallia geiste rogatu, petitione prorsus excluditur, nec de jure nec de consuetudine ibidem aliquid habere dinoscitur. Sciendum quod si ego vel prepositus meus in aliquo predictorum transgressor inventus fuerit, volo et suppliciter expostulo ut persona mea et tota terra mea pariter supponatur interdicto et sub sententiâ episcopi Cathalaunensis teneatur nisi abblata vel que transgressa fuerint infrà octo dies, ad petitionem capituli, à me vel à preposito meo restituantur et plenius emendentur. Nos igitur petitioni dicti Symonis benigniter prebentes assensum, pacem ipsam sicut in supradictis litteris continetur laudamus et confirmamus et inviolabiliter mandamus observari. Quod ut ratum permaneat presentem paginam in hujus rei testimonium sigilli nostri munimine fecimus colorari. Actum anno gratie mill° ducent° tercio decimo (1).

Simon reconnaît que les hommes de St-Urbain ne sont pas tenus des corvées pour les travaux du château de Joinville.

[1217]

Ego, Symon, Joviville dominus, Campanie senescallus, notificatum facio universis quod abbas et conventus sancti

---

(1) Ibid. St-Urbain. Cart. 1 f° 306.

Urbani homines suos pro hordamento Joniville faciendo miserunt ; et sciendum est quod memorati homines dictum hordamentum per usum vel consuetudinem facere non tenentur. Et dicti abbas et conventus ipsos homines ad illud hordamentum, miserunt spontanei et non coacti. Quod quia ratum habeatur ab omnibus, sigilli mei munimine roboravi. Actum anno Domini, M° CC° XVII° mensi decembri (1).

---

*Le gîte de Watrignéville et l'avouerie ;
Droits de pâturage au profit des habitants de Blécourt.*

[1218]

Ego Symon, Dominus Joniville, senescallus Campanie, notum facio tam presentibus quam futuris quod ego geixtum de Watrivillâ de me et heredibus meis et venatoribus meis in perpetuum penitus acquitavi ; ita tamen quod predicta villa in advocatione et custodiâ meâ erit et in alterius advocatione et custodiâ preterquam in meâ possi non poterit. Preterea pascua adjacencia inter domum de Sombru et... omnibus manentibus in villâ de Blehecuriâ libere et absolute in perpetuum contuli et concessi, et quemdam hominem de Vallibus Thecelinum nostre ecclesie sancti Urbani in elemosinam donavi. Insuper, si predicta ecclesia hominibus, terris pratis nemoribus et rebus aliis tempore meo et per me spoliata fuerit, ad legitimam inquisitionem domini Willelmi fratris mei, domini gratia Lingonensis episcopi, predictam ecclesiam precepi restitui. Quod ut ratum sit litteris istis sigillum meum apposui. Actum anno gracie M° CC° XVIII°, mense Julio (2).

---

(1) Ibid. liasse 15°. V. ce document dans Ducange v° *Hordamentum*. On lit à la suite du même article, le texte suivant qui se rattache au précédent :
« Après est ordenés que li homme de la terre St-Ourbain ne doient aler ne par droit ne par coustume faire hourdement à Jainville, ne ne les en doit on contraindre, ne ne puet » (1264).

(2) St-Urbain, 16°liasse, 1° partie, Watrignéville, hameau de St-Urbain, canton de Doulevant ; Vaux-s-St-Urbain, canton de Doulaincourt ; Blécourt, canton de Joinville, arron. de Wassy.

Lettre de l'évêque de Toul portant excommunication contre Simon.

[1228]

Odo, Dei graciâ Tullensis episcopus dilecto suo magistro Johanni presbytero de Masnil, salutem in Domino. De tuâ discretione et prudentiâ confidentes et firmiter precipimus et mandamus quatenus ad dilectum et fidelem nostrum Simonem, nobilem, Dominum Jonivillæ, personaliter accedas et ex parte nostrâ intimes diligenter quod nos litteras presentes domini Ern. Cathalaunensis archidiaconi recipimus, continentes quod nos sententias excommunicationis in ipsum et familiam et interdicti in terram ipsius ab ipso archidiacono latas pro injuriis et damnis quas ecclesiæ sancti Urbani multipliciter irrogavit, in episcopatu nostro faceremus similiter observari sicut ecclesia Cathalaunensis pro nobis jam alias fecit et faceret quociescumque casus nobis consimilis eveniret. Sed quia eidem domino qui fidelis noster et parochianus in parte deferre vellemus, quantum quod honestate nostra possemus, maxime cum nobis dixerit alias et promiserit quod de omnibus dampnis et injuriis quas à tempore suo eidem ecclesie intulerit velle et paratus esse satisfacere competenter. Ea propter volumus ut eum vice nostrâ diligentius et efficatius quam scieris moneas et inducas ut sicut nobis promisit de eis dampnis et injuriis a tempore suo prefatæ ecclesiæ illatis infra decem dies postquam a te monitus fuerit abbati et ecclesiæ jam dictæ satisfaciat prout honori suo expedit et saluti, quia nos extunc omiterre non possumus, cum dictum archidiaconum et ecclesiam Cathalaunensem in suâ parte quæ honesta est exaudire per omnia deberemus. Si vero post dictos dies decem quos tibi scripsimus, si à domino abbate sancti Urbani vel ejus certo mentio ejus litteras deferenti, fuerit requisitus, si idem dominus ea non fecerit quæ eidem à nobis parte mandantur, sententias ipsas quas sepedictus archidiaconus in ipsum et familiam et terram ejus tulit, per.... nostrum ubicumque dicto abbati necesse fuerit et te requisierit publice annuntiari ab omnibus facias nostrâ auctoritate usque ad condignam satisfactionem inviolabiliter observari. Si autem super executione istius mandati ita sollicitus existas et diligens ut tua diligentia à domino (abbate?) et à nobis possit et debeat merito commendari, contradictores si qui fuerint vel rebelles ad observationem sententiarum ipsorum auctoritate nostrâ per censuram ecclesiasticam compellendo. Datum anno millesimo ducentesimo, vigesimo octavo, Sabbato ante Lætare Jerusalem (1).

Simon renonce à ses prétentions sur la rivière de Blaise.

[1214]

Notum sit omnibus tam futuris quam presentibus quod ego Symon, dominus Joviville, senescallus Campanie, dimitto in pace et quietam querelam que erat inter me et abbatem monasterii Dervensis super riveriâ de Blesâ, et concedo ut Dervensis ecclesia predictam riveriam, et in vitâ meâ et post mortem meam in pace possideat, sicut avus meus Gaufridus senior in die obitus sui predicte ecclesie tenere concessit et carta ipsius ecclesie testatur. Actum est hoc anno D^i millesimo cc° quarto decimo (2).

Transaction par laquelle Simon renonce à toute prétention sur le moulin qu'il avait fait construire à Vaux : Garenne de Dommartin-le-St-Père.

[1214]

Ego Symon, dominus Joviville, senescallus Campanie, notum facio tam presentibus quam futuris quod cum ego quoddam molendinum construxissem prope villam que appellatur Vaux

---

(1) 4 mars 1228. Ibid. 1er cartul. f° 308.
(2) Cart. de Montiérender 1, f° LXX, v°. Une charte conçue dans des termes identiques, émanée de Geofroi, et datée de l'année 1190, se trouve transcrite au f° LXXI. v°. On y lit en outre les noms des témoins qui suivent : Drogo, capellanus Di Simonis. Odo, miles de Valcolor ; Radulfus, miles de Donno-Martino ; Stephanus, miles de Cossâ.

in riparia Blese, videlicet subtus molendinum de Columpre et abbas et capitulum Dervense super hoc me ipsum coram judicibus à domino papa delegatis, scilicet sancti Johannis in vincis et sancti Crispini abbatibus, et decano majoris ecclesie suessonensis traxisset in causam tandem rei veritate diligenter inquisita per testes, omni exceptione majores, michi constitit quod contra jus et in prejudicium Dervensis ecclesie predictum molendinum construxeram, maxime cum à loco illo qui dicitur au Chastelet qui est juxtà Doulevant magnum dominus Joviville sive aliquis heredum vel hominum suorum molendinum aliquod de jure non possit construere vel etiam acquirere in riparia Blese usque ad molendinum quod dicitur Alasaut, quum aque decursus riparie Blese à dicto loco qui est juxtà Doulevant magnum usque ad molendinum Delazauz ad monachos Dervenses de jure pertinere dinoscitur, salvo tamen jure advocationis mee. Et præterea si aliquid abateiz ferar in ipso aque decursu me ipsum aliquando facere contigerit, salvum erit michi tale jus quale habere solebam. Et si forte dominus Joviville aliquam partem in aliquibus molendinis in eâdem riparia sitis ante constructionem predicti molendini adquisierat, in eodem statu in quo ante constructionem sepedicti molendini erat in perpetuum permanebit.

Quia igitur, sicut predictum est, de jure monachorum mihi constitit, ego Symon memoratum molendinum jam dictis monachis restitui, et si quid juris in eodem molendino habebam, ecclesie Dervensi in elemosinam dedi, ne de cetero ab aliquo heredum meorum possent dicti monachi aliquo modo super hoc molestari.

Creantavi etiam eis quod siquis eosdem monachos super jam dicto molendino inquietare presumpserit, ego contra omnes homines ad me pertinentes plenam garantiam portabo quoniam in constructione dicti molendini Dervensis ecclesia maximum sustinuit detrimentum.

Illud etiam similiter notum facio quod ego quamdam varanam ad venandum feci videlicet à valle de Corccel usque ad Blesam, per confinium Domini Martini S. Petri pertensam de quâ inter me et abbatem Dervensem ità compositum est, quod homines Dervensis ecclesie qui ibi usuarium suum habere consueverant, nonobstante varanna idem usuarium per omnes partes dicte varanne que per bannum et justitiam Dervensis ecclesie pretenduntur habebunt, preterquam ad venandum et ad exartandum. Verumptamen, si aliquis hominum sancti Petri in predictas partes venari presumpserit et per juramentum illius qui eum accipiet in curiâ camerarii poterit exinde convinci, camerarius emendam quinque solidorum accipiet. Camerarius autem, si in propriâ personâ ibi aliquem venari voluerit, bene et licebit.

Insuper presentibus et posteris notum facio quod ego homines ad camerariam pertinentes ad opera castri mei de Jovivillâ singulis annis per ebdomadam unam venire et ibi operari injuste compellebam. Verumptamen si quid juris in predictis operum vexationibus habebam, ecclesie Dervensi quitavi et in elemosinam concessi, ne predicti homines super hoc possent in posterum aliquatenus fatigari. Et ut hoc ratum et inconcussum permaneat, presentem cartam sigilli mei munimine coloravi. Actum anno gracie M° CC° quatuor decimo (1).

Sommevoire. — Chambrerie de Mertrud.

[1222]

Ego Symon, dominus Jov., senescallus Campanie, notum facio universis quod cum dilecti mei abbas et conventus monasterii Dervensis ea que iidem apud Summamveram habere dinoscuntur et etiam camerariam de Mortru in manu venerabilis fratris mei G., Remensis archiepiscopi, posuerint, ego volui et concessi quod terra illa ad usus et consuetudines ad quos erat tempore illo quo idem archiepiscopus in manu suâ retinuit eamdem ad ecclesiam monasterii Dervensis libere et absolute post decessum ipsius archiepiscopi revertatur. Si autem supradictus archiepiscopus in predictâ terrâ mobilia acquisierit, similiter revertantur ad ecclesiam memoratam

---

(1) Cartul. de Montiérender, t. 1, f° 71. v°. Vaux, canton et arron. de Wassy. Doulevant, chef-lieu de canton ; Dommartin-le-St-Père, même canton (arr. de Wassy).

nec ego nec heredes mei in hiis aliquid poterimus reclamare. In cujus rei testimonium presentes litteras sigilli mei munimine feci colorari. Actum anno Incarnat. Domini M° CC° vicesimo secundo, mense decembri (1).

Transaction entre l'abbaye du Der et Arnoul de Doulevant.

[1228]

Ego Symon, dominus Joviville, Campanie senescallus, notum facio presentibus et futuris quod cum Arnulfus de sancto Lupentio, Armiger ecclesie monasterii Dervensis se et sua contulisset, et postmodum ab ipsâ ecclesiâ in quâ moram faciebat recessisset, eidem ecclesie absque judicio multas inferens molestias, ego, de bonorum consilio, inter ipsam et dictum armigerum in hunc modum pacem reformavi, videlicet quod idem Arnulfus quicquid habebat pro se et pro matre suâ tenebat in omnibus commodis ecclesie monasterii Dervensis in perpetuam elemosinam contulit et concessit. Et eadem ecclesia eidem Arnulfo tenetur annis singulis reddere in granario Dervensis monasterii xx sextarios frumenti de eorum admodiationibus ita quod si ad illam ecclesiam dictus Arnulfus redire voluerit et moram facere, ipsi tanquam uni de fratribus dabitur et bladum quietum erit. Si autem sepedictus Arnulfus de omnibus suis supradictis aliquid eidem ecclesie subtraxerit amodo, vel in aliquo eamdem gravare presumpserit, ego absque judicio de ipso Arnulpho plenarie satisfactionem teneor exibere et in posessionem predictorum conservare. Actum anno D' M° CC° vicesimo octavo, mense septembri (2).

---

(1) Ibid. f° 72. Mertrud, canton de Doulevant; Sommevoire, cant. de Montiérender, arr. de Wassy.

(2) Ibid. f° 73.

Transaction au sujet du moulin de Suzémont.

[1231]

Ego Symon, dominus Joviville, Campanie senescallus, notum facio universis presentes litteras inspecturis quod cum discordia esset inter venerabiles viros abbatem et conventum monasterii Dervensis, ex unâ parte, et dominum Ysambardum, militem de Susaimont, ex alterâ, super quidem molendino quod dictus miles super cursum aque que Blesa dicitur ante Suzaimont edificare intendebat, et dicti abbas et conventus dicerent hoc esse in eorum prejudicium, cum cursus ipsius aque suus sit : tandem mediante bonorum consilio, ad pacis gratiam devenerunt in hunc modum, quod dictus Ysambardus miles recognovit in presentiâ meâ se in edificatione dicti molendini nichil juris habere ; et si in eodem aliquid juris habebat de assensu et voluntate uxoris sue et heredum suorum quitavit in presentiâ meâ abbati et conventui memoratis, ita quidem quod nec ipse nec heredes sui super cursum dicte aque à Castileto quod est ante Doulevant magnum usque ad molendinum ad curvam salicem aliquod molendinum, fullonem batantium vel aliquam rotam tornantem aut aliquod aliud facere poterunt, quod sit in nocumentum molendinorum vel aliarum rerum predictorum abbatis et conventus. In cujus rei testimonium, ad petitionem dicti Ysambardi militis, presentem feci paginam sigilli mei confirmatione muniri. Actum anno gratie M° CC° tricesimo I° mense octobri (1).

Lettre que la collation des provandes est au doyen et au chapitre.

[1220]

Ego, Symon, dominus Joniville, universis presentes litteras inspecturis, notum facio quod ego et capitulum beati Lauren-

---

(1) Suzémont, canton et arr. de Wassy.

cii de Jonivillâ, suprà quamdam querelam quæ inter nos vertebatur, videlicet super collatione prebendarum ecclesie beati Laurencii quam ad me ipsum dicebam jure hereditario pertinere, in dominum et fratrem meum Willermum, Dei gratiâ, Remensem archiepiscopum compromisimus, ratum et firmum habituri quicquid idem frater meus pro pacis composicionem et per legitimam inquisitionem duxerit ordinandum. Quod ut ratum permaneat, presentem paginam sigilli mei munimine roboravi. Datum anno Domini M° CC° XX° mense septembris (1).

Lettre dou don qui est orendroit as hoirs de saincte Livière.

[1227]

Ego Symon, dominus Joniville, seneschallus Campanie, notum facio omnibus tam presentibus quam futuris, quod ego contuli in perpetuam elemosinam Deo et ecclesie beati Laurencii de Jonivillâ domum pictam que sita est inter puteum et majorem aulam in castro Joniville laude et assensu Beatricis, uxoris meæ, et liberorum meorum Gaufridi et aliorum. Et sciendum quod ego de dicta domo capitulo beati Laurencii de Jonivillâ bonam garantiam portabo contrà omnes. Datum anno D^i M° CC° XXVII° mense junio (2).

---

(1) Ibid. XXVIII.

(2) Ibid. XXXI. Ce document présente un certain intérêt, en ce qu'il nous donne un renseignement touchant les dispositions intérieures du château de Joinville. La *maison peinte* qui y est désignée était située entre le puits et la grande cour. Par acte du mois d'août 1269, le chapitre de St-Laurent la céda à Aubert, s. de sainte Livière, moyennant une rente de 40 s. tournois qui devait être levée sur les censives des hommes et des femmes de Fronville ; on y lit que la dite maison « siet au chastel de Joinville, au chevel dov Moustier St-Lorant, sus les murs devers la vile » *Cartul.* n° LXXX.

Littere quod non potest constitui capella in castro Joniville nisi ecclesia Beati Laurencii.

[1231]

Ego Symon, dominus Joniville, seneschallus Campanie, notum facio omnibus tam futuris quam presentibus quod ecclesia beati Laurencii de Jonivillâ ab antecessoribus meis privilegiata est quod in castro de Jonivillâ capella à successoribus nostris edificari non potest, sed dictam ecclesiam habebimus in perpetuum pro capellâ. Et cum ego de fractione tybie mee laborans in palatio meo de Jonivillâ jacerem et non possem ad memoratam ecclesiam accedere, supplicavi decano et capitulo beati Laurencii quod aliquis de clericis sancti Laurencii in palatio me presente missam celebraret usque ad instans Pentecostem, et cum ab eisdem nobis concessum esset, ego concessi eisdem et creantavi quod istud non faceret prejudicium memorate ecclesie, et quod ego privilegia ecclesie istius infirmare non volo sed confirmo et quod contra privilegia quod habent de capellâ non faciendâ venire non debeam per presentes litteras recognosco. Beneficia oblationum, quocumque modo fient, debent ad ecclesiam beati Laurencii deportari. Actum anno domini M° CC° XXXI°, in octavis natalis Domini (1).

Lettre de XX souls en la vente de Joinville, por l'anniversaire monsignor Simon.

[1233]

Ego Symon, dominus Joniville, seneschallus Campanie, notum facimus omnibus tam futuris quam presentibus quod ego dedi et concessi Deo et ecclesie beati Laurencii de Joni-

---

(1) Ibid. XII. On voit par ce document que Simon s'était cassé la jambe vers l'année 1231, et qu'il ne pouvait aller entendre les offices dans l'église de St-Laurent. Jean, son fils, prit un engagement analogue en 1258, 1271 et 1273.

villâ xx solidos Proviniensium, assignatos in ventâ et passagio Joniville, annuatim in perpetuum percipiendos, pro anniversario meo singulis annis faciendo, et in die anniversarii mei canonicis dicte ecclesie dividendos. Quod ut ratum habeatur et firmum, sigilli mei munimine confirmavi. Actum anno Domini м° cc• xxxii° mense februarii (1).

Fondation de la Chapelle de St-Laurent à Vaucouleurs.

[1224]

Ego Symon, dominus Joniville, senescallus Campanie, universis presentes litteras inspecturis notifico me, pro remedio anime mee et antecessorum meorum, locum in quo sita sunt, grangia et boueria mea Vallicoloris, assensu Beatricis uxoris mee, Deo et beate Marie Molismensi donavisse ut ibidem capella ad honorem beati Laurencii martyris edificetur. Quod ut inconcussum permaneat, sigilli mei munimine confirmo.... Actum anno Domini м° cc° xxiv° (2).

---

(1) Ibid. xv.

(2) Arch. de la Côte-d'Or. H. 249. Titre cité par Ducange. Par acte antérieur du mois de mai 1206, Simon avait approuvé un don fait à l'église de *St-Thibaut* de Vaucouleurs par Helvide de Malenuit. *(Cart. de Vaucouleurs*, n° 147.)

FAMILLE DE SIMON

Simon eut de son mariage avec Hermengarde de Montéclére un fils et deux filles, savoir :

I. Geofroi, qui succéda à sa mère dans la seigneurie de Montéclére. « Il épousa, dit Ducange, Marie de Garlande, fille de Guill. de Garlande, V du nom, seigneur de Livry, et d'Alix de Châtillon, pour lors veuve de Henry, comte de Grandpré. Le comte Thibaut de Champagne comparut au contrat et se fit plège envers la comtesse de Grandpré pour les conventions du douaire, comme il se reconnaît par des lettres de Simon, s. de Joinville, de l'an 1230. »

Ce mariage fut dissous par une sentence définitive de l'archevêque de Reims, ainsi que cela résulte d'un acte du mois de juin 1231, constatant les conventions matrimoniales arrêtées entre Jean, frère consanguin de Geofroi, et Alix de Grandpré. « Le registre des fiefs de Champagne nous apprend que Geofroi fit hommage lige au comte de Champagne de la part qu'il avoit en la succession de son père et de la dignité de sénéchal, lorsqu'elle lui écherroit après son décès, ensemble du bail du comté de Grandpré, et du douaire et des biens de la comtesse sa femme, de laquelle il n'eut point d'enfants. Après sa mort, qui arriva avant celle de son père, le château et la seigneurie de Montéclair, par faute d'hoirs, retournèrent à l'église de Trèves... » (Du Cange.)

Le nom de Geofroi ne figure pas dans la liste des sénéchaux de Champagne, puisqu'il n'en remplit pas les fonctions.

II. **Isabeau** épousa Simon V, seigneur de Clefmont, qui prit parti pour Erard de Brienne, ainsi que tous les alliés de la maison de Joinville. Il fut compris dans la sentence d'excommunication qui les frappa collectivement au commencement de l'année 1218. Lorsque la paix fut conclue, Simon revint à l'hommage lige de Blanche et de Thibaut en leur abandonnant ce qu'il avait à Montigny et à Agéville. (D'Arbois de Jubainville, Cartul., n° 1194.)

Il mourut en 1240.

III. **Béatrix** épousa Vermond, vidame de Châlons. Isabelle et Béatrix sont nommés dans un acte de l'année 1206, donné par Champollion. (Documents, p. 618.)

Du mariage de Simon avec Beatrix de Bourgogne, dame de Marnay, il eut :

I. **Jean**, l'historien de saint Louis qui suit.

II. **Geofroi**, seigneur de Vaucouleurs, épousa Mahaut, fille et héritière de Gilbert de Lacy, de la maison des comtes de Lincoln, et d'Isabelle Bigod, laquelle lui apporta en dot les seigneuries de Corvedale, de Ludlow, de Mède, de Trime en Irlande, et autres. Il fit sa résidence en Angleterre et fit avec sa femme des dons à l'abbaye de Dor au comté de Hereford.

Il avait reçu en partage la terre de Vaucouleurs dont sa mère avait joui en douaire; elle est en effet qualifiée dame de Vaucouleurs dans un titre de l'année 1239. Par là, Vaucouleurs releva immédiatement des sires de Joinville, en sorte que le roi Philippe de Valois qui avait intérêt que cette seigneurie relevât mument de lui, puisqu'il possédait le comté de Champagne, fut obligé d'en acquérir en 1334 la mouvance immédiate, d'Anceau, s. de Joinville (1). Geofroi accompagna son frère Jean dans une expédition à laquelle les avait convoqués le sire de Brancion pour aller défendre l'abbaye de Cluny, menacée par une incursion allemande. En 1250, il se porta caution de Catherine, duchesse de Lorraine, et de Ferry, son fils, envers Thibaut, comte de Champagne, pour une somme de trois mille livres. La même année, il consentit à ce que Simon, son frère, jouît de la terre de Marnai.

En 1266, il donna, de concert avec Mahaut de Lacy, sa femme, l'affouage dans les bois de Vaucouleurs pour la maison d'Utigney que l'abbaye de Riéval possédait à Broussey en Blois (2). Nous donnerons un acte de l'année 1270 par lequel Geofroi autorisa le prieur de Vaucouleurs à employer ses hommes

---

(1) Brussel, t. II, p. 873.
(2) Dumont, *Hist. des fiefs de la seigneurie de Commercy*, II, p. 424.

comme pêcheurs. Dans le courant de la même année, il souscrivit avec l'abbé de Gorze, une transaction touchant Mauvage (1). Il figure dans des chartes des années 1286 et 1287 comme créancier de 100 ou de 120 livres sur Ferry III, duc de Lorraine. En 1291, ce prince lui donna pouvoir de régler ses différends avec le comte de Salm (2).

Ducange ne nomme que trois fils de Geofroi, s. de Vaucouleurs : Gautier, Geofroi et Pierre ; mais d'après le P. de Sainte-Catherine, il aurait eu cinq fils et une fille (3).

III. Simon eut en partage la terre de Marnai, venant de sa mère et qu'il reprit en fief de Jean, comte de Bourgogne, son oncle, au mois de décembre 1255 (4).

---

(1) Meurthe, *Apremont*, liasse L. Il passa au mois de juin 1293, un acte de même nature avec le curé de Gorze.

(2) Dans une charte du mois de novembre 1266 (*Cart.* de St-Laurent, XIII) Jean, s. de Joinville constitue au chapitre de Joinville, 42 livrées de terre, et stipule que les chanoines de St-Laurent devront célébrer l'anniversaire de Geofroi, son frère.

(3) Nous donnerons dans un dernier chapitre ci-après, la généalogie de la maison de Vaucouleurs.

(4) Cet acte est ainsi conçu : « Je, Simon de Genville, sire de Jay.., fais savoir que com cuens Jean de Borgoigne et sire de Salins ai loié et octroié le mariage qu'Etienne, cuens de B., ses pères, donna à Béatrix, dame de Marnay, ma mère, et à son mari, Simon, s. de Genville, sénéchal de Champagne, mes pères, duquel mariage Simon, sire de Genville devant dit, mes pères, tint de Jean, cuens de Bourg, seigneur de Salins, Marnay-le-Chastel. Je Simon de Genville, sire de Jay, par le lot et par la requeste la Dame de Marnay, ma mère et par le lot mes frères Jean, seignour de Genville, sénéchal de Champagne, et Joffroi de Genville, seignour de Vauqueler, ai repris Marnay-le-Chastel de Jean, cuens de Bourg., sire de Salins, mon oncle, et en suis devenu ses hommes de sai la jou et ausimont delà la jou sauf l'hommage Mons-Perron de Savoye. Faites l'an mil cc cinquante et cinq, du mois de décembre. » *Hist. de Poligny*, t. II, p. 596.

En 1252, il avait épousé Béatrix, dite *Lionette*, fille et héritière d'Aimé, seigneur de Gex, et de Béatrix de Beaugé. L'un et l'autre firent hommage à l'évêque de Genève pour le marché de Gex qu'ils reconnurent tenir de son fief par lettres du 22 avril 1261.

En 1263, Simon fit hommage de son château de Marnai à Hugue, c. de Bourgogne, et reprit de lui, à Marnai-la-Ville, dix-sept *meis vestus et arbogiès* (maisons et terres) et, en la ville d'Avrigny, onze meis vestus (1). Quelques généalogistes ont supposé qu'il avait épousé en secondes noces Léonor, fille de Aymon I, sire de Faucigny (2); mais il est indubitable que sa femme Lionette lui survécut. Il figure avec celle-ci dans un acte du 15 juin 1272, constatant une vente du château et paroisse de Leya, consentie par Guichard de Balon, moyennant 388 livres génevoises (3); il comparait en 1273 au traité de mariage de Gaston, vic. de Béarn, et de Béatrix de Savoye. (Ducange). La même année, P. Faisans de Villeneuve passe en sa faveur une reconnaissance de ce qu'il possédait près de Pérignins, sous une cense annuelle de 3 s. (4). Mais dès l'année 1278, Lionette figure seule avec son fils Pierre, dans une obligation par eux contractée envers Humbert de Roussillon, pour

---

(1) Ibid. n° XL. Nous donnerons au catalogue général, les actes où figure Simon, s. de Gex.
(2) Guichenon, *Hist. de la maison de Savoie*, III, p. 419.
(3) Arch. de la Côte-d'Or, *Invent. de Peincedé*, t. XXI, p. 497.
(4) Ibid. p. 498.

une somme de 100 liv. de Genève (1). Ce qui lèverait tous les doutes, ce sont deux actes du 1er janvier et du 14 août 1285 aux termes desquels Lionette et Pierre font hommage au comte de Savoie pour les châteaux de Gex, Versoy, Divonne, Fleyer, La Cluse de Gex, Delay, Châtillon de Michaille (2). A partir de ces dates, le nom de Simon de Joinville ne se rencontre dans aucun des actes où sa femme est partie. A plus forte raison est-il impossible d'attribuer à Simon, s. de Gex, la lettre de défi qu'il aurait adressée, en qualité de porte-oriflamme de France, à Philippe de Bourgogne, lors de la guerre qui aurait éclaté entre ce prince et le dauphin de Viennois (3).

Lionette mourut en 1302. Elle avait eu de Simon de Joinville, Pierre de J., sire de Gex avec sa mère, Guillaume, seigneur de Gex, Hugues, Agnès et Béatrix (4).

IV. Guillaume de Joinville fut archidiacre de Salins, et doyen de Besançon. Il figure en cette qualité dans un acte du mois d'octobre 1261, passé sous le sceau de Jean, sire de Joinville, et par lequel il fonda son anniversaire dans l'église de St-Laurent (5).

---

(1) Ibid. p. 498.
(2) Ibid. p. 484.
(3) Jolibois, v° *Joinville*.
(4) V. à l'appendice, la généalogie des seigneurs de Gex de la maison de Joinville.
(5) *Cart. de St-Laurent*, n° v.

V. VI. Marie, dite Simonette, et Heluis Lime, d'après Ducange, aurait épousé Guigue, dauphin de Viennois, avant l'année 1252, « comme il se justifie par « une lettre de Simon, s. de Gex qui dit que le dau-« phin avoit sa sœur à femme. » Jean dans son histoire l'appelle sa nièce. L'autre, selon le P. de Sainte Catherine, aurait épousé Gille le Brun de Trasegnies, connétable de France, auquel Jean donne le titre de *frère*. Mais cette double supposition est détruite par les observations de Ducange lui-même.

La dauphine de Viennois, Béatrix de Savoye, était fille de Pierre, comte de Savoie, et d'Agnès de Faucigny, et avait épousé le dauphin Guigues V. « Le sire de Joinville la qualifie sa nièce, c'est-à-« dire parente en degré inférieur, ainsi qu'André « Duchesne l'explique en l'histoire des Dauphins, « ch. VII. » Ducange ajoute que, Hugue, fils de Simon, s. de Gex, avait *probablement* épousé Léonor de Faucigny, sœur d'Agnès de F., mère de Béatrix de Savoye : en ce cas Béatrix aurait été nièce par alliance du sire de Joinville (1).

Quant à Gilles de Trasegnies, que notre historien appelle son frère, « je présume, dit Ducange, que « c'est ensuite de quelque étroite amitié qu'ils con-« tractèrent ensemble..., ou peut-estre parce qu'ils « étoient frères d'armes, etc... (2).

(1) *Observat. sur l'Hist. de St-Louis*, p. 102.
(2) Ibid, p. 56.

L'une des filles de Simon se nommait certainement Marie, dite Simonette de Joinville; elle épousa Jean de Thil-Chastel, que Jean appelle son frère, dans un acte d'échange du mois de juin 1247, entre le chapitre Saint-Laurent d'une part et Jean assisté de sa femme d'autre part. Il est ainsi conçu :

Lettre de X sest. de bleif en terrage de Gondrecourt.

« Je Jehans, sires de Joinville, et sénéchaux de Champaigne, fait savoir à touz que li doiens et li chapitre de Saint-Laurent de Joinville ont eschangié à mon frère de Thil-Chastel et à Marie sa femme, qu'on apele Symonete, en lor nomes a lor hoir à touz jours le four de Gondrecort la vile por x sestiers de bleif, moitié froment, moitié avoine, lequeil il planta ou triage de cele mesne vile, dou premier qui en lèvera, et s'il ne valoient, il le panroient en autres rentes de cel vile meismes. Ce fu fait quant li milliaires corroit par mil cc et xlvii ant ou mois de Joing (1). »

Dans les titres analysés par Peincedé, Jean de Thil-Chatel est qualifié, en 1275, maréchal de Bourgogne, sa femme Simonette, est nommée en juin 1256 (2).

L'autre fille de Simon, s. de Joinville, est Heluis ou Helvide de Joinville que les généalogistes dési-

---

(1) *Cartulaire*, nº iv.
(2) Arch. de la Côte-d'Or, *Peincedé*, t. xxix bis, p· 696, 702, 710.

gnent comme fille de Robert de Sailly, et qui épousa Jean de Faucogney, vicomte de Vesoul, fils de Hugue de F., seigneur de Villersexel. Le titre suivant de l'année 1255, démontre clairement, ainsi que l'a reconnu d'ailleurs l'auteur de l'histoire de Salins (1), que Helvide de Joinville était fille de Béatrix de Bourgogne, Dame de Marnay, épouse de Simon de Joinville.

Lettre de Jean, S. de Trichatel, invitant Simon de Bianges à faire hommage au seigneur et à la Dame de Faucogney, pour le fief donné à celle-ci par sa mère Béatrix, dame de Joinville.

[1255]

Jehans, sires de Trichastel à Mons. Symon de Bianges, salut et bonne amour. Je vous faiz à savoir que je ay óy recognoistre par devant moy Madame Béatrix, Dame de Marnay, que elle a donné et octroié à Mons de Faucoigney et à Mad. de Faucoigney sa fille, le fié et l'éminaige que vous li deviez, en accroissance de son mariage. Si, vous mant je que tel homenaige con vous deviez à Madame B., Dame de Marnay, devant dite, que vous faites au seigneur de Faucoigney et sa femme. Et pour que ce soit plus sure chose, j'ai fait seeler ces lettres de mon seel. Donné en 1255, le dimanche devant la feste N. Dame de septembre (2).

Elle eut de son mariage avec Jean de F. huit enfants : Aimé de F., vicomte de Vesoul, Jean, Geofroi,

---

(1) T. 1. p. 97. Elle est d'ailleurs qualifiée de nièce de Jean, comte de Bourgogne, frère de Béatrix, dans un titre de la Charité de l'année 1257. (Dunod de Ch. *Mém. pour servir à l'hist. du comté de Bourg.* V° Faucogné.

(2) 5 septembre. Arch. de la Côte-d'Or. B. 10473.

Thibaut, Henri, Clémence, Alix et Guillemete. Jean de F. et Henri chanoine de Besançon, firent un partage en 1298 (1).

Il est probable qu'elle devint veuve avant l'année 1261. En effet, après avoir paru en 1255 à des actes où son mari est partie, on la voit, en 1261, acquérir de concert avec son fils Aimé, de Willarme de Pusil, chevalier, le château de St-Loup et d'autres domaines. Elle prenait, en 1271, le titre de dame de St-Loup, vicomtesse de Vesoul, dans un acte de reconnaissance émané d'Agnès, dame de Fontenoy. En 1276, elle fit hommage au comte de Bourgogne de la terre de Port-sur-Saône. On voit par un acte du mois d'octobre de l'année 1269, que les fiefs de Pollencourt, de Normont, de St-Loup et autres lui étaient contestés par Othe de Bourgogne. Les deux parties comparurent devant Simon de Joinville, seigneur de Gex, et Fromont de Montferrant : Othe se prévalait d'un don qu'il aurait reçu de la dame de Joinville; mais Heluis prouva qu'elle avait fait reprise de fief de Hugue, seigneur de Villers, et de Aimé de Faucogney. Les fiefs contestés lui furent adjugés (2).

En 1301, elle vendit à son petit-fils Jean de Faucogney, la ville de Montagney, moyennant 4840 livres estevenans, sous la réserve de l'usufruit à son profit.

Il résulte de l'extrait suivant qu'elle était en pos-

---

(1) Peincedé, t. II, p. 676.
(2) Cet acte présente des fautes de transcription, nous le donnons ci-après.

session des domaines patrimoniaux de Faucogney en qualité de baillitre ou tutrice.

« Héluys de Jeinville, vicomtesse de Vesoul, femme çay en arriers Mons. Jean, s. de F. et vicomte de Vesoul confesse et affirme en vérité et en sa bonne loyaulté que Mess. Thiebaulz de Nuefchastel, sires de Lille..., reprit de ladite Aluys, quant il vivoit, en nom des enfans de ladite dame, qu'elle avoit de son signeur et mari, Mons Jehan dessus dit, desquels enfans elle avoit la avouerie et la tutelle, le fié de Silley et ceu que ledit Thiebaulz, sires de Lisle, tenoit à Saulz ; et entra lidiz Thiebaulz, sires de Lisle, en son hommage, en nom de ses diz enfans. Donné l'an mil ccc et oit, le vendredi après la purification N. Dame » (1).

Elle donna de grands biens à l'abbaye de Montigny et choisit sa sépulture dans ce monastère aux termes de son testament, daté au château de Lieffrans, le 25 juillet 1312. Elle fit des legs aux abbayes de Béthune, de Bellevaux, de Charlieu, de Clairefontaine et de la Charité ; aux prieurés de Fleurey, de Marteroy et de Port-sur-Saône ; aux chapitre de Joinville et de Vaucouleurs (2).

Son sceau la représente à genoux devant une image de la Vierge, ayant à chacun de ses côtés une fleur de lys.

Les fiefs de Polaincourt, de Saint-Loup et autres, sont adjugés à Heluis, Dame de Vesoul, par décision arbitrale de Simon, sire de Gex et de Fromont de Montferrant.

[1269]

Je, Orriz, prior de Flurey, et je, Poins de Chatenoy, chevaliers sires de Brattes, et je, Alars de Chatenoy, chevaliers

---

(1) Peincedé, II, f° 635. L'extrait p. 665, ajoute Fontenelle devant Monbis.
(2) Guillaume, *Hist. des s. de Salins*, 1. p. 97.

et je Aymes de Negres, chevaliers, et je Regnaulx d'Ecuvilley, chevaliers, et je Rahours, curez de Saint-Louf, et je, Jacques curez de Fonteines, façons savoir à touz ces qui ces lettres verront et orront que nous fumes à Hainvele (?), entre Saint-Louf et Conflans, où noble dame, Héluys, vicomtesse de Vesoul, prouva par devant Mons Symon de (Joinville, signeur de Jai, et pardevant Mons Fromont de Montferrant, sire de Coaindrey, liquels estoient enqui venuz espécialement pour enquérir cui [li fiez de Polleincort, de Normont, de Saint-Louf, de Boligneix, de Hurecort et d'Angluz estoit, ou Othenin de Bourgogne, ou la devant dite Dame, liquels devant diz Symons et Fromont devoient délivrer par droit li fié tout, se il povoit prover qu'il fut suens, mieuls que la devant dite Dame, pour la raison dou don que la dame de Joinvile lui avoit fait du fiez de Jonvile (?), et pour ce don, lon tenoit lidiz Othenins ; et se ladite Dame provoit mieulz que lidiz Othenins, li devant diz Symons et Fromont devoient délivrer par droit à ladite dame le fié tout.

Othenins ne prova mie, et si li donna on plusieurs jours pour ses proves traire. La devant dite Dame prova à Hainvele (?), là où nous fûmes, et fu appareillé de plus traire de proves, se mestiers li estoit ; lidiz Fromont li distrent qu'elle en avoit et ses preuves furent cleres (?) pour voire, liquel l'avoient vu repranre de Mons. Hugon, sign. de Vileir, et de Mons. Aymon, sign. de Faucoigneix. Donné l'an mil CCLXIX, ou mois d'octobre (1).

---

(1) Peincedé, II, p. 670. Ainvelle, canton de St-Loup, arr. de Lure; Polaincourt, c. d'Amance, arr. de Vesoul ; Hurecourt, c. de Vauvillers, arr. de Lure, (Haute-Saône). Malgré l'incorrection de cette transcription, le sens est suffisamment clair : toutefois le copiste a évidemment commis une erreur en parlant du fief du *Joinville* que Béatrix aurait donné à Othe, ou Othenin, comte de Bourgogne, son neveu. Il faut lire vraisemblablement *Ainvelle*.

IX

JEAN

La date de la naissance de Jean, sire de Joinville, n'a pu jusqu'à ce jour être déterminée qu'approximativement : l'épitaphe gravée sur une lame de cuivre, que l'on découvrit en 1639, près du grand autel de l'église Saint-Laurent où il avait été inhumé, fixe cette date à l'année 1214 et celle de sa mort en 1319. Il résulterait de ce rapprochement que l'historien de saint Louis aurait atteint cent cinq ans révolus. Telle était, il est vrai, la tradition attestée par les notes extraites par M. Champollion, de plusieurs manuscrits conservés à Joinville. Mais un autre document le fait naître en 1224 (1), date qui justifierait un passage souvent cité de l'histoire de saint Louis. Le sire de Joinville explique qu'il ne put prendre part à la bataille de Taillebourg, en 1242 : « Car, dit-il, je n'avoie onquet lors le hauberc vetu » (2).

(1) Champollion Figeac, *Documents inédits*, t. 1, p. 620, 640.
(2) Edit. Wailly, 1868, p. 38.

En d'autres termes, il n'avait pas encore atteint sa vingt et unième année, âge auquel seulement on pouvait conférer la chevalerie. Dans un acte du mois de mai de l'année 1243, on voit qu'il n'a pas encore un sceau à ses armes : la charte est revêtue de ceux de sa mère et de son oncle Guillaume de Sailly et le texte dit en propres termes : « Et quant je verrai à terre tenir, je i metterai le mien seel » (1).

Un document imprimé par Chantereau Lefèvre permet de déterminer avec plus de précision la date de la naissance de Jean. Dans cette charte en date du 1er mai 1239, il s'engage à laisser à sa mère pendant quatre années à dater de Noël prochain, la jouissance des fiefs qu'il tient du comte de Champagne. Il faut en conclure que Jean devait atteindre sa vingt et unième année, à l'expiration de ce terme de quatre ans qui devait échoir le 25 décembre 1244, et par suite qu'il est né le 25 décembre 1223. Les chartes ci-dessus citées confirment cette interprétation (2).

En 1232, il fut fiancé à Alix de Grandpré, fille du comte Henri V, et de Marie de Garlande, qui avait épousé en secondes noces Geofroi, frère de Jean, mais dont le mariage venait d'être dissous par sentence de l'archevêque de Reims. Il est permis de supposer

---

(1) V. cette charte plus loin. C'est sans doute par la même raison qu'il est dit dans un autre acte du mois de décembre 1244 : « Je devant dit Jehanz a donnéi à l'abbéi de Montier en Derf lettres saelées en sael Madame ma mère. »

(2) Chantereau, II, p. 225.

que ces fiançailles furent le gage de la réconciliation qui rapprocha les deux familles (1).

(1) Il n'avait alors que sept ans, dit le manuscrit cité par M. Champollion (p. 619), nouvelle preuve que la date de sa naissance peut être fixée à l'année 1224. Les conventions arrêtées à cette occasion doivent être postérieures à l'année 1231, date donnée par M. Didot, car le comte de Grandpré ne mourut que le 14 août 1231 ; elles sont en réalité du mois de juin 1232. Nous croyons utile de donner la traduction complète de l'acte dont il s'agit.

« Je Thibaut, comte Palatin de Champagne et de Brie, fais savoir que les conventions suivantes ont été conclues en ma présence, entre Simon, seigneur de Joinville, sénéchal de Champagne, et Marie, comtesse de Grandpré. Ils ont pris l'engagement de faire le mariage de Jean, fils aîné de Simon et de son épouse Béatrix, fille d'Etienne, comte d'Outre-Saône, et de Alix, fille de la dite comtesse, à la condition que la dite comtesse et Henri son fils, donneront en dot à Jean et à Alix, sa fille, trois cents livrées de terre, monnaie de Paris, de telle sorte que les sus-nommés, Jean et Alix, ne pourront rien réclamer de plus à la comtesse et à son fils, ni dans la succession paternelle, ni dans la succession maternelle. Dans le cas où le mariage ne se célébrerait pas, ladite Alix serait rendue libre et en lieu sûr à la dite comtesse ou à son frère Henri. Le dit Jean est tenu de douer la dite Alix, suivant les us et coutumes de Champagne. En outre, Simon, seigneur de Joinville, doit faire en sorte que son fils Geofroi approuve et reconnaisse la sentence définitive de divorce rendue entre lui et ladite comtesse de Grandpré par Révérend père en Dieu l'archevêque de Reims ; qu'il déclare en présence de Jean, dit Paverel, archidiacre, chancelier, et Grégoire, chanoine de Paris, juges désignés par notre seigneur le Pape, qu'il se soumet à la sentence du dit archevêque. Si le dit Geofroi ne peut comparaître devant les juges, il enverra pour le faire à sa place, un procureur, porteur de lettres patentes, contenant son approbation donnée à la sentence de notre seigneur l'archevêque de Reims, concernant le dit divorce ainsi qu'il est expliqué ci-dessus. Quant aux dettes dues par le dit Geofroi, si quelqu'un inquiétait à cette occasion, ladite comtesse ou le dit Henri son fils, le dit Simon, seigneur de Joinville, devrait les acquitter et les en garantir légitimement. Et Je, Thibaut, comte de Champagne et de Brie, à la requête des parties, ai promis que, en ma qualité de suzerain, je ferais tenir en bonne foi, les précédentes conventions. Afin que ce soit chose ferme, etc.... Donné l'an de N. S. 1232, au mois de juin. »

Dans un acte du mois d'août suivant, Simon, sire de Joinville, s'engage plus expressément encore à garantir le comte Thibaut de toutes réclamations de la part de Henri de Grandpré et à procurer la ratification soit de ce dernier soit de Jean de Joinville, son fils. (Chantereau II. p. 213.)

Le mariage lui-même ne fut célébré que dix ans après, vers 1240 (1).

Cependant, en 1239, séduite sans doute par une alliance plus relevée, Béatrix forma un instant le projet de marier son fils avec la fille de Henri II, comte de Bar. Mais à cette époque, Thibaut, comte de Champagne, qui se disposait à partir pour la croisade, craignit sans doute que cette alliance de son vassal avec un ennemi de sa maison ne le détournât de ses devoirs. Il s'y opposa et exigea que Jean prît l'engagement de ne pas conclure ce mariage sans son autorisation (2).

Simon était mort en 1233 ou en 1234 : Jean recueillit directement la seigneurie de Joinville et la sénéchaussée de Champagne ; toutefois, il résulte de deux actes que nous transcrirons ci-dessous, que sa mère conserva le titre de sénéchalle, sans doute parce que son fils n'était pas en âge de remplir les fonctions de sa charge.

Cette biographie n'est pas de celles qui se résument en une chronique plus ou moins sèche. On ne saurait tracer un portrait fidèle de Jean, sire de Joinville, sans

---

(1) La dot de trois cents livres parisis de revenu promise à Alix de Grandpré, équivalait, valeur nominale, à 7596 fr. de notre monnaie, et en tenant comte de la puissance de l'argent, à un revenu de 45,000 fr. environ. En 1250, Henri, comte de Grandpré, prit l'engagement de donner un supplément de dot à sa sœur. (V. d'Arbois de Jubainville, catalogue n° 2954.)

(2) Cet acte, à la date du 1er mai 1239, a été publié par Didot, p. CXVII, et par Wailly, A.

faire de nombreux emprunts à ses mémoires, sans expliquer quel heureux cours de circonstances, quelle réunion des plus rares qualités, ont fait de lui un noble type de la chevalerie des croisades, l'ami d'un héros et d'un saint, et un historien digne d'écrire une pareille vie.

Jean passa la plus grande partie de sa jeunesse auprès du comte Thibaut le Chansonnier, auquel il était attaché par sa charge de sénéchal. La cour de Champagne était alors l'une des plus brillantes de l'Europe : depuis plus d'un demi siècle, les trouvères, parmi lesquels on comptait plusieurs vassaux d'un nom illustre, trouvaient à Provins ou à Troyes une libérale hospitalité. Marie de France, sœur de Philippe-Auguste, qui gouverna la Champagne de 1190 à 1198, reçut plus d'un hommage délicat des poètes ses contemporains, tels que Quesne de Béthune, Aubin de Sézannne, Chrétien de Troyes qui composa en son honneur le poëme de *La Charrette*. On possède des poésies de Jean de Brienne, de Thibaut II, comte de Bar, de Jean le Sage, comte de Châlon, de Jean II, comte de Roucy, de Raoul de Soissons, de Guillaume de Champlitte, de Geofroi de Chatillon, tous vassaux du comte Thibaut IV. D'autres vassaux non moins qualifiés, tels que Gautier de Vignory, Hugues de Vaudémont, le sire de Chateauvillain, encourageaient et accueillaient à l'envi les trouvères (1).

(1) D'Arbois de Jubainville, t. IV, livre XII, ch. IV.

Ce fut sans nul doute dans le commerce des brillants contemporains de sa jeunesse que Jean de Joinville prit le goût du beau langage et acquit cet art de s'exprimer avec grâce et naturel qui exerçait tant d'attrait sur le saint roi lui-même.

En 1241, il accompagna son suzerain à Saumur. Louis IX y donna une fête solennelle, à l'occasion de la chevalerie des comtes de Dreux et de Poitiers. Joinville, qui pouvait avoir alors dix-sept ans, fit à la table du comte de Champagne, son office de sénéchal. Trois ans après, il était appelé avec son frère par le comte de Châlon et Jocerand de Brancion, ses parents, qui se réunirent pour repousser une irruption des Allemands dans le Mâconnais (1). Les efforts des ennemis étaient dirigés contre l'abbaye de Cluny : « Nous alâmes avec li, écrit Joinville, et tous « courûmes sus, les épées traites, et à grant peinne « et à grant hutin les chassâmes dou moustier. » Ce fut son premier fait d'armes.

La croisade de 1248 fut l'événement le plus considérable de sa vie. La veille de Pâques, il lui était né un fils qui fut Jean, seigneur d'Ancerville. Joinville

---

(1) Hist. de St-Louis, p. 98. La Ravalière place cette expédition en 1244 ou 1245, p. 315. Jocerand II de Brancion, dont il s'agit ici, était fils de Henri dit le Gros, et sans doute petit-fils de Jocerand le Gros, I de nom, Celui-ci avait épousé Alix, fille de Guillaume I, comte de Chalon, bisaïeul de Béatrix, femme de Simon, s. de Joinville. Béatrix était par conséquent petite nièce de Jocerand I et cousine de son fils. Jean de Joinville était neveu de Jocerand II à la mode de Bourgogne.

avait réuni ses vassaux dans son château : pendant les premiers jours de la semaine, son frère de Vaucouleurs, et les autres vassaux qu'il avait mandés célébrèrent par des fêtes ce joyeux événement. Le vendredi, il les assembla en cour de justice, ainsi que ses tenanciers ; il leur offrit de réparer tous les torts qu'il pouvait leur avoir faits, et se conforma fidèlement aux décisions de ce tribunal improvisé. Ayant ainsi allégé sa conscience, il partit pour Metz où il fit des emprunts considérables, afin de subvenir aux frais de la campagne qu'il allait entreprendre. Il mit en gage une partie de ses domaines et se trouva réduit à mille livres de rente en terre (1).

Avant de se mettre en route, pour s'embarquer, il fit le voyage de Paris où le roi avait convoqué ses barons. A son retour, il manda l'abbé de Cheminon, « le plus preudome de l'ordre blanche, » et reçut de ses mains l'écharpe et le bourdon de pèlerin. « Et lors,
« dit-il, dans un langage où l'on ne peut rien chan-
« ger, je me parti de Joinville, sans rentrer au chas-
« tel jusques à ma revenue, à pié, déchaus et en
« langes ; et ainsi alai à Bléhecourt et à Saint-Urbain
« et autres cors saints qui là sont. Et endementiè-
« res que je aloie à Blehécourt et à Saint-Urbain,
« je ne voz onques retourner mes yex vers Join-
« ville, pour ce que li cuers ne me attendrisist dou

---

(1) Soit, en tenant compte de la puissance de l'argent, plus de cent mille fr. de notre monnaie.

« biau chastel que je lessoie et de mes dous en-
« fans. »

Il rejoignit sa troupe à Donjeux, où ils reçurent des présents de l'abbé de Saint-Urbain ; de là, ils se rendirent à Auxonne, puis à Lyon, d'où le Rhône les transporta jusqu'à Marseille. Ils prirent la mer au mois d'août et rejoignirent l'armée royale qui s'était arrêtée en Chypre.

Joinville avait à sa solde neuf chevaliers, dont deux bannerets (1), savoir Hugues de Thilchatel, s. de Conflans, et Hugue de Landricourt, qui, avec leurs compagnons et leur suite, pouvaient former une troupe de cent cinquante hommes (2). Aussi, au bout

(1) La Ravalière cite les noms de ces chevaliers : Landricourt, Avalon, Vanant, deux Cirey, Morancourt et Loupi. Mais Landricourt était banneret ; Pierre d'Avalon, que Joinville nomme son hôte (XLI), habitait la ville de Sur en Palestine ; en supposant qu'il faille lire Cirey pour Siverey, nous ne trouvons qu'un seul chevalier de ce nom, Erard. Il est probable que La Ravalière a lu Morancourt, et avec raison, pour Menoncourt. Il nous manquerait trois noms qui sont sans doute Gautier de Curel, *li bons chevaliers*, Hugue d'Ecot et Aubert de Narcy (XXXVII), lequel figure d'ailleurs dans un traité passé sous le sceau du sire de Joinville. Ajoutons que au lieu de Wanon, cité dans Joinville, il faut lire *Vanault*, nom de lieu du département de la Marne. Plus tard, Jean prit à son service P. de Pontmolin, banneret et P. de Bourbonne (LXXX).

Il était en outre accompagné du comte de Sarrebruche et de ses frères ; de Jean et de P. d'Apremont avec ses frères, tous parents ou alliés de la maison de Joinville, et pouvant former une troupe d'égale importance.

(2) Nous ne pouvons admettre avec M. Didot que Joinville eût une escorte de sept à huit cents cavaliers. Sans doute, d'après un ancien cérémonial cité par Ducange (IXe dissertation), un banneret devait avoir sous ses ordres cinquante hommes d'armes avec leurs archers et leurs arbalétriers, ce qui suppose cent cinquante chevaux par banneret, auxquels il faudrait ajouter les hommes d'armes de chacun des sept autres chevaliers qui devaient avoir chacun trente lances. Mais Ducange remarque en même temps

de quelques mois, ses ressources se trouvaient-elles épuisées ; ses chevaliers menaçaient de l'abandonner, lorsque le roi Louis IX le retint à ses gages et lui fit donner 800 livres.

Pendant le séjour des croisés en Chypre, Marie de Brienne, épouse de Baudouin, empereur de Constantinople, y était venue solliciter les secours du roi de France. Une tempête avait emporté son vaisseau ; elle se trouvait dans le plus grand dénûment. Joinville et son parent Erard de Brienne allèrent au devant d'elle et l'amenèrent au quartier du roi. Le lendemain il eut l'attention d'envoyer à l'impératrice des étoffes et des fourrures pour la mettre en état de se vêtir plus convenablement, s'exposant ainsi au reproche de donner au roi une leçon de courtoisie.

Ce ne fut qu'au mois de mai suivant, que les croisés mirent à la voile pour l'Egypte ; on relâcha le jour de

---

que, si l'on consulte les comptes des trésoriers des guerres, on voit que les chevaliers bannerets n'avaient habituellement à leur suite qu'un nombre de vassaux beaucoup moindre. Un autre cérémonial fixe à quatre à cinq nobles la suite d'un banneret et ses chevaux à douze ou seize. D'après cette base, Joinville et ses deux bannerets avec leur suite auraient composé une troupe de 120 personnes environ, savoir : Joinville, deux bannerets, dix bacheliers ou écuyers, les sept chevaliers attachés à la personne de leur chef, trois hommes de trait pour chaque homme de guerre, en tout 80 personnes ; ajoutons 40 chevaux de rechange avec leurs conducteurs, les chapelains et les valets à la suite. La haute paie du banneret était de trente sols tournois par jour, et celle des chevaliers de 15 sols. En ne tenant pas compte de la solde des autres hommes d'armes, écuyers ou gens de trait, on voit que la dépense des deux bannerets et des sept chevaliers s'élevait par jour à 135 sous ou 6 livres 15 sous, représentant près de 140 fr. de notre monnaie, et en tenant compte de la puissance de l'argent, huit cents francs peut-être.

la Pentecôte, à Limassel, pour entendre la messe. Lorsqu'on voulut se rembarquer, un vent contraire dispersa la flotte et emporta une partie des vaisseaux jusque sur les côtes de Syrie. Le lendemain, on se remit en route, et le jeudi 27 mai, on arrivait en vue de Damiette. L'armée des Infidèles était rangée en bataille sur le rivage. Bien que le nombre des croisés fût réduit des deux tiers, le roi résolut de débarquer dès le lendemain, dans la crainte qu'une nouvelle tempête ne contrariât ses projets. Joinville prit part avec intrépidité à ce premier fait d'armes. Au lieu d'une galère qu'on lui avait promise, il ne put disposer pour aller à terre que d'une chaloupe que lui avait donnée Eschive de Montbéliard, dame de Baruth, sa parente. Une faible partie seulement de ses chevaliers put l'accompagner (1). Ils firent force de rames, dépassèrent la barque qui portait le roi et l'oriflamme, et gagnèrent le giseh de Damiette où les attendait une troupe de six mille Sarrasins. Ceux-ci firent une charge vigoureuse sur les croisés qui les attendirent de pied ferme, la lance et leur écus appuyés sur le sol. Le combat dura toute la matinée; les chrétiens ne firent aucune perte sérieuse.

La négligence de l'émir Fakreddin permit aux croisés de s'emparer de Damiette sans coup férir, le 6

---

(1) Au moment où Joinville débarqua, il n'avait autour de lui aucun de ses vassaux ou écuyers. (Ch. xxxiv.) Il est peu probable cependant qu'il n'ait pas été rejoint sur le rivage par quelques-uns des siens.

juin 1249 (1). Là le désordre commença à se glisser dans leurs rangs. Les Sarrasins étant campés du côté de la terre, l'armée se contenta de conserver ses positions; on attendait l'armée du comte de Poitiers. Cependant on apprit la mort du Soudan (22 novembre); alors les chrétiens s'avancèrent à treize mille de Damiette sur Fariskouv, puis, jusqu'à Charmesah, villes situées sur la rive orientale du Nil. Le 19 décembre, ils étaient devant Mansourah et n'étaient séparés des ennemis que par la branche du fleuve dite de Tanis (2). Ce fut en avant de ce bras du Nil que les croisés entreprirent la construction d'une chaussée destinée à détourner le cours du fleuve. Cependant les Sarrasins inquiétaient leur camp par de fréquentes attaques. Dès les premiers jours, Joinville et les siens se distinguèrent dans une de ces escarmouches. Le 25 décembre, il prenait son repas avec Pierre d'Avalon, son parent, lorsqu'une troupe ennemie se jeta sur leurs quartiers. Pierre s'arma à la hâte et s'aventura en dehors du camp : il fut enveloppé et terrassé et ne dut son salut qu'à l'arrivée du sire de Joinville qui le délivra, lui et son frère. C'est alors que le roi résolut de mieux assurer la défense des retranchements contre lesquels les Sarrasins jetaient le feu grégeois.

(1) C'est évidemment par erreur que M. Didot a écrit que l'on débarqua devant Damiette le lundi de Pâques 1250. (P. VIII.)

(2) Le vent était contraire, et les croisés ne mirent pas moins de trente jours pour franchir une distance de dix-huit lieues. (Sarrazin.)

Ceux-ci avaient en même temps occupé une île située au milieu du fleuve et menaçaient le camp des Français du côté du couchant. Notre chroniqueur était chargé, alternativement avec les frères du roi, de protéger les retranchements. Là, pendant de longues nuits, le feu grégeois tombait au milieu d'eux et menaçait de détruire le travail des ingénieurs. Joinville nous a conservé le récit fidèle de ses alarmes et des périls incessants auxquels il était exposé.

Cependant, un Bédouin ayant révélé l'existence d'un gué, le roi résolut de passer le fleuve, le 8 février 1250, et de marcher à l'ennemi. L'avant-garde n'éprouva d'abord qu'une faible résistance; mais cet heureux début ne fut que le prélude d'un épouvantable désastre. Au lieu d'attendre l'arrivée du gros de l'armée, le comte d'Artois, qui venait de surprendre le camp ennemi, poussa ses adversaires jusque dans Mansourah. Les mameluks, revenus de leur surprise, se jetèrent sur nos chevaliers débandés et en firent un grand carnage, avant que le roi et l'infanterie aient pu leur porter secours. Nos arbalétriers avaient tous péri avec l'avant-garde. Lorsque Louis IX, accouru au secours des siens, se trouva en présence des ennemis, il se vit assailli de flèches et d'armes de trait, sans pouvoir y répondre. Cependant cette brave chevalerie resta inébranlable autour de son chef, encouragée par son exemple. Elle tint bon jusqu'à ce que le reste des croisés qui n'avait pu passer le gué, ayant réussi à construire un pont improvisé, vint dégager le roi, et mît en fuite les Sarrasins. L'imprudence du comte d'Artois lui avait coûté la vie et occasionné la mort de trois cents templiers et d'un nombre égal de chevaliers. Le rôle de Joinville dans cette mémorable journée fut des plus glorieux.

Il avait franchi le canal de Tanis, en même temps que le comte d'Artois : il commença par charger les ennemis qui faisaient leurs apprêts et tua l'un d'eux de sa lance ; mais il faillit lui-même être désarçonné, et fut vivement poussé par un mameluck qui lui appuya sa lance entre les deux épaules et le tenait ainsi courbé sur le col de son cheval. Il ne pouvait tirer son épée du fourreau ; il en avait heureusement une autre à l'arçon de sa selle, et il s'en servit pour mettre en fuite son adversaire. Bientôt après, la troupe dont il faisait partie fut chargée par un corps considérable ; Hugues de Thil Chatel, un de ses bannerets, est frappé à mort ; Raoul de Wanou est terrassé ; Joinville réussit à le sauver ; mais il a lui-même affaire à deux cavaliers, son cheval s'abat et il passe par dessus ses oreilles. Il se défend cependant, l'écu pendu au col et l'épée à la main. Il n'avait d'autre ressource que de se réfugier dans une masure en ruines. Mais avant d'y arriver, il est de nouveau terrassé et foulé aux pieds des chevaux. Il parvient enfin à gagner cet abri, avec l'aide d'Erard de Siverey (ou de Cirei ?) et il est rejoint par plusieurs des siens. Les Turcs y arrivent aussitôt et les blessent de leurs lances, par dessus la muraille qui les séparait. Joinville, à pied, tenait les chevaux de ses compagnons qui faisaient bonne contenance. Dans ce péril extrême, ils aperçurent à quelque distance la troupe commandée par le duc d'Anjou ; Cirey, cruellement blessé, alla demander du secours au prince qui s'empressa de le dégager.

C'est en ce moment que parut le corps d'armée commandé par le roi : Joinville blessé fut rejoint par un de ses écuyers qui avait pris la fuite avec sa bannière. Il remonta à cheval et alla se placer auprès du roi. On apprend alors que le comte d'Artois se défendait encore dans Mansourah : le connétable part en avant, accompagné de Joinville, pour aller au secours du prince ; mais à peine s'étaient-ils éloignés du gros de l'armée que les mamelucks leur coupèrent la retraite : ils eurent cependant le temps de franchir un ruisseau qui devait protéger leur marche, et se mirent en devoir de suivre le cours du Nil pour se rapprocher du camp. Le reste de l'armée, pressé par d'innombrables ennemis, était ramené dans la même direction. Plusieurs cherchèrent à passer le fleuve à la nage afin d'échapper à leurs atteintes. Tout eût été perdu si les Sarrasins avaient pu attaquer les croisés en flanc, du côté où se trouvait notre chroniqueur. Il fut rallié par le comte de Soissons et ils se mirent en devoir de défendre un petit pont dont l'occupation par l'ennemi eût été fatale. Là, ils furent assaillis de traits; on leur lançait le feu grégeois. Il fallait à la fois soutenir le choc et charger vigoureusement ceux qui les serraient de trop près. Enfin, le soir, au soleil couchant, le connétable leur amena des arbalétriers qui vinrent se placer entre eux et leurs adversaires et les mirent en fuite. Joinville avait reçu cinq blessures, et son cheval avait été atteint en quinze endroits.

La nuit même ne fut pas tranquille ; les croisés qui avaient campé sur le champ de bataille n'étaient protégés par aucun retranchement ; ils furent attaqués par les Sarrasins. Joinville était hors d'état de revêtir une armure. Cependant ses hommes défendirent vaillamment leurs quartiers jusqu'à ce que Gaucher de Châtillon vînt leur porter secours.

Pendant le carême, l'armée fut exposée à toutes les souffrances occasionnées par la mauvaise qualité des aliments, la disette et le scorbut. La flotte musulmane avait intercepté toute communication avec Damiette et détruit la plus grande partie des vaisseaux français. Il fallait prendre un parti décisif. On proposa de capituler, mais les conditions ayant paru innacceptables, le roi résolut de se frayer un passage vers Damiette. Le cinq avril, les troupes se mirent en route. Quelques-uns, parmi lesquels se trouvait Joinville, affaibli par la maladie, s'embarquèrent sur le Nil. Mais le vent contraire les arrêta. Les vaisseaux ennemis les enveloppèrent et les firent prisonniers. En même temps, l'armée royale, attaquée vigoureusement dans son mouvement de retraite, fut taillée en pièces et tomba au pouvoir de l'ennemi. Saint Louis, lui-même était mourant et fut fait prisonnier avec le comte de Poitiers et le duc d'Anjou, ses frères.

Joinville n'avait dû son salut qu'au dévouement d'un Infidèle, un certain renégat d'Allemagne qui le fit sortir de son vaisseau et le tint étroitement embrassé en le faisant passer pour un cousin du roi, tandis que ses agresseurs menaçaient de lui couper la gorge (1). On le mit à terre, et là, il crut sa dernière heure arrivée : tremblant de fièvre, il avait au gosier un accès qui menaçait de l'étouffer ; un chevalier sarrasin lui administra un remède qui le guérit en deux jours.

Les épreuves qu'eut à souffrir notre chroniqueur n'étaient pas à leur terme : Joinville vit égorger sous ses yeux son chapelain Jean de Wassy, et ceux des malades dont la vie était désespérée. On l'emmena auprès du roi, à Mansourah, où il fut accueilli avec joie par les chevaliers qui s'y trouvaient et qui l'avaient cru mort. Là encore, de nouveaux dangers l'attendaient : plusieurs captifs sommés de renier leur religion furent massacrés. Cependant, on discutait avec le soudan les conditions d'un traité, et la rançon du roi et de l'armée fut fixée d'abord à un million de

---

(1) La situation avait été extrêmement critique : Joinville et les siens s'étaient demandé lequel était préférable de descendre à terre au risque d'être faits prisonniers et dispersés au loin, ou attendre sur le fleuve, où ils devaient rester réunis, mais où ils étaient exposés à être brûlés ou coulés bas. On s'arrêta à ce dernier parti : « Lors dist uns miens celerieis, qui estoit nés de Doulevens : « Sire, je ne m'acort pas à cest conseil. » Je li demandai auquel il s'acordoit, et il me dist : « Je m'acort que nous nous « lessons tous tuer : si nous irons tuit en Paradis. » Mais nous ne le creumes pas. » (LXII).

besans, équivalant suivant Joinville à cinq cent mille livres, puis réduite à huit cent mille besans (1). Ces conventions avaient reçu un commencement d'exécution, les prisonniers avaient été embarqués sur le Nil et l'on approchait de Damiette, lorsque le soudan fut assassiné par ses officiers. Dans le désordre qui suivit cet attentat, une troupe de gens de la halka ou garde du prince se précipita l'épée à la main, dans la galerie où se trouvaient les croisés. Joinville attendait la mort avec résignation : il se mit à genoux, tendit la tête en disant : « Ainsi mourut sainte Agnès. » A côté de lui, Guy d'Ibelin, connétable de Chypre, lui faisait sa confession, et lui demandait l'absolution. « Mes quant je me levai d'ileo, dit le bon sénéchal, il ne me souvint oncques de chose qu'il m'ust dite ou racontée. » Enfin ces furieux s'arrêtèrent et se contentèrent de les resserrer plus étroitement : le traité pour la rançon du roi et de la chevalerie fut renouvelé. Damiette fut rendue aux émirs ; mais le lendemain, jour de l'Ascension, peu s'en fallut que ces fanatiques ne fissent un massacre général des prisonniers.

Cependant l'heure de la délivrance était venue ;

---

(1) D'après les diverses données, ces huit cent mille besans équivalaient à cent mille marcs d'argent. (Ducange, xxe *dissertation*.) Et en calculant le marc à 4 livres, on aura 400,000 livres, représentant 8,105,523 francs de notre monnaie (Wailly), et en tenant compte de la puissance de l'argent, près de 49 millions d'aujourd'hui. Le bruit courut, et cette erreur populaire se trouve reproduite dans la chronique de Duguesclin, que saint Louis paya pour sa rançon le poids de son corps en or.

Joinville et les chevaliers furent ramenés auprès du roi. On se mit en devoir de payer deux cent mille livres, premier terme de la rançon convenue ; c'est à cette condition que le comte de Poitiers, que les Sarrasins avaient conservé comme otage, devait être délivré. Tout compte fait, les officiers du roi constatèrent qu'il leur manquait trente mille livres qu'ils ne savaient comment se procurer. Joinville donna le conseil de les emprunter à l'ordre du Temple ; mais le commandeur répondit que les sommes dont il était possesseur, se composaient de dépôts dont il ne pouvait rien distraire sans manquer à son serment. Après une discussion assez vive, Joinville, avec l'agrément de son maître, se transporta sur le vaisseau qui renfermait le coffre de l'ordre, et demanda au trésorier la clef du premier qui lui tomba sous la main. Le bon sénéchal n'avait d'autre vêtement qu'une couverture fourrée que lui avait donné sa mère, et où il avait fait un trou pour passer la tête; ses traits étaient fort altérés. Son interlocuteur ne pouvait reconnaître sous cette chétive apparence le confident du roi de France, et lui répondit par un refus. Joinville saisit une hache et menaça de forcer les coffres. « Si la levai, et dis que je feroie la clef le Roi. » Le maréchal du Temple lui fit alors donner les clés (1).

---

(1) Il faut moins voir dans ce procédé une voie de fait brutale qu'un acte ayant pour objet de constater que le commandeur du Temple cédait à la force et de sauvegarder sa responsabilité.

Il faut bien en convenir; peut-être dans cette circonstance, notre chroniqueur se montra-t-il moins scrupuleux observateur de la foi jurée que le saint roi, qui ne voulut pas permettre que l'on fit tort aux infidèles d'un denier sur la somme promise. Quelques membres du conseil étaient d'avis que rien ne fût payé avant la délivrance du comte de Poitiers. Philippe de Nemours avança que, dans le pesage des espèces, on avait fait une erreur de dix mille livres. Le roi, dit Joinville, se courrouça fort, exigeant qu'on les leur rendit. Lors, ajoute notre récit, « je pressai le pied de « Monseigneur Philippe, et dis au roi qu'il n'en fallait « rien croire et que les Sarrasins étaient les plus « habiles compteurs qui fussent au monde et Nemours « de dire qu'il n'avait parlé qu'en plaisantant. » Louis IX l'en reprit vivement et insista pour que les deux cent mille livres fussent scrupuleusement payées.

Ce paiement ayant été effectué, le roi et ses compagnons furent conduits par mer à St-Jean-d'Acre. Joinville était alors dans un tel état de faiblesse que, à son arrivée, il ne pouvait se tenir à cheval. « A grand « peine, dit-il, me monta l'en les degrez de la sale le « roy. » Le soir il eut une défaillance dans son bain. Quelques jours après, il fut pris d'une fièvre continue qui le réduisit à la dernière extrémité.

Pendant la traversée, il avait tenu fidèlement compagnie à son maître qui goûta de plus en plus les charmes de sa conversation.

C'est dans ce commerce journalier que le loyal Sénéchal prit l'habitude de répondre aux questions les plus délicates avec la franchise la plus absolue. Ainsi, lorsque peu de temps après leur arrivée à Saint-Jean-d'Acre, le roi demanda à son conseil s'il était d'avis que l'on retournât en France, ou qu'on demeurât en Palestine, son historien, qui certes éprouvait autant que personne le désir de revoir sa famille et son pays, répondit sans hésiter que l'on devait rester attendre assez longtemps pour procurer la délivrance des nombreux captifs qui n'étaient pas encore revenus d'Egypte. Il se souvenait de la recommandation que lui avait faite son cousin de Bourlémont (1).

« Vous en alez outre-mer, fist-il, or vous prenés
« garde au revenir : car nuls chevaliers, ne povres
« ne riches ne puet revenir que il ne soit honnis, se il
« laisse en la main des sarrazins le peuple menu
« nostre signour, en laquel compaignie il est alez. »

Cette opinion excita la colère des assistants : mais le roi sut gré à son conseiller de sa sincérité, et le lui témoigna après dîner avec une familiarité touchante. On ne peut se lasser de reproduire cette scène si souvent racontée. Joinville, inquiet du silence que ce prince avait gardé pendant le repas, s'était retiré tout

---

(1) Pierre de Bourlémont avait épousé Félicité de Joinville, fille de Geofroi IV, et sœur de Simon, père de l'historien de saint Louis. Joinville veut sans doute parler de Geofroi, fils de Pierre et de Félicité, son cousin germain. Un arrière petit-fils de Geofroi de Bourlémont épousa Alix de Joinville, fille de Guy, sire de Donjeux.

pensif dans l'ambrasure d'une fenêtre : il songeait qu'il se retirerait à Antioche, auprès du prince, son parent (1), lorsque Louis vint doucement par derrière lui appuyer les mains sur la tête. Laissez-moi, s'écria Joinville, qui le prenait pour un importun. Mais, au même instant, en tournant les yeux, il reconnut une bague que le roi portait au doigt. Ce prince lui fit répéter ce qu'il avait dit dans le conseil, et s'étant assuré que Joinville avait l'intention de rester en Palestine : « Or soyez tout aise, lui dit-il, car je vous « sais bon gré de l'avis que vous m'avez donné, mais « ne le répétez à personnne de toute cette semaine. »

Quelque temps après, Louis IX le retint à son service et lui assigna deux mille livres de gages jusqu'au terme de Pâques l'année suivante (2). Cette somme lui était nécessaire pour entretenir les quarante chevaliers de Champagne qu'il avait à sa solde.

Au commencement du carême, Joinville accompagna le roi à Césarée, où l'on résolut de relever les fortifications qu'avaient abattues les Sarrasins (3). De

---

(1) Boémond V, qui mourut en 1251.

(2) Cette somme, qui représente à peu près 240,000 francs de notre monnaie, en tenant compte de la puissance de l'argent, lui était allouée pour un service de huit mois. Il devait entretenir trois bannerets à 400 livres chacun, et en conserver 800 pour l'entretien de ses chevaliers, de sa suite et de sa maison. Chaque banneret devait toucher 1 l. 13 s. par jour, environ ce qui représente approximativement 200 fr. de notre monnaie, somme sur laquelle il avait à pourvoir à la solde des chevaliers placés sous sa bannière. Joinville, qui nourrissait les hommes d'armes, touchait une somme double.

(3) C'est avant de partir pour Césarée, pendant son séjour à Acre, du mois d'août 1250 au mois d'avril 1251, que Joinville composa le *Credo*. (Wailly.)

là, ils allèrent à Jaffa, où ce prince ordonna pareillement de grands travaux de défense. Nous trouvons dans l'histoire de saint-Louis, le tableau de la vie intérieure de son fidèle serviteur. Il avait deux chapelains pour dire ses heures; il entendait la messe à l'aube du jour, puis il allait prendre les ordres du prince.

Son lit était disposé de manière à frapper tous les regards : « Et ce fesois-je, dit-il, pour otter toutes mescréances de femmes. » Au commencement du mois d'octobre, il faisait sa provision de porc, de mouton et de vin, afin d'éviter le renchérissement des denrées qui, durant l'hiver, n'arrivaient plus aussi facilement. Il lui fallait cent tonneaux de vin. Il avait toujours à sa table, outre ses dix chevaliers, dix de ceux que le roi avait mis dans sa compagnie. A chaque grande fête, il conviait les hommes les plus considérables du camp.

Durant son séjour à Jaffa, Joinville prit part à plusieurs escarmouches. Un jour, il vole au secours du maître de Saint-Lazare, qui était allé butiner et s'était laissé surprendre par des forces supérieures. Une autre fois, il assistait au sermon de la fête de la saint Jean (juin 1252), lorsqu'on fut informé que les arbalétriers étaient cernés par les Sarrasins. Joinville prend avec lui quatre cents hommes d'armes, et réussit à dégager cette troupe qui était aux prises avec une nombreuse cavalerie.

Le 29 juin, il accompagna Louis IX à Sidon. On

coucha à Arzouf, de là on gagna Saint-Jean-d'Acre, puis Iscanderich, que Joinville appelle Passe-Poulain, *où il y a de moult belles eaux* (1), et enfin Sour, l'ancienne Tyr. Là on résolut de faire une expédition dont le but était de prendre Bélinas (Banias) : elle fut dirigée par le comte d'Eu, le connétable et le maître du Temple, auxquels s'adjoignit notre sénéchal. La troupe dont il faisait partie eut pour mission d'aller se porter entre la ville et le château (appelé aujourd'hui Kalat es Sobaibeh) (2), qui commandait la route de Damas. Il est situé sur une montagne à plus de 300 mètres du village, et n'a d'accès que du côté du levant. Au moment où ils opéraient leur mouvement, les sergents du roi, ou fantassins, qui avaient attaqué la ville, venaient d'être repoussés, et auraient été complètement défaits, si on ne leur eût porté secours. Il fallait, pour réussir, franchir trois murailles sur une pente escarpée garnie de cavaliers ennemis. Joinville insista, malgré la difficulté de cette entreprise périlleuse. Il prit son cheval par la bride et marcha résolument à l'ennemi avec ses hommes. Cette diversion obligea les Sarrasins à abandonner la position ; notre sénéchal fut alors rallié par le maréchal du Temple et les chevaliers de l'ordre teuto-

---

(1) Tout auprès d'Iscanderich, il y a en effet une belle source. (V. Guide en Orient, p. 724.)

(2) Notre chroniqueur parle également de la fontaine de Banias que l'on considère comme une des trois sources du Jourdain. Elle sort au pied d'une haute paroi de rochers et forme un bassin semi-séculaire de la plus grande limpidité. (Ibid. p. 683.)

nique placés sous les ordres du comte d'Eu. Mais ceux-ci, au mépris des instructions qui leur avaient été données, eurent l'imprudence de se lancer à la poursuite des Sarrasins débandés; vainement Joinville voulut les retenir; des ennemis, embusqués dans les rochers, les assaillirent de tous côtés; Joinville, de nouveau isolé, se trouva dans une position extrêmement critique. Les sergents du roi voulaient prendre la fuite; mais notre sénéchal, pour leur rendre confiance, renvoya son cheval, leur montrant ainsi qu'il était disposé à partager leur sort. Encouragés par son exemple, ils tinrent en respect l'ennemi jusqu'à l'arrivée d'Olivier de Termes. La retraite était devenue fort périlleuse; on était exposé, en descendant cette pente si rapide, à être assailli par derrière sans pouvoir se défendre. Olivier de Termes feignit de vouloir tourner l'ennemi, en prenant la route de Damas; il fit mettre en même temps le feu à des meules de blé qui se trouvaient dans la plaine. Les Sarrasins se mirent à leur suite; et Joinville, profitant de cette diversion, effectua sa retraite, tandis que les cavaliers qui avaient attiré ses adversaires dans la campagne, les gagnaient de vitesse et rentraient de leur côté à Sidon.

Cependant, la reine qui venait de faire ses couches à Jaffa, était venue rejoindre le roi (1). Peu après on

---

(1) C'est vers cette époque que Joinville fit, avec la permission du roi, le pèlerinage de Notre-Dame de Tortose, situé entre Tripoli et Antioche, à vingt lieues environ de Sidon.

reçut la nouvelle de la mort de la mère de Louis IX, arrivée au mois de novembre 1252. Ce prince, dont le retour en France était nécessaire, commença ses préparatifs et chargea notre sénéchal de conduire la reine à Sour. Il s'acquitta heureusement de cette mission que les incursions des Sarrasins dans cette région rendaient difficile. Louis IX vint l'y rejoindre, puis se rendit à Saint-Jean-d'Acre au commencement du carême de l'année 1254.

Enfin les préparatifs de départ étant terminés, on s'embarqua le 23 avril pour l'île de Chypre. Mais avant d'y aborder, le vaisseau qui portait le roi faillit être jeté à la côte : c'est alors que la reine, par le conseil de Joinville, fit vœu à saint Nicolas de Varangéville, d'une nef d'argent du poids de cinq marcs. Lui-même promit de faire pieds nus ce pèlerinage, qu'il accomplit en effet après son retour. On quitta l'île de Chypre, et après deux mois et demi de navigation, on se décida à débarquer à Hyères. Joinville accompagna le roi à Aix et à Beaucaire; là il prit congé pour se rendre dans le Viennois où il avait une nièce (1), puis en Bourgogne, et de là en Champagne, dans son château de Joinville, qu'il avait quitté six ans auparavant.

---

(1) Guigue VII, dauphin de Viennois, avait épousé Beatrix de Savoie, fille de Pierre, comte de Savoie, et d'Agnès de Faucigny, dont la sœur Léonore avait épousé Simon de Joinville, seigneur de Gex. Celui-ci était ainsi oncle par alliance de la dauphine de Viennois, et par extension, Jean, seigneur de Joinville, frère de ce Simon, donnait à cette princesse le titre de nièce. (V. Moreri, V° *Faucigny.*)

Durant son absence, quelques-uns de ses domaines avaient été frappés de saisies par les gens du roi : ceux du comte de Champagne lui avaient suscité des procès et pris leurs avantages. Ses affaires étaient dans le plus grand désordre ; il résolut de ne plus s'éloigner désormais. Cependant son voyage d'outre-mer n'avait pas été tout-à-fait sans fruit. Le roi lui fit don d'une rente de deux cents livres, en foi et hommage (1). En outre si l'on en croit un historien de la Principauté de Joinville, il reçut du roi de Castille, Alphonse le Savant, en récompense des services qu'il avait rendus à la foi chrétienne, un magnifique présent de mille marcs d'argent (2).

Après s'être arrêté plusieurs jours à Joinville où il régla quelques intérêts avec ses frères Geofroi de Vaucouleurs, Simon de Gex, et Simon, archidiacre de Salins (3), Jean alla retrouver le roi à Soissons où il fut accueilli avec joie. Thibaut IV, roi de Navarre, son suzerain, avait alors un procès pendant au parlement avec le duc de Bretagne, son beau-frère. Il avait le désir de demander la main de la princesse Isabelle, fille de Louis IX. Il prit Joinville pour négociateur. Le

---

(1) L'acte du mois d'avril 1252, a été publié par Didot, p. cxviii, cette rente représenterait un revenu (valeur actuelle) d'environ vingt mille francs.

(2) Cité par Champollion *(Documents inédits)* p. 631. Cette somme représenterait, en lingots, 50,000 fr. et en tenant compte de la puissance de l'argent 300,000 fr. environ.

(3) Cette circonstance est rapportée par La Ravalière, p. 336.

roi répondit qu'il ne voulait rien conclure tant que les deux beaux-frères ne se seraient pas réconciliés « Pour ce que l'on ne deist que il mariast ses enfans au deshéritement de ses barons. »

Thibaut se conforma au désir de son souverain, et trois mois après, il épousait Isabelle. En récompense de cette heureuse négociation, il fit don à son sénéchal du fief de Germay (1).

Joinville n'avait pas encore atteint la moitié de sa longue carrière : cependant le reste de sa vie n'est marqué par aucun événement considérable. Il consacra désormais la plus grande partie de son temps à l'administration de ses domaines et à l'accomplissement des devoirs de sa charge à la cour de Champagne. Toutefois, tant que vécut le Saint Roi, il fit à Paris quelques voyages et reçut de Louis IX les plus précieux témoignages de confiance.

Des malheurs soufferts en commun, les preuves de courage données par Joinville, son dévoûment envers la reine, son désintéressement et la franchise de ses conseils avaient inspiré à ce prince une affection profonde. D'autres fidèles serviteurs ont pu mériter au même degré l'estime et les faveurs de leur souverain, mais l'amitié proprement dite, toujours rare entre des hommes que sépare la différence des rangs, suppose des rapports plus étroits, un échange de pen-

---

(1) Il fit hommage en 1258. Jolibois, V° *Germay*.

sées plus intimes. Entre Louis IX et son futur historien, le commerce journalier qui les rapprocha pendant cinq années d'épreuves, donna naissance à une amitié sans réserve. Le roi, après ses repas, entendait volontiers une lecture édifiante, mais souvent aussi, il s'entretenait avec ses familiers : « Vous ne me lirez point, disait-il, car il n'est si bons livres après mangier comme quolibez, c'est-à-dire que chascun die ce qu'il veut » (1). Joinville était l'un des plus agréables conteurs de son temps; son esprit était aussi vif que pénétrant. Ses saillies égayaient le roi qui préférait sa société à celle de son propre frère pendant les longues heures d'une traversée. Après son retour en France, il associa le sénéchal de Champagne à ses conseils. Tous les biographes ont rappelé les conférences dans lesquelles, assis au pied de son lit ou sous le chêne légendaire de Vincennes, il se faisait rendre compte *des plaids de la porte*. D'autres fois, il faisait étendre un tapis dans son jardin de Paris, et là, vêtu d'une cotte de camelot et d'un surcot de tiretaine sans manches, un chapeau de paon blanc sur la tête, il rendait la justice à tous ceux qui se présentaient (2). Joinville était peut-être le seul qui put se permettre certains conseils, certaines saillies qui, partant d'un cœur moins sincère, auraient été ou déplacés ou blessants.

Nous avons vu avec quelle franchise il opina, pour

(1) P. 240.
(2) P. 22.

que le roi prolongea son séjour en Palestine. Une autre fois, lorsqu'on eut débarqué à Hyères, ce prince manquait de chevaux pour rentrer en France, l'abbé de Cluny lui fit don de deux palefrois de prix : le lendemain le prélat obtint une longue audience pour les affaires de son couvent. « Quant li abbes s'en fu par« tis, poursuit notre chroniqueur, je ving au Roy et « li diz : Je vous vueil demander, se il vous plaît, se « vous avez oy plus débonnèrement l'abbé de Clyeny, « pour ce qu'il vous donna hyer ces dous palefrois. » « Li roys pensa longuement et me dist : « Vraiment « oyl. » — « Sire, fis-jes, avez-vous pourquoy je vous « ai faite ceste demande ? » — « Pourquoy ? fist-il. » « — Pour ce, sire, fis-je, que je vous lo et conseil « que, quand vous venrez en France, que ils ne prei« gnent ceus qui averont à besoigner par devant « vous : car soiès certeins, se il prennent, il en es« conteront plus volentiers et plus diligentment « ceus qui leur donront, ainsi comme vous avez fait « l'abbéi de Clyngni » (1).

On ne saurait ni mieux dire ni provoquer plus à propos un examen de conscience. Voici maintenant une véritable boutade qui mit le roi en bonne humeur. On était alors à Césarée et Joinville n'avait pas encore renouvelé son engagement. « Vous savez, fist li « roys, que je ne vous reting que jusques à Pasques : « si vous pri que vous me dites que je vous donrai

(1) P. 235.

« pour estre avec moy de Pasques en un an. » Et je
« li dis que je ne vouloie que il me donnast plus de ses
« deniers que ce que il m'avoit donnéi, mais je vou-
« loie faire un autre marchié à li. « Pour ce, fis-je, que
« vous vous courrouciés quant l'on vous requiert au-
« cune chose, si vueil-je que vous m'aiés convenant
« que se je vous requier aucune chose, toute ceste
« année, que vous ne vous courouciés ; et se vous me
« refusés, je ne vous courroucerai pas. » Quant il oy
« ce, si commença à rire moult clèrement, et me dist
« que il me retenoit par tel convenant » (1).

Joinville savait au besoin tenir tête aux personnages les plus graves. Louis IX aimait à le mettre aux
prises avec Robert de Sorbon. Celui-ci s'avisa un
jour de reprocher au sénéchal, en présence du roi, le
luxe de ses vêtements qui contrastait avec la simpli-
cité du prince. « Lors demandai-je à maistre Robert :
« Maistre Robert, sauve vostre grâce, je ne faiz mie
« à blasmer, je me vest de vert et de vair, car cest
« abis me laissa mes pères et ma mère : mais vous
« faites à blasmer, car vous estes fiz de vilain et de
« villaine et avez lessié l'habit vostre père et vos-
« tre mère et estes vestu de plus riche camelin que li
« roy n'est. » Et lors je pris le pan de son seurcot et
« du seurcot le roy et li diz : Or esgardez se je dis
« voir » (2).

(1) P. 178.
(2) P. 12.

Joinville n'avait sans doute pas toujours le dessus en matières sérieuses, aussi prenait-il volontiers sa revanche dans l'occasion.

Son dévouement à son prince n'alla cependant pas jusqu'à le décider à l'accompagner à la croisade de l'année 1270. Mandé à Paris avec les autres vassaux, il refusa de prendre la croix, disant qu'il voulait se consacrer désormais au soulagement de ses tenanciers. La dernière fois qu'il vit le saint Roi, au moment où il se disposait à partir pour cette fatale expédition, Joinville le trouva si faible qu'il ne pouvait supporter ni le cheval ni la voiture. Le bon sénéchal le porta dans ses bras depuis l'hôtel du comte d'Auxerre jusqu'à l'hôtel des Cordeliers (1). La mort de Louis IX, auprès duquel il avait passé ses plus belles années, lui causa une profonde douleur. Joinville voua à sa mémoire un culte où la tendresse et la dévotion avaient une part égale. En 1282, il fut appelé à porter témoignage dans l'enquête à laquelle fit procéder l'autorité ecclésiastique, touchant les œuvres et les miracles du saint roi (2), et dans les dernières années de sa vie, il lui fit élever un autel dans l'église Saint-Laurent.

Il avait perdu sa mère, en 1260 (3). Sa femme Alix

---

(1) *Hist. de St-Louis*, p. 262.

(2) Il est qualifié dans cette enquête d'homme avisé, sage et moult riche, de cinquante ans ou environ, ce qui reporterait sa naissance à l'année 1230. (*Histoire de saint Louis*, par Tillemont, t. v, p. 259 et suivantes).

(3) Béatrix de Bourgogne fut enterrée dans l'église de la Charité. en Franche-Comté. Ses fils partagèrent sa succession : la terre de Vaucouleurs dont hérita Geofroi, puîné de Jean, resta dans la mouvance de Joinville.

de Grandpré mourut dans le courant de la même année, laissant un fils, Jean, seigneur d'Ancerville, qui ne survécut pas à son père. Joinville épousa en secondes noces Alix, fille de Gauthier de Reynel, qui mourut en 1288, et fut inhumée à Benoîtevaux.

En 1258, Jean accorda aux habitants de Joinville une charte de franchise, dont les dispositions principales consistent dans la conversion des tailles en une redevance annuelle de six deniers pour livre des valeurs mobilières et de deux deniers sur les héritages ; dans l'établissement d'un échevinage électif et l'affranchissement de la main-morte ; mais le droit de poursuite semble maintenu et les charges de toute sorte qui subsistent, sont encore fort onéreuses (1).

Nous savons, par un acte du 17 avril 1262, que Joinville remplit sa charge de sénéchal auprès du comte de Champagne dans les fêtes qui furent données par Louis IX, à l'occasion de la chevalerie et du mariage de son fils Philippe avec l'infante Isabelle d'Aragon. Jean prétendit que sa charge lui donnait le droit de conserver la vaisselle qui avait servi au festin. Mais comme elle appartenait au roi de France, sa prétention fut repoussée. Toutefois, l'acte que lui délivra son suzerain, constate que ses droits sont réservés pour l'avenir (2).

---

(1) Le texte de cette charte publié par Collin *(Tablettes historiques)* est malheureusement fort incorrect et peu intelligible. Nous en avons donné ci-dessus, dans l'introduction, une analyse plus détaillée.

(2) L'acte a été publié par La Ravalière, p. 340, et dans Didot, qui lui donne à tort la date de 1342. P. cxviii.

Une ordonnance de Louis IX, du mois de janvier de l'année 1258, rapportée par Ducange (IXe dissertation), avait interdit les guerres privées. Jean paraît avoir tenu peu de compte de cette prohibition, car nous le voyons, en 1269, se faire justice par les armes, dans une querelle qu'il eut avec Milon, seigneur de Saint-Amant, dont il envahit et ravagea les domaines. Il fut condamné à deux cents livres de dommages intérêts par sentence arbitrale de Marguerite, femme du comte de Luxembourg, qui se porta médiatrice entre les parties (1).

L'année suivante, Joinville fit reconnaître ses droits de suzeraineté sur la seigneurie de la Fauche : Jean, son vassal, en lui faisant hommage lige, lui offrit les clés et le suzerain passa une nuit au château, afin de mieux constater son titre (2).

Durant les règnes de Philippe le Hardi et de Philippe le Bel, nous le trouvons mêlé à quelques affaires publiques : en 1274, il fit partie d'une commission qui fut chargée par le roi d'informer sur l'âge légitime auquel les filles de Champagne pouvaient faire hommage de leurs fiefs (3). Il assista plusieurs fois aux assises des grands jours de Troyes, notamment dans les années 1276, 1284 et 1285 (4). Sa charge de sénéchal lui en attribuait de droit la présidence.

---

(1) Id., p. 338.
(2) Ibid, p. 341.
(3) Ibid p. 342.
(4) D'Arbois de Jubainville, t. IV, p. 563 et catal., n° 2830.

Cependant, le roi Philippe-le-Bel jugea à propos de lui ôter cette prérogative, et même de l'exclure tout à fait du droit d'assister aux jugements de cette Cour, en 1287, 1288 et 1289. Mais il assista aux plaids de l'année 1291, auxquels présidait l'évêque de Soissons (1).

En 1285, il avait été créé gouverneur de Champagne par le roi Philippe le Hardi, lorsque ce prince fit avec son fils le voyage d'Aragon pour s'opposer aux entreprises de Pierre III sur la Navarre (2). Nous ignorons pour quels motifs Jean perdit la faveur de son successeur. Peut-être faut-il attribuer aux fâcheuses dispositions de Philippe le Bel à l'égard de son sénéchal de Champagne, la rigueur avec laquelle les officiers du roi le traitèrent en 1288, dans une circonstance où ses droits de haute justice dans la ville même de Joinville étaient en cause.

L'assurement était, à cette époque, une convention par laquelle deux particuliers s'engageaient à ne pas user de violence l'un envers l'autre, sous peine de

---

(1) Brussel, t. I, p. 246. Nous savons, par un article des comptes de l'année 1285, quel fut le montant des gages alloués à Joinville, pour l'année 1284. « Au seneschal de Champaigne, Mons. Jehan de Joinville, por ses gaiges dès le dimenche devant Pasques flouries, qu'il partit d'Orléans dou roi, jusqu'au diemenche devant la feste de Nostre-Dame en mi aoust, ce jour non compté, par $vii^{xx}xiiii$ (154) jours au feur de XL s. le jour $iii^c viii$ livres. Por li, par compte arresté maio LXXXV. (*Histor. de France*, t. XXII, p. 758.) Le 30 novembre 1268, il avait reçu, pour sa charge de sénéchal, 164 livres, et semblable somme à pareil jour de l'année suivante. (D'Arb. de Jubainville, t. IV, p. 489.)

(2) La Ravalière, p. 342.

dommages intérêts. A la suite d'un pacte de cette nature, conclu par devant le prévôt de Wassy, celui qui s'était ainsi engagé avait frappé et gravement blessé son adversaire, avec l'aide de plusieurs complices, dans la ville de Joinville. Les officiers seigneuriaux, il est vrai, n'avaient rien fait pour réprimer cette infraction et arrêter le coupable, et le bailli de Chaumont avait saisi la justice à raison de cette négligence. Joinville demanda devant les assises des grands jours, main levée de cette saisie, qui avait été pratiquée de la manière la plus blessante et la plus inusitée, sans que le bailli lui eût fait sommation ou l'eût cité devant cette haute juridiction *pour défaut de droit*. L'arrêt leva la saisie, mais réserva au bailli de Chaumont la connaissance du cas *d'assurement brisé* (1).

Cependant Joinville fut appelé à la Cour en l'an 1300, pour remplir une mission de confiance qui semblerait témoigner d'un retour de faveur. A la suite d'un traité d'alliance conclu en 1299 à Strasbourg entre l'empereur Albert I et Philippe le Bel, le mariage de Blanche, sœur du roi et de Rodolphe, duc d'Autriche, fut célébré à Vaucouleurs, et Joinville fut choisi, l'année suivante (1300), avec le comte

---

(1) V. Brussel, p. 864. On appliqua la règle qui attribuait à la Cour du roi la connaissance de l'assurement brisé, lorsque le pacte avait été conclu devant un officier royal. *(Etablissements de saint Louis,* l. II, ch. XXVIII.)

de Sancerre, pour aller conduire cette princesse en Allemagne (1).

Il est pareillement fait mention du sire de Joinville à l'occasion d'un service de vingt cinq jours qu'il fit, en 1301, auprès du roi, puis dans le courant des années 1302 et 1303 (2).

Dans le courant de cette même année 1303, il se rendit à l'appel de Philippe le Bel, qui avait convoqué à Lagny la noblesse de Champagne et celle du royaume, afin d'aller venger sur les Flamands la défaite de Courtrai. On ignore quelle part prit notre sénéchal à cette expédition. Nous savons seulement que son neveu Gauthier, sire de Vaucouleurs, était un des chefs de la garnison de Sens qui, au commencement de la campagne, fit une tentative malheureuse sur la ville de Bassée, et fut tué dans le combat (3).

En 1311, les bourgeois de Neufchâteau s'étant soulevés contre le duc de Lorraine Thiébaut II, ce prince fit arrêter les principaux auteurs de ces troubles. Ceux-ci, usant du droit de recours stipulé dans

---

(1) *Abrégé chronol. de l'hist. d'Allemagne*, t. I, p. 358. D'après Dom Calmet, (*Hist. de Lorraine*, t. II, p. 338,) l'entrevue des deux souverains eut lieu près de Vaucouleurs, et le mariage fut célébré dans cette même ville, le 8 décembre 1299. Comme Joinville était suzerain de Vaucouleurs, il est probable qu'il assista à cette double solennité.

(2) Comptes de Jean de saint Just (*Hist. de France*, t. XXII, p. 515). Joinville était accompagné d'un écuyer ; en 1301, il reçut 20 livres de gages ; en 1302 1303, il toucha 19 livres, 12 deniers.

(3) Le Glay, *Hist. de Flandre*, t. II. p. 270.

l'acte d'hommage du duc envers le comte de Champagne, s'adressèrent à Louis le Hutin qui, après la mort de Jeanne, avait pris possession du comté. Sommé de réparer ses torts, Thiébaut s'y refusa : Philippe le Bel, agissant au nom de son fils, ordonna d'instruire l'affaire *au criminel* et enjoignit au sire de Joinville, à Hugues de Vienne et à Jean des Barres, d'entrer en Lorraine pour contraindre le duc à donner satisfaction. La campagne se termina par une démonstration contre les châteaux de Passavant en Argonne et de Damey (1).

A la fin de ce règne, qui fut si fatal à la féodalité, le roi ayant voulu établir de nouveaux impôts, afin de recommencer la guerre de Flandre, la noblesse se souleva. Elle provoqua dans chaque province, des associations reliées entre elles par des délégués qui devaient former une ligue permanente chargée de défendre les priviléges de l'ordre contre l'arbitraire. Joinville prit part à ces délibérations avec les vassaux de Champagne, au nombre desquels on compte plus d'un allié de sa maison, Jean de Jully, le comte de Joigny, les seigneurs de Dampierre, de Vignory et de Châteauvillain. Philippe, obligé de céder, fit suspendre la levée des subsides qui avait donné lieu à ce soulèvement. Son fils, Louis-le-Hutin, apaisa les

---

(1) Digot, t. II, p. 196. D. Calmet, t. II, p. 437. Dans l'article de Jean des Barres, par le P. Anselme, on lit que Anseau de Joinville prit part à cette expédition.

lons. Ce prélat en désigna un troisième nommé Jean de Mymeri que Joinville refusa de reconnaître. Il soutenait les prétentions de l'abbé Geofroi, qui avait appelé à Rome de la sentence de l'évêque, et en attendant le résultat, il avait saisi l'abbaye dont il avait l'avouerie. Durant cette contestation, dont il y eut au parlement « grand tribouil, » dit notre chroniqueur, il fut excommunié par l'évêque. Cependant l'abbé Geofroi fut agréé par la cour de Rome, mais il ne se montra pas longtemps reconnaissant de l'appui que lui avait donné le sire de Joinville. Il se pourvut au parlement afin de faire décider que la garde du monastère appartenait au roi; il avait en même temps, ce semble, sollicité l'intervention du comte de Champagne qui avait demandé qu'on lui attribuât la connaissance de ce différend en sa qualité de suzerain. Un premier arrêt fut rendu (1267), qui maintint la compétence du parlement : une enquête fut ordonnée, elle fut favorable à Joinville, et il conserva la garde de l'abbaye (1).

Dans l'intervalle, certaines difficultés pendantes entre lui et les religieux au sujet des droits d'usage, des redevances et des corvées qu'il réclamait des hommes de Saint-Urbain, avaient donné lieu à un arbitrage. Les parties se conformèrent à la sentence de

---

(1) V. la requête du comte de Champagne en date du 21 mai 1266, dans Didot (p. 214), et l'arrêt de 1267 dans les *Olim*, t. I, p. 677. Ce n'est pas un arrêt qui maintint le droit de garde du sire de Joinville, mais une décision du prince qui lui en fit délivrer des lettres patentes.

Guerry, curé de Saint-Dizier, et de Thierry d'Amèle, chevalier, ainsi qu'il résulte d'une transaction du mois de novembre 1264 (1).

Dans le courant du mois de mars suivant, Jean accorda aux tenanciers de l'abbaye domiciliés à Charmes, moyennant certaines redevances, des droits d'usage et de pacage dans des limites déterminées. Puis, le 17 août 1266, de nouvelles contestations étant survenues, le sire de Joinville et l'abbé de Saint-Urbain choisirent pour arbitres l'abbé de Boulancourt et le doyen de la chrétienté de Bar-sur-Aube, et donnèrent caution de se conformer à leur sentence.

Mais ces transactions sur des objets particuliers n'avaient pas éteint la cause même des conflits. Jean avait mis dans ses intérêts Jacques, abbé de Saint-Urbain, successeur de Geofroi. Les religieux ne se montrèrent pas mieux disposés à tolérer l'exercice du droit de garde prétendu par le seigneur de Joinville. Ils se réunirent en chapitre et s'obligèrent par serment à défendre énergiquement les priviléges de leur monastère. Cet acte, en date du mois de mai 1275, fut rédigé sans la participation directe de l'abbé, mais avec son consentement. Il y est question d'un nouveau procès que leur adversaire avait engagé ou qu'il se proposait d'engager, devant la Cour du roi, pour le maintien de son droit de garde. Les signatai-

---

(1) V. le texte dans Wailly, *Ecole des chartes*, H.

la transcription matérielle du texte original, par cette mention qui se trouve dans le manuscrit 2016 de la bibliothèque : « Ce fu escript en l'an de grâce mccc et ix, au mois doctoure (1). »

---

(1) Nous avons à peine besoin d'ajouter que ce texte original de l'histoire de saint Louis ne nous est point parvenu, mais la date de sa transcription n'en est pas moins certaine.

ACTES ÉMANÉS DE JEAN, SIRE DE JOINVILLE.

Nous avons donné ci-dessus l'un des actes les plus importants de Jean, sire de Joinville, c'est-à-dire la traduction des premières conventions relatives à son mariage avec Alix de Grandpré.

Nous avons vu que, dans le courant de l'année 1258, il accorda une charte d'affranchissement aux habitants de Joinville; que, en 1267, il fonda le village de Ferrières, dans la forêt de Mathons. En 1298, il approuva la charte de franchise accordée à la ville de Vaucouleurs par son frère Geofroi et son neveu Gauthier. En 1387, il fit bâtir la ville de Monthoil, au diocèse de Toul, et y construisit une église dédiée à Notre-Dame (1).

Les contestations qui s'étaient élevées entre les seigneurs de Joinville et l'abbaye de Saint-Urbain se renouvelèrent avec plus d'aigreur pendant les dernières années de la vie de Jean. Il était de retour de la croisade, lorsque les moines élurent deux abbés dont le choix ne fut pas approuvé par l'évêque de Châ-

---

(2) V. Didot, p. xl, d'après le *Gallia Christiana*, t. xiii, p. 1145. Cette localité ne se trouve mentionnée dans aucun recueil géographique ; mais il en est question dans une requête des religieux de St-Urbain à l'archevêque d'Alby, que nous donnerons ci-après.

mécontents en faisant à chaque province les concessions les plus nécessaires (1).

Peu de temps après, ce prince ayant convoqué la noblesse à Athil, pour la guerre de Flandre, Joinville, malgré son grand âge, s'y rendit avec un chevalier et six écuyers (2). Il avait alors au moins quatre-vingt-dix ans. Ce fut le dernier acte de sa vie qui se termina, selon toute probabilité, en 1317. Un biographe anonyme rapporte que, dans le courant de cette même année, Joinville conféra la chevalerie à un roturier, avec l'autorisation du roi Philippe-le-Long. Le même document fixe la date de sa mort en 1319 (3). Cependant, ainsi qu'on en a fait la remarque, il est certain que son fils Anseau était, dès l'année 1317, en possession de la seigneurie de Joinville et de la sénéchaussée de Champagne (4).

Jean fut inhumé dans la collégiale de Saint-Laurent : son mausolée était à main droite en entrant dans la chapelle de Saint-Joseph. Il avait une cons-

---

(1) Boutaric, *la France sous Philippe-le-Bel*, p. 59.

(2) On possède la lettre du 8 juin 1315, adressée à *son bon seigneur* Loys, par laquelle il annonce qu'il a reçu trop tard le mandement de convocation. Ce document, imprimé dans Ducange, dans le Recueil des historiens de France, et dans Didot, p. cxix, a été imprimé en dernier lieu par M. de Wailly. *Ecole des Chartes* 1867, p. 606.

(3) L'épitaphe qui justifierait cette date paraît être du commencement du siècle dernier; elle a été reproduite par La Ravalière, Fériel et Didot.

(4) *Hist. généalogique des officiers de la couronne*, citée par La Ravalière, p. 347. Sa femme, Alix de Reynel, était morte en 1390, car il fonda son anniversaire au mois de novembre de cette année.

titution des plus robustes. « J'ai appris de quelques officiers de la terre de Joinville, écrit Ducange, que ce seigneur était d'une haute taille et extraordinaire, robuste de corps, et qu'il avait la teste d'une grosseur démesurée et au double des hommes de ce temps, et qu'elle se voit encore à présent en ce lieu, comme aussi l'os d'une de ses hanches, ce qui se rapporte à ce qu'il dit lui-même de son tempérament. »

L'histoire de saint Louis, que Joinville dicta dans les dernières années de sa vie, nous a laissé de son caractère, le portrait le plus fidèle. « Il n'écrivit que sous Philippe-le-Bel, après la mort de Marguerite, épouse de saint Louis (1295), et après la canonisation de ce prince (1296). Il la commença, ce semble, en l'an 1305, auquel mourut Jean II, duc de Bretagne, car il écrivait avant la mort de ce duc. Et dans la suite, il part de la mort de Guy, comte de Flandre, arrivée depuis peu, l'an 1305. Il parle même des hospitaliers de Rhodes, où les hospitaliers ne s'établirent qu'en l'an 1308. Ainsi il faut dire qu'il a écrit ou corrigé son histoire en divers temps... » (1). La question est tranchée, en ce qui concerne du moins

---

(1) Tillemont, *Hist de saint Louis*, t. v, p. 261. Ce savant va même plus loin : considérant que le livre de Joinville est dédié à *Louis, roi de France*, et que Louis-le-Hutin n'est devenu roi qu'en 1314, il en conclut que l'ouvrage ne fut achevé qu'après cette dernière époque. Mais il importe de remarquer que la dédicace s'adresse à Louis, *fils du roi de France*. Nous savons en outre que Joinville, outre l'histoire de saint Louis, a composé en 1250, durant son séjour à Acre, un commentaire sur le *Credo*, déjà publié plusieurs fois.

res déclarent que si l'un d'eux abandonne la cause commune, il sera excommunié par le prieur à défaut de l'abbé, exclu de toute participation au temporel et au spirituel de la Communauté.

Un acte semblable fut rédigé dans le cours de l'année 1288, cette fois avec le concours de l'abbé Jacques; les religieux s'engagent encore plus étroitement à ne jamais réclamer ou souffrir l'intervention du sire de Joinville en qualité de gardien. Les contrevenants seront incarcérés, et, en cas de résistance, expulsés. Tout nouvel abbé, tout nouveau religieux sera tenu de jurer l'observation de ces conventions : une fois par an, il en sera donné lecture dans le chapitre général. Il résulte de quelques expressions insérées dans cet acte capitulaire, que plusieurs religieux, avaient, au mépris de leurs engagements précédents, eu recours au sire de Joinville.

A cette date de 1288, la lutte était aussi vive que jamais : une enquête ordonnée par le Parlement de Paris, au sujet de cette contestation avait été renvoyée aux grands jours de Troyes. Les religieux avaient produit une charte de laquelle il résultait que la garde de l'abbaye appartenait au comte de Champagne. Mais le sire de Joinville avait argué de faux ce document; la cause fut renvoyée à une autre session (1).

Vingt années s'écoulèrent et les parties résolurent

---

(1) Le texte de l'arrêt de remise de cause a été publié par Brussel, p. 249.

de transiger aux conditions suivantes : le 14 juin 1308, elles comparurent devant le bailli de Chaumont : le sire de Joinville renonça à son droit de garde au profit du roi de France, et reçut en compensation, des religieux de Saint-Urbain, douze cents livres de petits tournois. Cette transaction fut approuvée par Ancel de Joinville et son frère André, seigneur de Beaupré.

Une pareille convention attribuait en réalité à l'abbé de Saint-Urbain les droits les plus étendus sur les tenanciers du monastère, et l'intervention du seigneur de Joinville fut désormais impuissante pour en modérer l'exercice. Ces vassaux de l'abbaye avaient obtenu de leur seigneur laïque de nombreuses concessions et le considéraient comme leur protecteur naturel. Lorsque les officiers du monastère prétendirent lever sur eux les tailles et redevances, ils invoquèrent l'appui du sire de Joinville et portèrent leurs doléances devant la Cour du Roi. Mais une sentence du 18 décembre 1309 les en débouta et ordonna que la transaction passée devant le bailli de Chaumont recevrait son exécution. Les mêmes difficultés surgirent de nouveau ; le sire de Joinville aidait de ses conseils et de son crédit les tenanciers du monastère ; ses tenanciers s'étaient livrés à des voies de fait et à des excès, dont le récit, sans doute exagéré, nous a été conservé dans une requête adressée par les religieux à l'évêque d'Albi, camérier du pape Clément V, pour être appuyée auprès du Saint-Siége.

leur donner asile, pour eux et leurs biens, en cas de guerre, dans son château de Joinville (1).

On trouvera dans le catalogue des actes, l'analyse sommaire de ceux qu'il souscrivit en faveur de l'abbaye de Montiérender.

Il fonda dans l'église de Benoîtevaux l'anniversaire de sa femme Alix qui y fut inhumée (1290). Dix ans auparavant il avait conclu avec cette maison un acte d'association pour l'exploitation des quatre moulins de Reynel (2).

En sa qualité de suzerain de Vaucouleurs, Jean souscrivit la charte d'affranchissement donnée à cette ville par son neveu Gautier, en 1298 (3). L'année suivante, il approuva, en la même qualité, un échange conclu entre le prieur de Saint-Blin, d'une part, et ses fils Ansel, seigneur de Rimaucourt, et Jean, seigneur de Reynel, d'autre part; ceux-ci abandonnèrent les terres qu'ils possédaient à Manois et reçurent des familles de serfs que le prieuré avait à Montot et à Vignes (4).

---

(1) Ce document fait partie des treize chartes inédites publiées dans les *Mémoires* de l'Académie de Dijon (1874).

(2) Ibid.

(3) Wailly W. Nous transcrirons un acte de 1313, par lequel il approuva, en la même qualité, une transaction passée entre l'abbaye de Molesme, pour le prieur de Vaucouleurs, et Jean, s. de Vaucouleurs, au sujet des droits d'usage et de pêche que celui-ci contestait au prieuré.

(4) V. Jolibois, V. *Montot*. Jean avait le patronage de la cure de Montot : il y avait installé des chanoines séculiers qu'il remplaça ensuite par des prémontrés de l'ordre de Jovilliers. Il avait obtenu en 1262 du comte de Champagne l'autorisation d'établir dans ce village un marché et une foire.

Les actes que le seigneur de Joinville passa pour l'administration de ses domaines ont une certaine importance : M. de Wailly a publié l'échange qu'il fit de sa terre de Cirey-les-Mareilles, contre les domaines de Bettoncourt, appartenant à l'abbaye de la Crête (1).

Plusieurs de ces actes ont pour objet des aliénations qui supposent de la part du vendeur des besoins d'argent. En 1256, il vendit à Thiébaut, comte de Bar, la mouvance des fiefs de Géranvilliers et de Badonvilliers, qui faisaient sans doute partie de la seigneurie de Gondrecourt. Il vendit pareillement à ce prince, en 1263, moyennant quatre cents livres, les livrées de terre dues à sa femme Alix de Grandpré, du chef de son père. Nous trouvons encore en 1263 et en 1264, une vente de quelques pièces de vigne à un chanoine de Joinville, ou au chapitre de Saint-Laurent ; une vente à Ecurey, d'une grange et de ses dépendances (1266) ; l'aliénation, moyennant 730 livres de Provins, du patrimoine d'un de ses hommes de Dommartin, consentie en 1264 à l'abbaye de Montiérender (2) ; la vente d'une grange et de ses dépendances à l'abbaye d'Ecurey, en 1266.

---

(1) Wailly, actes des mois de janvier et de mars 1262 (v. II.) et de l'année 1269 (E bis, E ter, E quater, L.).

(2) W. I. Il est impossible de tirer des évaluations renfermées dans ce document quelques données sur la valeur de l'argent. Le journal de terre y est estimé, en moyenne, 2 l., et la fauchée de pré à 4 livres. Le journal

Mansuy, de Toul (1); à l'abbaye de Boulancourt; à celle d'Evaux et de Mureau; à l'église de Châlons-sur-Marne (en 1309); au prieuré du Val d'Osne. Nous transcrirons l'acte de réforme de cette maison, à laquelle Jean donna son approbation, en 1258.

Ce fut en vertu de ses droits de garde qu'il statua sur le différend qui s'était élevé, en 1278, entre le prieur de Richecourt et ses hommes de Bonnet. Les religieux prétendaient lever sur chacun des chefs d'hôtel de ce village un droit de chevage de quatre deniers et exercer des droits d'usage dans les bois de Sainte-Marie. Le sire de Joinville décida que le chevage n'était pas dû; il régla les droits d'usage dans les bois et fixa la compétence du maire de Mandres, qui appartenait au prieuré. Il pourra connaître *de meubles, de chatex, de toutes obligations personnelles et réelles, de sang, de plaie et autres enfraitures.* Mais chaque nouveau maire devra prêter serment de garder loyalement les droitures des seigneurs de Joinville qui *tenront l'avouerie* de Mandres. Il fera

---

ses que le comte de Bar, à l'instigation du roi d'Angleterre, son beau-père, se proposait de diriger contre la Champagne. (Digot. t. II, p. 129.) Un acte du mois de novembre 1302 présente cette particularité qu'il est revêtu de cette mention autographe de sire de Joinville: *ce fut fait par moi.* Par cette charte, il s'oblige à payer à l'abbaye d'Ecurey, une rente de 5 sous de menus tournois, en compensation d'un cens de 7 s. et de deux gelines, assis sur une terrasse dont le sire de Joinville avait fait l'acquisition de trois de ses tenanciers de Montier-sur Saux. Ce document appartient à M. Lemoine, de Joinville.

(1) Juillet 1302. (Wailly. X bis).

le compte des amendes : « En iceli amende, nous averiemes les trois parties et lidis religieus la quarte » (1).

Nous extrairons du cartulaire de Saint-Laurent de Joinville quelques actes qui intéressent l'histoire de la famille de Jean, tels que le titre de fondation de l'anniversaire de Guillaume, son frère, archidiacre de Salins (1261); la fondation de celui de Geofroy, seigneur de Vaucouleurs, (1266); l'acte par lequel il reconnaît qu'il ne peut faire célébrer la messe dans son château, sans l'autorisation du chapitre (1271) (2).

En 1271, le 5 juin, il avait amorti toutes les acquisitions faites par le chapitre dans le ressort de la chatellenie de Joinville. De même, en 1278, il amortit avec le concours de sa femme Alix, toutes les acquisitions faites par l'abbaye d'Evaux dans les domaines de la seigneurie de Reynel, depuis la mort du comte Gauthier.

En 1272, Jean accorda aux Templiers de Ruetz l'autorisation d'établir un pont à Bayart; en 1277, il leur permit de construire un moulin sur la Marne; et en 1279, il les autorisa à faire diverses acquisitions à Ragecourt-sur-Marne; enfin, en 1297, il promit de

---

(1) L'acte a été publié par M. de Wailly S. Le prieuré de Richecourt était situé sur le territoire de Bonnet, Meuse canton de Gondrecourt. Mandres dépend aujourd'hui du canton de Montier-sur-Saux.

(2) Il était alors malade : il était pareillement indisposé lorsque, au mois de mai 1273, il obtint la même autorisation. M. Champollion a publié un acte analogue du mois de novembre 1266. Il avait, à cette date, un accès de fièvre quarte.

Ils se plaignent de ce que quatre moines de leur monastère, ont à l'instigation du sire de Joinville, dérobé dans leur chartier les chartes des priviléges de l'abbaye, les ont portées au château où elles ont été brûlées ; ils ont été ensuite forcés d'acheter une transaction avec ce seigneur qu'ils représentent comme un ennemi acharné de leur maison, moyennant deux mille livres et plus. Ces mêmes religieux, assistés par les gens du château, se sont introduits de force dans le prieuré de Sainte-Anne et celui de Saint-Jacques, en ont expulsé les prieurs et se sont mis à leur place : ils ont ensuite mis au pillage le mobilier de ces deux maisons. L'un d'eux, Nicolas de Ragecourt, s'est rendu ensuite à Montoil, au diocèse de Toul, chez le desservant de l'église ; à l'aide de maléfices et de quelques drogues malfaisantes, il a endormi le prêtre et ses commensaux ; il s'est emparé de ses biens pendant la nuit et a pris la fuite. Ce scélérat s'est ensuite dépouillé de ses vêtements ecclésiastiques et s'est établi avec une concubine dans une maison dont il a fait le repaire de tous les vices. Leurs maisons, leurs granges sont menacées de pillage et d'incendie ; la vie même de leur abbé est en danger...

Ces griefs furent de nouveau portés aux assises des grands jours de Troyes : le sire de Joinville se plaignit de son côté, de ce que les religieux avaient commis certains dommages dans ses bois, de ce qu'ils avaient établi une grange devant son château et s'étaient opposés à la perception de ses redevances sur les hommes de Saint-Urbain. Une sentence arbitrale fut rendue le 21 septembre 1310, aux termes de laquelle le sire de Joinville fut condamné à deux cents livres de dommages-intérêts ; il lui fut interdit de jamais prendre fait et cause pour les tenanciers de l'abbaye : ceux-ci devront se pourvoir en justice devant la cour du monastère. Les seigneurs de La Fauche et de Danfante sont institués arbitres pour statuer sur les autres réclamations des parties et leur décision sera exécutée à peine de mille marcs d'argent à la charge des contrevenants (1).

Au milieu de ces conflits, nous voyons le sire de Joinville choisi ponr arbitre, en 1284, entre un de ses vassaux et l'abbaye de Saint-Urbain, afin de déterminer les limites de leurs domaines respectifs (2). Il fit aux églises et maisons religieuses des libéralités ou des concessions de diverse nature assez considérables. Le catalogue des actes émanés de Jean mentionne celles qu'il fit à l'abbaye d'Escurei (3) ; à l'église de Saint-

---

(1) Nous transcrirons ci-dessous les divers documents relatifs à ces altercations avec l'abbaye de St-Urbain.

(2) Dans Wailly. R.

(3) V. les actes du 19 octobre 1266 (Wailly, L), de 1267, du 12 avril 1295 (V), du mois de mai 1302 (X), et du 23 avril 1306 (Z). L'acte du 12 avril 1295 renferme une transaction qui présente un certain intérêt. Joinville avait à se plaindre de certains délits commis dans ses bois ; les religieux avaient établi des loges derrière la maison qu'ils possédaient sur la rivière; Joinville voulait les obliger à les détruire, et à faire des travaux de fortification qui auraient contribué à la défense de la ville, « *pour raison de la guerre apparent au pays.* » Peut-être faut il rattacher cette guerre aux entrepri-

En 1268, Jean était débiteur d'une somme de 528 livres tournois envers Thibaut, comte de Champagne. En 1277, il était dans la nécessité de remettre en gage au chapitre de Saint-Laurent certains objets précieux pour garantie d'un prêt de 40 livres. En 1288, il devait à son parent Jean, comte de Dampierre, la somme considérable de 1500 livres (1). En présence de ces besoins et des sacrifices que suppose l'établissement

vaudrait aujourd'hui 400 francs au moins et la fauchée de pré 1000 francs. Mais la base de ces évaluation est peut-être exagérée ; car à cette époque la propriété était grevée de servitudes onéreuses ; elle ne pouvait être achetée dans les domaines d'une abbaye sans l'agrément de l'abbé. Elle n'était donc pas à la portée de tout le monde. Il est possible enfin que le sire de Joinville, en cédant ces terres à l'abbé de Montiérender, ne les ait pas portées à toute leur valeur. En ne donnant au journal qu'un prix moyen de 300, nous en conclurions que la livre représentait 150 francs d'aujourd'hui. D'après cette base, les 528 livres empruntées par Joinville au comte de Champagne, représenteraient de nos jours près de 80,000 francs ; les 1500 livres qu'il devait au comte de Dampierre, 225,000 francs ; la dot de 3,000 livres, qu'il constitua à sa fille Alix en 1300, vaudrait 450,000 francs. Il fit face à cette dépense en levant sur ses sujets, en 1302, une aide féodale. La contribution de la ville de Joinville fut de 200 livres, ou de 30,000 francs d'aujourd'hui. Je ne me dissimule pas que ces calculs ne sont pas d'une exactitude absolue ; mais de semblables rapprochements ont du moins le mérite d'éclairer les recherches en une matière difficile. Si nous adoptions les évaluations généralement reçues, il faudrait réduire d'un quart peut-être la base que nous fournit la valeur des terres de Dommartin.

(1) Le comte de Dampierre était vassal de Joinville, pour le fief de Chancenay (cant. de St-Dizier) ; en sa qualité de suzerain, Jean prétendait avoir le droit de faire mener ses bois sur la Marne, dans les domaines du comte, qui le lui contestait. Une transaction fut conclue par la médiation du comte de Flandre, aux termes de laquelle le comte de Dampierre prête au S. de Joinville 1500 livres, et jusqu'au remboursement, le vassal était autorisé à différer l'acte de foi et hommage qu'il devait pour la terre de Chancenay. Pendant le même temps, Jean aura la faculté de faire conduire ses bois sur la Marne.

de sa fille Alix, on comprend que le sire de Joinville se soit prêté à la transaction qui eut pour objet la cession de la garde de l'abbaye de Saint-Urbain moyennant un indemnité de 1200 livres équivalant à plus de 150,000 francs.

ACTES DE BÉATRIX, DAME DE JOINVILLE.

Béatrix juge un différend entre l'abbaye d'Evaux et un clerc tonsuré de Neuville, qui prétendait être exempt du four et du moulin Banaux, Concessions de droits de pêche et d'usage.

[1233]

Ge, Beatrix de Joinville, Seneschalesse de Champagne, et je, Hues, chevaliers, de Fronville, fasons cognossant à tos ces qui sont et qui seront qui verront cel lettres que cum nostre sire Simon, de bonne mémoire ça en ariers sire de Joinville fut chargié de la mise et querelles entre li signor de Vaus, d'une part, et Jehan de Rignei-le-Petit, demorant à Neuville, d'autre part, pour ce que lidi signor le contraindient de cuire son pain et morre ses grains au four et au molin banalles, comme li autres homs de Neuville, et paier amende et moture et fornage à aus; lidi Jehan, au contraire, disoit que il estoit noble et clerc tonsuré et ne devoit estre sujet come li autres en tel choses, et qu'il estoit franc à tos signors. Or, nostre devant di sire, au darain jour de sa vie, cum il fut au lei de l'infirmité dunt il passa de mort à vie, il mesmes, vollant en totes choses sauver sa conscience commanda à nos, son le péril de nos âmes que nos la devant dite querelles que si apartenoit et totes autres querelles menissiens à bonne fin. Nos, par li sarremens des prodons doudi Neuville et des ville visine enquerrant la bonne vérité, avons apris certainement que lidi Jehan avoit grant tort. Auxi lidi signor de Vaus nos ont monstré bonne lettre et chartre d'amortissement des aqueis, dons et aumosnes de totes les pièces que il tiennent de présent en nostre signorie de Vaucolor, partout où il soient, et entre li autre letre, une doudi four et batan et foulon et moulin banalles, ensemble li appartenance, et previlages desdits usine, et de ce sont en bon usage et possession tant qu'il soufit à droit. Et par li conseil de nos officiers de Vaucolor et lor consentement et des prodons doudit Neuville, et en lor présence, et Nos, à qui li signorie appartient et la cause, pour bien de paix avons di' par droit que lidi Jehan desorenavant demorat banal audi for et molin, come li autre de Neuville sont et ont estés de tote ansieneté, et sor paine de l'amende de LX sol de petit tornoix à nos pour la contrainte, et de rendre la motture et fournage ausdi signor de Vans, desquelles choses avons quittés lidi Jehan du temps passés, par acort fais. Et lidi signor de Vaux seront tenus de mettre lesdits usine en souferance pour lidis prodons. Et Je, come Dame, conferme tos li drois que lidi signor de Vans ont tant en aqueis comme en quittans, dons et aumosne en ma signorie de Vaucolor et en apandise d'icelle. Et por le remède de mi ame et de mon perre et merre et ancessours, lor done la puissance, tot et quantefois qu'il lor plaira, de peschies et faire peschies pour aus tant seulement, par tot la rivière de Meuse, on ban et finage doudi Vaucolor et Neuville, en tos temps, sans contredit, fors en enbanie. Et auxi veul qu'il aient pour aus et lor bestes, en tots ma signorie doudi Vaucolor et en l'apandise, pasturage en tos temps en boix, à la glans et foine et autre paxons, et à la vaine pasture parellement, pour ainsi que se il fasient aucung dommage à mi ou à mi hoirs, non point de warde faite, il renderont le dommage sans amende quelconque. Veul auxi que se lidi signor de Vaus ont besoing de boix ou de piere pour mariner ou refaire lordi four, foulon, batan et molin banalles, en puissent pranre par tot où il en porront trover en ma signorie doudi Vaucolor, en prenant congié à ma prévost doudi Vaucolor et paiant douze deniers aus forestiers. Pour ce que se soit chose créable, avons garnie de nos seauz pendans ses lettres faittes l'an de l'incarnacion Nostre Signor mil CCXXXIII (1).

---

(1) Meuse, *Abbaye d'Evaux*. Neuville-lez-Vaucouleurs, sur la Basse-Meuse, arr. Commercy, Meuse. Cette décision est rendue en forme de jugement, après enquête. On remarquera l'expression : *passer de mort à vie*, pour aller à une vie meilleure.

*Béatrix adjuge à l'abbaye de Mureau
la sixième partie des dixmes de Cirfontaine qui lui
était contestée par le frère de Thomas de Braz,
premier donateur.*

[1234]

Ego Beatrix domina Joinville, senescalla Campanie, notum facio universis presentem paginam inspecturis quod D. Thomas, miles de Braz, tertiam partem duarum partium decimarum grossarum et minutarum quas possidebat apud Sirefontene à nobis in feodum, ecclesie Mirevallis, pro remedio anime sue et antecessorum suorum in perpetuam elemosinam contulit et concessit. Dicto vero Thoma, milite sublato de medio. D. Petrus, frater suus facte eleemosyne noluit consentire, sed totas decimas prefatas, sicut frater suus in integrum possederat voluit possidere. Super que abbas et conventus Mirevallis quibus sicut jam diximus eleemosyna facta fuerat, nobis conquesti sunt. Nos vero dictis partibus coram nobis secundum juris ordinem assignatis, auditis hinc inde prepositis, lite legitime contestatâ quia sepe dicte decime nunquam alias fuerunt tertiate, eleemosynam factam à D. Thomas, de prudentum bonorum virorum consilio, ecclesie Mirevallis adjudicavimus et de eâdem gaudere in perpetuum concessimus. Quod ut ratum permaneat, presentem paginam sigillo meo confirmavi. Actum anno Domini millesimo ducentesimo tricesimo quarto (1).

---

*Traité entre Béatrix dame de Joinville et l'abbaye de
Saint-Urbain sur l'échange de deux femmes
de leurs domaines.*

[1237]

Ego Beatris, domina Joniville senescallâ Campanie, notum facio universis presentes litteras inspecturis quod ego, ex

---

(1) Vosges, *Cartul de Mureau* fº 738. Cirfontaines-en-Ornois, cant. de Poissons, arr. de Wassy, Dans un acte du mois d'août 1255 (publié dans le *Recueil des documents de l'histoire des Vosges*, t. 1, p. 170). Jean, s. de Joinville approuva la cession faite par les deux fils de Pierre de Braz à Mureau, d'une portion de ces dimes.

unâ parte, et Gaufridus, abbas sancti Urbani et conventus ejusdem ecclesie, ex alterâ, de communi consensù, de Heluit, femina sancti Urbani, uxore Lamberti ejusdem mariti et tunc temporis (?) majoris mei de Nomercurte, et de Berthelinâ, feminâ meâ, uxore Wirandet hominis dictorum abbatis et conventus excambium fecimus in hunc modum quod ego et heredes mei dictam Heluit cum hereditate et liberis suis... sine reclamatione in perpetuum tenebimus, domini vero abbas et conventus dictam Berthelinam et liberos ejus cum hereditate.... in perpetuum possidebunt. Et quia hoc ratum et firmum permaneat, presentes litteras sigilli mei munimine feci roborari. Actum anno Domini M°CC°XXXVII° mense octobris (1).

Transaction entre Béatrix, Dame de Joinville et l'abbaye de Saint-Urbain au sujet du bois de Communailles.

[1231]

Ego Béatrix, domina Joniville. senescallisa Campanie, notum facio universis presentes litteras inspecturis quod, cum discordia verteretur inter me, ex unâ parte, et abbatem et conventum sancti Urbani, ex alterâ, super nemore illo quod dicitur Communailles, tandem in dominum Hugonem de Fronvillâ et dominum Aubertum de Flammerecurte, milites compromisimus, qui nos, per juramentum bonorum virorum inquisita veritate, pacificaverunt in hunc modum quod, de octo partibus qui erant in dicto nemore, abbas et conventus sancti Urbani habuerunt quinque partes ; ego unam partem ; hominibus (?) vero de Charmis in Angulo alie due partes re-

---

(1) Archives de la Haute-Marne, St-Urbain, 10ᵉ liasse, 1ʳᵉ partie. On voit par ce texte que Héluis, femme serve de St-Urbain était mariée à un homme de corps appartenant à la maison de Joinville, alors maire de Nomécourt, tandis que Bertheline femme serve du seigneur de Joinville, était mariée à un serf de St-Urbain. L'échange a pour résultat que tous les membres d'une même famille appartiendront au m 'me seigneur.— Nomécourt. canton de Joinville, arr. de Wassy.

manserunt. Preterea sciendum est quod dicti abbas et conventus dicto nemori me associaverunt et in custodiâ meâ posuerunt, in hunc modum, quod ego dictum nemus ab omnibus faciam custodiri, et quod dicti abbas et conventus nullum habebunt usuarium in dicto nemore, nisi pro domibus et furno et prioratus de Flammericurte appendentibus reparandis. Ego vero in dicto nemore nichil accipere vel vendere potero alicui nisi de consensu dictorum abbatis et conventus, nisi pro propriis edificiis meis reparandis.

Quod ut ratum sit et firmum permaneat, presentes litteras sigilli mei munimine roboravi. Actum anno Domini millesimo ducentesimo xxx° octavo, mense junis (1).

Béatrix abandonne, au profit de l'abbaye de Mureau, toute prétention sur une famille de serfs et leur tenure qui avait été donnée au monastère par Aubert de Veline.

[1241]

Ge, Béatrix, Dame de Jonville, fait à savoir à toz ces qui ces présente letres verront que l'aumone que Mes Sire Aubarz de Veline fit à l'abe et au covent de Miroaut, ce est a savoir Aubert et sa mainie de Taillancort et quanque il i afier et en prey et en terre, que totes les chose que Je i réclamoie ou réclamer poaie que je lor aquit débonairement et sans nul chalonge que il teinent en pais permeinaublement. Et par ce que ce soit ferme chose et estauble, je ai fait pendre mon seel en l'an que milliaire coroit par mîl et ducent xLI, en mois de Jui (2).

---

(1) Ibid. 22° liasse 4° partie. Les localités mentionnées sont : Fronville, canton de Joinville ; Flammerécourt, canton de Doulevant ; Charmes-en-l'Angle, même canton, arr. de Wassy.

(2) Meuse, *abbaye de Mureau*. Taillaucourt, canton de Vaucouleurs, Meuse.

Jean approuve une donation faite à St-Urbain par Gautier de Curel.

[1248]

Je, Jehans de Joinvile et seneschaus de Champaingne, fas savoir à tos ces qui verront ces lettres que Messires Gautiers Chevaliers, de Curel, a donnei par mon los et par mon otroi, an permenable aumone, à Deu et à l'esglise Mon Saingnor St. Ourbain quatre sestiers de blef, moictié maïs et moictié avoinne, à panre chaq an aus dismes d'Autinl, por faire son anniversaire et le sa femme, s'il vient à plaisir à nostre Saingnor qu'il murre an la terre d'outremer. Et por ce que ce soit ferme chose et estable; ge ai fait ces lettres seller de mon seel. Et ces lettres furent faites l'an mil et deux cens ans et quarante huict ans, aus mois de julet (1).

Transaction, sous le sceau de Jean, entre Simon de Flammerécourt et l'abbé de Saint-Urbain, au sujet des dixmes du Breuil.

[1263]

Je Jehans, sires de Janville, seneschauz de Champaigne, fas savoir à tous cels qui ces lettres verront et orront que, comme discorde fut entre Geoffroy, abbei de Saint Eurbain, d'une part, Symon, chevalier, de Flammericourt, et Ysabél, sa fame, d'autre, sur ce que icil Symon desaisit d'une partie de deismes gros et menus qu'il vouloit avoir à Bruiel pour la raison de sa fame, don l'abei Adam, cui Diex merci face, avoit esté vestu par un achat qu'il avoit fait au devant dit Symon et à sa fame, einsi come l'abei Joffroi disoit : à la parfin, par lou conseil de bonnes gens, les parties se mirent en moi en teil menière que je orrois et sauerois les raisons d'une part et

---

(1) Ibid. 22ᵉ liasse, 3ᵉ partie. Autigny, canton de Joinville, arr. de Wassy. Gautier de Curel accompagna Joinville à la Croisade; il le nomme *le bon chevalier*. V. Wailly (1874), ch. XLIII.

d'autre, et quant je auerois ce seu, je auerois povoir de faire paix entreux entièrement, fust par droit, fust par paix. Et Je, oies lour raisons et lour responses, d'une part et d'autre, par lou conseil de bonnes gens, rapportai que la partie des deismes que li devant dit Symon vouloit avoir à Breuil, pour la raison de sa fame, don li descors estoit entre lour et l'abbey de St. Ourbain, demouroit à l'esglise de St. Ourbain, entièrement et parmenablement, et l'abbei de St. Ourbain randeroit à davant dit Symon et à sa fame, pour la raison des davant dites deismes, quatre vint et deiz de provenisiens fors, desques quatrevint et deiz li davant dit Symou et Ysabel, sa fame, se tiendront et tiennent à paié entièrement, et si prometent et ont promis li devant dit Symon et Ysabel, sa fame, il et leur hoirs, à porter garantie léale à l'esglise de Saint-Ourbain de cete partie de deismes envers toutes gens qui a droit en vourroit venir. Et por ce que ce soit ferme chose et estable, j'ai saelées ces lettres de mon seel à la requeste des parties. Ce fu fait en l'an de grâce mil et deux cens sixante trois, ou mois de mai (1).

Acte capitulaire par lequel les religieux de St-Urbain s'engagent à suivre un procès commencé contre le sire de Joinville.

[1275]

Universis presentes litteras impecturis, totus conventus monasterii S. Urbani, Cathalaunensis diocesis, ordinis S. Benedicti, salutem in domino. Noverit universitas vestra quod nos omnes et singuli, videlicet : Hugo, prior monasterii nostri predicti, Aubertus, Arnulfus, Girardus, prior de Capellâ; Girardus, prior S. Jacobi de Joinvillâ, Nicolaus, dictus François, Nicholaus dictus Brunoz, Haymo, prior S. Amæ, Galterus, prior de Flammericurte, Obertus, Symon, celerarius, Guido, præpositus, Johannes, elemosinarius, Renaudus, piten-

---

(1) Ibid. 2e cartul., fo 115. Breuil, canton de Chevillon, arr. de Wassy.

ciarius, Galterus de Curel, Jacobus subprior, Johannes, capellanus, Constantius de Tonanciâ, Adam, Isambardus, infirmarius, Jacobus, dictus Cachez, et Constantius de Rocha, pro maxima utilitate nostrâ et ecclesiæ nostræ, unanimiter et concorditer de licentiâ reverendi patris et abbatis nostri, fratis Jacobi, divinâ permissione abbatis monasterii nostri, supra dicti spontanei, juramento in verbo sacerdotii à nobis, fratribus et comonachis prestito, Johannes vero, dictus presbyter, et Johannes de S. Desiderio juramento super sancta evangelia corporaliter prestito, firmavimus quod nos fideliter et viriliter stabimus in persecutione negocii nostri et ecclesiæ nostræ contrà dominum Joinvillæ, supra damnis et etiam injuriis nobis et ecclesiæ nostræ à dicto domino illatis et forsitan inferendis, nec non supra causa custodiæ ecclesiæ et terræ nostræ quam movet contrà nos dictus dominus Joinvillæ, seu movere intendit coram rege Franciæ vel alibi; promittentes et volentes quod si foret aliquis nostrum instigante diabolo, quod Deus avertat, in prædictorum persecutione minus fidelis et per consequens proprii juramenti transgressor convictus (?) fuerit, ipsum per jum latam sententiam inter nos excommunicatum et perjurum à reverendo patre nostro prædicto, vel à priore. Si forte abbas non esset, excommunicatum denuntiari volumus et perjurum, ac etiam ab omni participatione spiritualium et temporalium monasterii nostri, tam intus quam foris tanquam Deo et nobis omnibus destabilem et abhominabilem, usque ad condignam satisfactionem et vindictam in omnibus nobis et singulis, si forte plures nostrum, quod absit, in prædictis delinquere contingeret, volumus firmiter et penitus observari. Datum anno domini millesimo ducentesimo septuagesimo quinto, mense julio (1).

Autre acte capitulaire concernant les entreprises du sire de Joinville.

[1288]

In nomine Domini Nostri Jesu-Christi, amen. Ad rei gestæ memoriam ac futurorum notitiam et cautelum, ne facile a

---

(1) Ibid. *I Cartul. de St.-Urbain*, f° 317.

memoriâ excidant hominum aut aliquo dubitationis scrupulo valeat obfuscari, ea que notabiliter facta sunt solent scripturarum testimonio perennari, inde est quod in laudem et honorem ejus qui vult omnes salvos fieri, et ad adgnitionem veritatis venire ac veræ pacis et plenæ libertatis gaudere presidio ; nos omnes et singuli scilicet : frater Jacobus, humilis abbas monasterii S. Urbani, Hugo, monachus de Blehicort, frater Johannes, prior dicti loci, Aubertus, monachus de Capellâ, Haibertus, prior S. Amæ, Gerardus, prior S. Jacobi de Joinvillâ, Symon, celerarius, Galterus, infirmarius, Adam, prior de Flammerecort, Jacobus, præpositus, Constantius, elemosinarius, Henricus, thesaurarius, Nicholas, dictus François, Johannes, dictus Maingons, Johannes de Thonanciâ, Jacobus, dictus de Cachez, Johannes de Maconcort, Michael Cantor, Fredericus de Pisson, Jacobus de Cathalano, Garnerius de Sommâ-Villâ, Nicolaus de Ragicort, Stephanus de Thonanciâ, Galterus de Gondrevillâ, presbyteri, Wiarde de Sancto-Desiderio, Petrus de Pisson, Gerardus de Sancto-Desiderio, diaconi, Hugo de Montigny, Hugo de Verigny, diaconi ; Gerardus de Cathalano, Nicolaus de Cathalano, et Nicolaus de Dommento, acoliti, ac totus conventus dicti monasterii, ordinis S. Benedicti, quod situm est in diocesi Cathalaunensi, vocatis et congregatis ad hoc, nobis omnibus, et singulis, ad diem certam et horam ad hoc specialiter de communi consensu assignatis in loco capituli nostri pro utilitate dicti monasterii nostri et hominum terræ nostræ, tam in rebus nostris quam in juribus spiritualibus et temporalibus, quam pro libertate fratrum et ceterarum personarum Deo ibidem ministrantium salubriter precaventes in posterum molestias, dampna gravia et injurias quæ vel quas hactenus passus est conventus noster seu dictum monasterium, tam in rebus quam personis, à nobili viro domino Joinvillæ, ratione custodiæ, advocationis seu protectionis quam vel quas usurpaverat aliquandiu in nostro monasterio et in terrâ nostrâ, aliquoties auctoritate propriâ et motu pro libite suæ voluntatis, aliquoties vero ad requisitionem aliquorum fratrum intolentium et nolentium suorum parere præceptis prælatorum, juxtà observantiam regularem.

Statuimus et nullo contradicente statutum perpetuum fecimus, ordinarimus et in hoc universaliter et singulariter consensimus, et presenti scripturâ corroboravimus, publicavimus et publicamus quod de cœtero, dictum nobilem dominum Joinvillœ vel ejus successores qui dominus se hactenus gesserit pro custode nostri monasterii, advocato seu tutore, de cæterо non requiremus nec advocabimus simul omnes vel seorsum aliquis nostrum, seu aliqui in nostris dissentionibus, discordiis aut aliis quibuscumque negotiis, deliberationibus aut agendi tanquam custodem, advocatum aut tutorem, quia ejus simulatum procuratum, quod in nostro monasterio aliquandiu usurpaverat contra canonicas sanctiones pernitiosum minus ex ipsius gestorum experientiis nobis persepius senseramus, nostro contrarium humano juri pariter et divino, nisi forte, quod non credimus, dictus nobilis hoc habuerit ex pacto aliquo, juri consono, vel aliquo privilegio quo nondum abusus fuerit, et in posterum sibi hoc competere adjudicatum fuerit per judicem competentem, quo casu, ad pœnas non notatas predicti statuti nostri transgressoribus inflissce (?) nos vel aliquem nostrum volumus obligari. Cum itaque omnibus modis ecclesiasticæ disciplinœ vel moderationi conveniens sit ut quæ rationabiliter ordinata fuerint vel decisa, et maxime pro religione et religiosorum statu tranquillo et quiete nulla debeant in posterum refragatione turbari, obligamus nos omnes et singuli et successores nostros providâ deliberatione prehabitâ, ad observantiam perpetuam statuti memorati, exhibito insuper à nobis et quolibet nostrum specialiter, et præstito ad sacro sancta evangelia juramento, volentes, optantes et consentientes ex hoc nunc et in perpetuum transgressorem hujusmodi statuti nostri inter nos fieri anathema et maranatha (?) in conspectu Dei et sanctorum omnium angelorum, nec non et transgressor seu transgressores hujus statuti perpetui tanquam excommunicati filii inobedientiæ ab omnibus fratribus ipsius monasterii arctius incarcerentur et incarcerari se patientur usque ad condignam satisfactionem et si incarceirari noluerint vel recusaverint, à monasterio nostro et membris dicti monasterii perpetuo expellantur, et in hiis pœnis dictis transgressoribus infligendis et contrà eos observandis, nos abbas, priores et officialis cæteri que fratres ómnes dicti monasterii, dictum statutum observantes, debemus esse coadjutores et concordes per prestatum juramentum. Item statutum est inter nos et prædicti juramenti vallatione, quod si abbas assumatur aliunde quam de ecclesiâ nostrâ, idem abbas teneretur præstare juramentum de prædicto statuto firmiter observando, priusquam à nobis in ecclesiâ recipiatur, et omnes supervenientes fratres in monasterio nostro, in faciendo professionem, tacite non expresse præstant juramentum quod prædictum statutum perpetuo observabunt et nichil ominus obligabunt se ad pœnas sustinendas quæ continentur in statute superius memorato, et etiam statutum prædictum prout jacet, semel in anno, videlicet feriâ sextâ post festum Btœ. Mariæ Magdalenæ legetur et recitabitur in pleno capitulo existentibus exponetur. In cujus rei testimonium, nos prædictus abbas sigillum nostrum una cum sigillo conventus nostri, et nos omnes priores et officialis prædicti sigilla nostra presenti statuto duximus apponenda. Actum et datum anno Domini millesimo ducentesimo octagesimo octavo, mense octobris (1).

Accord passé devant le bailty de Chaumont entre Jean, sire de Joinville, et l'abbaye de St-Urbain au sujet du droit de garde.

[1308]

A tous ceus qui ces lettres verront, Jehans de Vaunoise, baillis de Chaumont, salut : Sachent tuit que le venvredi après la feste St Barnabé, apostre, l'an de grâce mil trois cens

---

(1) Ibid. 1er *Cartul.*, f° 323. Les religieux désignés dans cet acte sont, indépendamment de l'abbé Jacques, Jean, prieur de Blécourt (canton de Joinville), Aubert, de la Chapelle aux Planches (canton de Montiérender), Hebert, prieur de Sainte-Anne, Gerard, prieur de Saint-Jacques de Joinville, Adam, prieur de Flammericourt (canton de Doulevant), Constant, puis Jean, prieur de Thonnance (près Joinville), Jean de Maçoncourt (canton de Doulaincourt), Frédéric de Poissons, Jacques de Châlons (Marne), Garnier de Sommeville (canton de Chevillon), Nicolas de Ragecourt-sur-Marne (canton de Chevillon), Gautier de Gondreville (Moselle), Wiard, Girard, de Saint-Dizier ; Hugues de Montigny (arrond. de Langres), Hugues de Verigny (Eure-et-Loir ?) et Nicolas de Dormans (Marne), Constant de Roche-sur-Marne (canton de Chevillon).

et huict, establi en jugement pardevant nous, nobles hommes Messires Jehans, sires de Joinville-suz-Marne, chevaliers et seneschault de Champaingne, d'une part, et religieuses personnes et honestes, frères Jehans de St Dizier, abbes de St Urbain, en sa personne, et frères Jehans de Tilloy, prévos de l'abbaye de St Urbain, et procureres pour tout le couvent de ladite abaye, d'autre part, vinrent et recognurent par devant nous, en l'an et en jour dessus dit, que dou descort meu entre lesdites parties en la court le Roy Nostre Signeur, as Jours de Troyes suz la proprietez de la guarde de l'esglise de St Urbain, de la terre, des membres et des apartenences de ladite esglise; que pour le bien de pais et pour eschiver le plait et les missions, li diz sires de Joinville se délaisse à tous jours mais, pour li et pour ses hoirs et pour tous ceus qui aueroient cause de li et d'autres, de tout le procès et de tout le plait qui pendoit et estoit meuz entreux et le procureur le Roy en la Court Nostre Signeur le Roy, si comme il est devant dit, suz la proprietey de ladite guarde. Et veult et acorda li diz sires de Joinville que tout le droit, toute l'action de la dite guarde, soit en possession ou en propriétey qu'il y peust ou deu réclamer par quelque menière que ce fust ou à li ou à ses hoirs peust et deust apartenir, par quelque cause et raison que ce fust, pour raison de la dite guarde, demourt perpétueilment et à tous jours au Roy Nostre Signeur pour raison de Champaingne, des diz religieus de leur persones, de leur esglise et des membres, de leurs biens, de leur homes et des biens de leur homes queil qu'il soient, mueble et héritage, en queil que leu qu'il soient, et quittà et réclama, quitta et délaissa et transporta au Roy Nostre Signeur tout le droit et toute l'action que il ou sui homes peussent ou deussent demander ou réclamer en la possession et en la propriétey de la dite guarde, par queil que raison que ce fust, perpétueilment et à tous jours. A decertes, pour bien de pais et pour eschiver les missions et les despans et les coustenges de leur esglise, et que lidiz abbes et ses couvens peussent pluz diligemment et dévotement faire le service Nostre Signeur, et pour oster la poine et le travail que lidiz Sires de Joinville ou sui hoir leur pussient donner en plait en temps présent et en temps à avenir, pour raison de la dite guarde, ont paié audit Signeur de Joinville douze cens livres de petits tournois fort monnoie, desquelz deniers lidiz sires s'est tenus à paier en nostre présence et enclama quittes lesdiz religieus à tous jours. Prometens par devant nous lidiz sires de Joinville que encontre la quittance dessus dite de ladite guarde qu'il a faite au Roy nostre signeur qu'il n'ira ne vinrra par lui ne par autrui en temps avenir, ains garantira ladite quittance jusques à droit, et fera tenir perpétueilment à lui et à ses hoirs, à ses cous et despens, et rendera couz et dommages que li Roys nostre sires ou li dit religieus, en tant comme il leur puet apartenir auroient ou encourroient en deffaut de porter la dite guarantie, et de venir encontre la quittance dessus dite.

Et toutes les choses dessus dites et chauscune d'icelles, si come il est dessus dit et devisey, vauldrent, accédèrent et otroierent par devant nous noble homme Messire Ancels de Joinville, sires de Rinel, et Messires Andrex de Joinville, sires de Beauprey, frère et chevalier et enffant dou dit signeur de Joinville, et les promirent à tenir et à guarder et à guarantir par leur loial sairement perpétueilment et à touz jours, sent aler encontre par eux ou par leur hoirs ne par autres qui heussent cause d'eux en temps présent et en temps à avenir, de tant com il leur apartient ou pourra apartenir. Et quant à toutes les choses dessusdites et chauscune d'ycelles tenir et fermement guarder, lidit Sires de Joinville et sui dit enffant ont obligié par devant nous eux et leur hoirs, leur biens et les biens de leur hoirs, muebles et non muebles présent et avenir, en sousmetant eux et leur hoirs en nostre jurisdiction, en quelque leu qu'il se transportent et qu'il puissent estre trouvé, et jurèrent sur sains par devant nous li diz sires de Joinville et sui dit enffant, lidiz abbés et li dis procureres, en tant come il leur puest ou doit apartenir à tenir et à guarder perpétueilment et à tous jours les choses dessusdites et chauscune d'ycelles. Et renoncérent li diz sires de Joinville et sui dit enffant à toutes exceptions de faict et de droit, de canon et de justice laye, à toutes fraudes et décevences et à toutes autres convenences contraires à ce faict qui ne seroient contenues in ces lettres; espéciaulment lidit enffant qu'il ne puissent dire en temps à aveuir, qu'il fussient en mamburnie ne en la voerie de leur père, et à toutes autres choses comme on pouroist dire et opposer contre les choses dessus dites ou contre aulcune d'icelles et qui pourroient aidier à l'une des parties et à l'autre grever de droit ou de coustume, expressément ou généraulment. Et vouslirent et octroièrent par devant nous lidiz Sires de Joinville et sui dit enffant que lettres de confirmacion soient faites suz les choses dessusdites, scellées dou scel Nostre signeur le Roy de Navarre, se il plait au Roy Nostre Signeur.

En tesmoignage de laquel chose, Nous, à la requeste doudit Signeur de Joinville et de ses diz enffans, avons scellées ces lettres dou scel dou bailliage de Chaumont et de nostre propre scel pour contrescel, avec les scelz dou dit Signeur de Joinville et de ses diz enffans. Et Nous, Jehans sires de Joinville, Ancels, sires de Rinel, et Andrex, sires de Beauprey dessus dit, avons mis nos scels en ces présentes lettres, en tesmoignage de verité des choses dessus dites avec le scel dou bailliage dessus dit. Donées en jour et en l'an dessus diz, c'est assavoir le venredi après la feste St Barnabé l'apostre, en l'an de grâce mil trois cens et oict, en mois de Juing (1).

Lettre de Louis-le-Hutin, aux termes de laquelle l'abbé de St-Urbain est autorisé à lever des tailles sur les hommes de l'abbaye, conformément à un accord intervenu en justice entre le monastère et le sire de Joinville.

[1309]

Ludovicus Dei gratiâ, rex Navarræ, Campaniæ Briæque comes Palatinus, universis litteras has inspecturis salutem : notum facimus quod, cum in nostrâ curiâ inter venerabiles Abbatem et conventum monasterii S^{ti} Urbani, ex unâ parte, et dominum de Joinvillâ, senescallum nostrum Campaniæ, suo et hominum S^{ti} Urbani nomine ex alterâ, super conventionibus inter ipsas partes coram baillivo nostro Calvimontis factis et initis in litteris ipsius baillivi sigillo sigillatis con-

---

(1) 14 juin. Saint-Urbain, 15^e liasse, 2^e partie.

tentis, ... auditis ipsarum hinc et inde rationibus et deffensionibus plenius intellectis, per arrestum curiœ nostræ dictum fuit quod abbas et conventus prædicti de dictis hominibus levabunt taillias et redditus suos rationabiliter et sine fraude et super residuum bonorum ipsorum hominum, prædictœ litterœ super conventionibus ut primit . . . facta et sigillo prædicti baillivi sigillatœ executioni demandabuntur. In cujus rei testimonium, presentibus litteris nostrum fecimus sigillum . . . . . Datum Parisiis, xviii die decembris, anno domini m° ccc° nono (1).

Requête adressée par les religieux de Saint-Urbain à Bertrand, évêque d'Alby, pour se plaindre des dégâts commis dans leurs domaines par quatre moines de la même abbaye et des agressions du sire de Joinville.

[1310]

Reverendo in Christo patri ac domino Bertranno, Dei gratia Albyensi episcopo, sanctissimi patris Domini Clementis Papœ V Camerario, humiles ejus et devoti filii Prior, totus que conventus monasterii Sancti-Urbani Cathalaunensis diocesis, ordinis Sancti-Benedicti, cum humili sui recommandatione, devotas orationes in Christo, Reverendi Pater et Domini : cum fratres Guido de Woigneyo, Thomas de Arœilleriis, Bertrannus de Atheys et Nicolaus de Ragicuriz, commonachi nostri et presbyteri, vel quidam ipsorum sub umbra et vice suorum complicum, injuste et calumpniose gravem coram summo Pontifice contrà patrem nostrum et et abbatem olim deposuerint questionem, eidem multa crimina mendaciter imponentes. Vestrœ Reverendœ Paternitati notum facimus per presentes quod dicti monachi apostate et tam nequiter ac detestabiliter criminosi, olim cartas seu litteras

---

(1) Saint-Urbain, 15ᵉ liasse, 4ᵉ partie. Nonosbstant les lacunes de ce texte, le sens en est suffisamment clair.

libertatum et immunitatum monasterii nostri, ut in servitutem perpetuam et ad inopiam, ipsis procurantibus istius (?) redigeretur, qui in carthophilacio monasterii nostri clandestine sunt furati ea que ad comburendum, inde sibi promisso pretio, domino Jonivillœ malivolo monasterii nostri ab antiquo, nosque et dictum monasterium nostrum in personis et bonis, rixis, injuriis et litibus coram diversis judicibus secularibus per se et complices suos opprimere ab antiquo et adhuc opprimere non cessanti totâ die, tradiderunt et ipsis presentibus in castro Jonivillœ, et eas ibidem deferentibus, combustœ in presentiâ multorum fuerunt, pretextu cujus combustionis necesse habuimus cum dicto domino de Jonivillâ qui nobis ab antiquo est et fuit cum suis inimicabiliter infestus ut dictum est licet immerito, novit Deus, pacisci ac ab eo et ejus vexationem nostram multipliciter sumptuosam, redimere mediantibus duobus millibus librarum et ultra : qui dominus Jonivillœ nichilominus in antiquo odio perseverans, adhuc nos in personis et totâ die infestare et dampnificare non cessat.

Item dicti monachi prioratus nostros de sancto Jacobo in Jonivillâ et de Sanctâ-Amâ juxta Jonivillam cum vi et violentiâ armatorum ex parte dicti domini de Jonivillâ exhibitorum, fregerunt et spoliaverunt, prioribus que dictorum prioratuum spoliatis, cum gladiis fugatis ac terribiliter ejectis cum violentâ manu prœdicti domini, seipsos priores dictorum prioratuum intruserunt, multa que bona dictorum prioratuum quibuscumque volentibus in publico ad vastandum exponentes, multa alia bona ibidem à circumvicinis deposita furtive tulerunt, eadem omnia consumentes, quorum etiam monachorum Nicolaus prœdictus, non est diu, in domo domini Richardi, quondam rectoris parochialis ecclesiœ de Montolio, Tullensis diocesis quadam die in vesperis accedens, dictum rectorem cum aliquibus commensalibus maleficiis suis et malefaciatis pulveribus incantavit dictam que domum predictis sic malefaciatis, de nocte bonis suis spoliavit et fugit, illos quasi semi-mortos malefaciatos relinquens. Qui etiam dictus Nicolaus monachus et presbiter, habitu monachali ejecto, infinitis enormitalibus se immiscens, cum quadam meretrice hiis diebus prope Tourno, juxta Vallentiam, in villa que Hamel dicitur, lupanari prostibulo presidens ruffianus et forte deterior et a sceleribus solitis non recedens, ut commnniter narratur, extitit.

Item dictis apostatis olim gyrovagis personam domini abbatis nostri prædicti de occisione et domos nostras et grangias de combustione comminantibus, et de nocte circuire domos et grangias nostras cum quibusdam complicibus suis circuientibus necesse habuimus cum regali potentia et laboribus quam plurimum sumptuosis, personam dicti domini abbatis dictas domos et grangias custodire, et eos de licentiâ ordinarii nostri si potuissemus per potentiam capi fecisse, et indè forsitan territi, ad sedem Apostolicam, quæ est communis patria, confugerunt protectionem dicti se sperantes. Inde est quod nos prædicti, humiles filii et devoti dictam Paternitatem vestram, de quâ, interventu celestis gratiæ confidimus, rogamus humiliter per presentes quatinus dictos excessus a Deo detestabiliter a prædictis commissos pro Deo et interpretetis (?) et ne crimina a Deo detestabilia remaneant impunita, apud sanctissimum Patrem, Dominum Papam, cujus presentiâ feliciter... quando placet, vel apud alios quorum noviter vestra Paternitas interesse loco et vitæ nostris intimare et insinuere dignemini et voletis, à Deo quod dicti apostatæ capti et vincti vel ibi in curiâ detineantur, vel nobis utinam cum sumptibus dicti nostri monasterii, sub fideli custodia remittantur, pro commissis condignam penitentiam recepturi et de premissis, et si non de omnibus, de multis tamen, per instrumenta super hoc legitime confecta à sigillis authenticis sigillata satis ad plenum poteritis informari Datum in capitulo nostro, anno domini millesimo trecentesimo decimo, die mercurii post sanctum Pascha (1). »

---

(1) 22 avril 1310. *Cartul., Saint-Urbain* I, f° 352.

*Accord passé devant les grands jours de Troyes, entre
Jean, sire de Joinville, et les religieux de Saint-
Urbain, au sujet de leurs griefs respectifs.*

[1310]

« A tos cels qui ces présentes lettres verront et orront, Colars de Andelou, clers, gardes dou scel de la prévostey de Andelou salut : saichent tuit que Messire Jehans de Darmanne, prestre et Jehannes de Andelou, dit Pointuriers, tabellion juré à notre seigneur le Roy à la chastellerie de Montesclaire, à ce faire estaubly, ont veu et leu mot et mot unes lettres saines et entières contenant la forme qui s'en suit :

« Ludovicus, regis Franciæ primogenitus, Dei gratiâ rex Navarræ, Campaniæ Briæ que comes palatinus, universis presentes litteras inspecturis salutem : Notum facimus quod, in diebus Trecensis presentibus, inter fidelem nostrum Johannem dominum de Jonivillâ, senescallum Campaniæ, ex unâ parte, et abbatem et conventum sancti Urbani ex alterâ, de consensu dicti abbatis, presentis, et procuratorem abbatis et conventus monasterii prædicti, ex alterâ, super omnibus questionibus, querelis et debatis, motis et habitis inter partes usque ad diem confectionis presentium, factum fuit per curiam nostram accordatum quod sequitur :

« Premièremet, li sires de Joinville paiera deux cens livres de petits tournois à l'abbé et au couvent de Saint-Urbain, pour les chateix et les injures qui furent fait es priorez de Saint-Ame et de Saint-Jacques, aux termes qui s'ensuivent : Cent livres au paiement de Bar (?) prochainement venant; et les autres cent livres à la Toussaint ensuivant; Item comme li dit religieux dient que li dis sires de Joinville a fait prendre et traire à force de la ville d'Annonville leur justice des... il sera seu par le seigneur de La Fauche et par le seigneur de Danfaule, et se il est ainsy trouvey, il leur feront restablir. Item des domages et des mesusages que li dis sires de Joinville disoit que li dit religieux avoient fait en son bois, li dit religieux sont quitte et absout jusques au jour présent, et useront paisiblement lidit religieux esdit bois, selont la teneur de leur lettres et de leurs chartres que il en ont. Item de la grange que lidit religieux approprient au devant le chastel de Joinville, lidit seigneur de La Fauche et de Danfaule, verront par où li droit desdit religieux vait et selon vauront et délivreront, et dou remenant lidit religieux se pourchasseront vers celui qui leur doit garantir. Item de trois maisures de houmes que Aubertins et sa sœurs ont bailliéz aus dit religieux, en justice et en franc-aleuf, il sera seu par les devant diz seigneurs de La Fauche et de Danfaule, se elle sont dou fiez au seigneur de Joinville; et se il est trouvé, il en sera au resgard des devandiz chevaliers; et se il est trouvé que la chose ne soit dou fié au dit religieux, elle leur demerra sens finance. Item li houme de Saint-Urbain rendront et paieront au dit seigneur de Joinville la soume d'argent que il doient, et se descors mouvoit entre eux et le dit seigneur seur ladite soume d'argent, lidit seigneur de La Fauche et Danfaule en recognoitront pour ladite esglise et en nom de li, et se il y ai fier à faire exécution, il la ferait faire au nom de dou dit abbé. Item li dit sires de Joinville a juré sur sains que de cest jour en avant, il ne aidera, conseillera, ne confortera ne par lui ne par autre, les houmes de Saint-Urbain, ne les mesmes envers le dit abbé ne envers la dite église, en quelque manière que ce soit, ne ne leur prestera, ne fera presté ne doner pour plaidier ne pour grever la dite église. Item dou plait qui est entre lesdits religieux et les enfens à Lalement, il n'est riens accordé; mais tant que li sires de Joinville ne leur donra ne conseil ne aide contre les dit religieux. Item se li home de Saint-Urbain veulent riens demander ausdis religieux ou lidis religieux au dit houmes depuis quarante ans en ença, li abbés lour baillera juges sens soupeson, et de se sont excepté lidiz enfant Lalement. Item la dite esglise est tenue à bailler procuration au dis homes de Saint-Urbain toutes fois et tant de fois que mestiers sera sur les articles bailliés au baillif de Chaumont, et se elle en estoit déffaillant, li bailliz de Chaumont en son défaut leur vandroit (?) et à ceux qui sont en ceste ville, la dite esglise leur vandra (?) de maintenant, selon ce que dessus est dit. Item de cest jour en avant, li dit religieux ne li sires de Joinville ne pourront enpétrer lettres ne commissions quelles que elles soient pour les choses dessus dites l'un contre l'autre; et se aucunes en estoient enpétrées, elles seroient de nulle valeur, et cil qui les enpetreroit de fait seront tenus à paier tous cous et tous domaiges à li contre qui olles seroient enpêtrées, et seroient nulles, ne nan pouroit user en quelque menière que se fust se n'estoit pour accomplir les choses dessus dites. Item de tous autres descors et controverses que li dit religieux ont et puent avoir envers ledit seigneur de Joinville, et lidiz sires envers les dit religieux, dou temps passey jusques au jour de huy, li dit seigneur de La Fauche et de Danfaule en cognoistront, et en sera sur eux haut et bas, et promestrent les dites parties tenir et garder le dit et l'ordonnance desdis chevaliers seur toutes les choses desus dites à peine de mil mars d'argent à paier de celui qui vanroit contre le dit et l'ordonance des diz chevaliers, la moitié à celui qui le tanroit et ratifieroit, et l'autre moitié au roi de Navarre nostre seigneur.

Quod acordum prædictum et omnia et singula in eo contenta partes prædictæ in nostrâ curiâ presentes laudaverunt et approbaverunt, et omnibus in eo contentis suum assensum præbuerunt. Actum in diebus Trecensis, die Jovis post festum beati Matei apostoli, anno Domini millesimo trecentisimo decimo (1).

En tesmoignaige de laquelle chose, je Colars davant dis, à la relacion des dis jurés, ai scellé ces lettres dou scel de la prévostey ens mon propre scel. Ce fust fait l'an de grâce mil trois cens et dix, ou mois de novembre (2). »

ACTES CONCERNANT L'ABBAYE DE MONTIERENDER

Dou bois qui est davant Vile en Blesois.

[1243]

Je Jehans, sires de Joinville, seneschauz de Champaigne, faz savoir à toz cels qui ces lecttres verront, que cil de Vaux et de Ville-en-Blesois se plaintrent à moi que l'abbes de

---

(1) 21 septembre 1310.

(2) *Saint-Urbain*, 25e liasse, 2e partie. Dans ce document, de même que dans celui de l'année 1309, ci-dessus transcrit, on voit que Louis, depuis roi de France, ne prenait encore que le titre de roi de Navarre et comte de Champagne, du chef de sa mère. Son père Philippe-le-Bel ne mourut que en 1315.

Montier-en-Derf lor voloit tort fere de un bois que on appelle Les Minières, qui est davant Vile-en-Blesois, que il lou vouloit charbonner et vandre à sa volanté. Eil disoiet que il nou povoit faire, ans lor vouloit faire tort. Pais en fu faite devant moi par la volantei l'abbei e lou couvent de Montier-en-Derf e par la volantey les hommes des devant dittes villes que l'abbes de Montier-an-Derf e li convens vanderoiet la moitié de cel bois et charbonneroiet et feroiet à lor volentey, et l'autre moitié ne porroiet ne vandre ne charbonneier jusque tant que celle moitiés de cel bois que il averoiet vandue et charbonnée et faite lor volantei feroit si grant revenue que on en porroit marrien faire, por faire maisons sans tereiez, et sans pos. Et quant cil bois feroit si grant et si gros revenuz, il porroit celle partie qui seroit demorée vandre et charbonneir et faire lor volentey ; et lo bois averoit estey darriens coupez, il ne reporroit ne vandre ne destruire le premier; jusque tant que cil bois darriens qui seroit darriens coupeiz, reseroit teilz que on en porroit marrien faire por faire maisons sans treiz et sans pos (1). Et li signorie eli bans e li justi se demourre à l'abbei et au convent et au chamberier et a lor gens autres, si cum il estoit devant. Et li hommes des villes davant dites sont anteil droiture où il avoient avant; Et ansins cum il est devisé dou devant dit bois lo fera on après l'autre à touz jors.

En tesmoignaige de laqueil chose Madame ma mère et mes sires de Guill. de Saille mes oncles ont panduz lors seels en ces lettres à ma requeste. Et quant je venrai à terre tenir, je i metterai le mien seel. Et ce est estei fait à la requeste de l'abbei et du convent de Montier-an-Derf et de cels de Vauz et de Ville-an-Blesois, an l'an que li milliaires cort mil cc e xl et iii, en mois de mai (2).

---

(1) Ces mots peuvent signifier que le bois sera assez-fort pour permettre d'en tirer des bois de construction, à l'exception des poutres et poteaux.

(2) *Cartul de Montiérender*, t. 1, fº 74.

Des Battuires qui sont juxte Doulevant le Petit.

[1244]

Je Jehans, sires de Joinville, seneschauz de Champaigne à touz ces qui verront ces lettres salut et amor : Je vos fas savoir que Lambert, li fiz sire Andreu de Corcelles, ai requenui en ma présance que il n'a part en batuires, lesquex sont faites au noef molin entre Dontlevant le Petit et Susainmont, et si sont faittes par l'abbéi de Montier en Derf. Et por ce que je ne autres, por anchoison de Lambert, ne puisse aucune chose réclamier en ces devant dites batuires, je devant dit Jehanz a donné à l'abbéi de Montier an Derf lettres saelées en sael Madame ma mère. Et ces lettres furent faites en l'an que li milliaires corroit par l'an mil et douz cent et XLIIII ans, cin mois de décembre. » (1).

Auberti militis de Raigecort.

[1363]

Je Jehanz sire de Jainville et seneschauz de Champaigne, fas à savoir à touz cex qui ces presentes lectres verront et ouront que Messire Aubert, chevaliers de Ragecourt, ai recogneu pardevant moi que il doit chascun an à touz jors, pour lou deme de son charnage, liquelz li remaint de son père et de sa mère qui siet au finaige de Ragecort, à l'esglise de Saint Père de Montier an Derf, demi mui de blef a la mesure du petit boisse de Waissi, moitié froumant, moitié avoine a panre chascun an en sa grange de Raigecort, ou tans de la

---

(1) Ibid. 74. v°. Doulevant le Petit et Suzémont, canton et arr. de Wassy. Si l'on rapproche cet acte de l'année 1244 de celui qui précède, de l'année 1243, on remarquera qu'ils ont été revêtus du sceau de Béatrix de Joinville, mère de Jean, par ce motif qu'il n'avait pas encore atteint sa vingt et unième année, époque de la majorité féodale. Nous y trouvons une raison de plus de fixer la date de la naissance de Jean à l'année 1223.

Saint Remi, qui est ou chief d'octobre. Et se il n'avoit en sa grange tant de blef, li comandement l'abbei de Montier-an-Der pranrait loudi blef en la misson après, sour les terres doudit charnage, quiconque les gannast. Et ceste chose ai faite lidis Auberz, chevaliers par lon lous et par l'otroi de Johannot, son fil. Et por ce que ceste chose soit ferme et estauble, ai je seelées ces lectres de mon seel, à la requeste doudit Aubert et de Johannot son fils que li fiez meut de moi, en l'an de grâce mil et cc et sixante et douz, en mois de Mars (1).

La vendue Raoulin de Trivère, qu'il fit à l'abbé de Montier-en-Der.

[1264]

Je, Jehanz, sires de Joinville, seneschaux de Champaigne, et je, Wiarz de Noujant, bailliz de Chaumont, et je, Girars, prévoz de Fine, faissons savoir à touz ceux qui verront et ourront ces lectres que, en nostre présence estaubliz pour ce, Raoulins dit Nainz de Trivière a reconéu par devant nous qu'il ait vendu et aquité, à touz jours perpétuelment à l'abbé et au convant de Mostier an Derf quanque il avoit et avoir povoit et devoit à Epoutoimont et ou finaige doudit leu, en homes, en rantes, en issues, en censes, en possessions et en toutes autres choses queix que eles soient, pour quarante livres de pruevissiens fors, desquex deniers li davant dis R. se tient à paiez entièrement par devant nous en argent sec. Et promet lidiz Raolins por sa foi donée corporelment en noz mains que il encontre ceste vandue et ceste quitance ne vanrai par lui ne par autrui desor en avant, ne ne pourchacera que autres i vaine ; ançois est tenuz a pourter bone garantie et loial à l'abbé et au convant devant dit envers tous ceux qui à droit en vourroient venir aux us et costumes de Champ. Et est assavoir que en nostre présance estaubliz pour ce

---

(1) Ibid. f° 74, v°. Ragecourt-s-Blaise, canton et arr. de Wassy.

Messires miles de Saint Amanz, chevaliers, de cui lidiz Raolins tenoit en fié et en homaige les davant dites choses, ai loé et otroei la devant dite vandue, il et Aubers et Pierres li clers si fil, et Messires Jehanz de Til, chevaliers, de cui ceste chose devant dite movoit d'arrié fié, il et Johannez ces fil. Et promettent en bone foi par devant nous que de ci en avant il ne demanderont riens ne réclameront ne feront réclamer ne demander en toutes ces choses davant dites. Et en tesmoignaige de ces choses, nous avons saalées ces présentes lecttres de nos sceaux, lesquelx furent faites à Dommartin lou Franc, en l'an de grâce mil deux cens et sexante trois anz, en mois de janvier (1).

Réglement pour le prieuré du Val d'Osne, arrêté entre le sire de Joinville et l'abbé de Molesme.

[1258]

A tous ceux qui ces présentes lettres verront et orront, Thiebaut de la Fontainne, garde du seel de la prévosté de Waissy, salut, saichent tuit que l'an de grâce mil quatre cens et quatorze, le derrenier jour du mois de Janvier.... et Jehannin de... Denys (?) tabellions jurez, establiz ad ce faire de par le Roy N. S. en la chastellenie dudit Waissy, virent, tinrent et diligemment lurent de mot à mot deux paires de lettres saines et entières de seels et escripture, c'est assavoir l'une de feu hault et puissant seigneur Mons Jehan, seigneur de Joinville et séneschal de Champaigne, seelées de son seel, pendant a las de soye vert, et l'autre lettre donnée de feu dame Ysabeaux, jadis prieure du Valdonne et du convent d'illec, seelées en double queue de parchemin des seels de feu Révérend Père en Dieu, frère Adam, jaidis abbé de Saint-Urbain, et dudit seigneur de Joinville, et si y avoit une double queue de parchemin au bout des susdites lettres qui apparoit ancienne-

(1) Ibid. f° 77, v°. — Epothémont, canton de Soulaines, arrondissement de Bar-sur-Aube (Aube).

ment avoir esté seelées, et n'y avoit cire ne seel, si comme de tout et par l'inspection des dittes lettres apparoit ausdits jurez et desqueles la teneur s'ensuit :

Je Jehans, sires de Joinvilles et sénéchaux de Champaigne, fais savoir à tous cex qui verront ces letres que Guillaumes, abbés de Moloimes, et tous li couvens de ce mesme leu, ont establi par mon accord et et par mon assentement, an cui garde et en cui ancerie (1) la maison du Vaul donne est, et ordené pour la réformation de ladite maison, en tel manière que dui moine de Moloismes demourront en ladite maison dont li uns est prieux, pour amministrer les choses espiritex léans au leu de l'abbé; et li dui moine n'auront nul povoir léans en chose temporex qui appartiennent à la devant dite maison, fors que en leur terre qui leur est establie pour leur vivre, si comme il est establi en ces lettres, cest assavoir que lidi moine auront perpétuement chacun jour deux miches tex con les nonnains les panront, et les quatre muys de vin que les nonnains ont accoustumé à panre chascun an au pressoir au seigneur de Joinville, et quarante livrées de terre à provenesiens qui leur seront assises par l'esgart de deux preudommes juré, selon ce que on assiet terre en Champaigne, pour leur vivre à tous jours, franche de charge de dette et d'autre nouvelle charge et de toute procurations, subventions, exauccions de juges espiritex et temporex quelque il soient. Et les nonnains paieront toutes ces choses à la procuracion l'abbé et ses messaiges qui porteront ses lettres pendans. Et ceste assize doit estre loée et estroiée des arcevesques et des évesques au cui dyocèse la terre sera assise. Et auront li dui moine leur usuaire an tous les bois où les nonnains de ladite maison ont usueire on auront, sans vendre et sans donner, fors le bois de Vaudrehex ou les nonnains ont leur usueire à un asne pour affouer, auquel bois li asne et li sergens qui amanera la bûche aux nonnains amanera tous jours mais, chascune semaine le venredi, buche pour les moines affouer, tant com li jours durra an tel manière comme il amaine pour les nonnains. Et au bois qui sont du domaine de la maison,

---

(1) Le copiste a peut-être mal lu le mot *avouerie*. Ancerie peut signifier possession immémoriale pour *ancesserie ?*

li dui moine pranront ce que mestier leur sera sans vendre et sans donner, et auront lidit moine leur usueire au courtillages de maison et une partie des jardins qui sont dedens les murs de la pourtenite de leianz et à la cort des seigneurs de Joinville et des abbez de Moloisme. L'amministration de la maison sera baillé à un preudomme que li seigneur de Joinvile et li abbé de Moloisme esliront en bonne foy, convenable à la maison. Et li mestre et li oster sera à la volenté des seigneurs de Joinvile et des abbez. Et se li seigneur de Joinvile et li abbé se descordoient de mettre l'ammistréour, chascun de lour dues escriroit an parchemin le nom de celui que il y vourroient mettre, et ces deux escroées où cil dui nom seront escrit, il anclorront an deux morceaux de cire, et les bailleront à un homme cui que ils vourront, et cil sera amministrières cui moncel il parra où ses noms sera escript.

Les nonnains seront ancloses perpétuement en la manière que les nonnains de Montargis sont. Les propriétés seront mises en commun. Nulle dame ne sera receue en la maison à nonnain jusques à tant que li compte d'elle sera à trante au moins, et di qui en avant, on y recevra et mettra soulon lo povoir de la maison, ainsi comme l'an on a usé.

Et cil des seigneurs de Joinvile et des abbés de Moloismes qui voudroit oster l'amministreour sans l'acort de l'autre, ne lan pourroit oster se il ne monstroit ou provoit raison pour que il lan convenist oster. Et pour ce fere, li seigneur de Joinvile et li abbé de Moloismes ou leur commandement assambleroient en la maison devant-dite.

Li dui moine cuiront et moudront au four et au molin de la maison franchement, sans paier fournaiche ne moture.

Et ces choses je Jehan, sire de Joinville, pour moy et pour mes hoirs, ay promis à tenir et à garder en bonne foy, et li abbez et li convans de Moloismes ainsin, sauves les droitures aux abbés de Moloisme esperitex et temporex, et sauves les droitures à moy et à mes hoirs de cui garde ne de cui advoerie li abbez ne li convens de Moloisme ne puent gitier ladite maison ne les membres qui sont en la chastellerie de Joinville.

Et se li seigneur de Joinvillle faisoient tort à la maison qu'il ne voulsissient adrecier ne deffaire, li abbé de Moloismes, après ce que il leur auroient (requis?), auroient recours au seigueur de Champaigne pour oster le tort à leur requeste ;

Et se li seigneur de Joinville ou li abbé de Moloime voieent aucun bon establissement prouffitable à la maison, il lou pourroient establir.

Et li seigneur qui tenront Joinville ne puent oster de leur garde la maison ne les membres, ne l'abbez ne li convans de Moloisme ne se puent plaindre au seigneur de Champaingne de chose que li seigneur de Joinville facent à la maison devant dite ne aux appartenances, jusques à tant que li seigneur de Joinville leur soient failli de droit.

Et li ammistreour conteront par devant les seigneurs de Joinvile et les abbez de Moloismes chascun an a leur requeste de l'ammistration de la maison ou pardevant leur commandement.

Et pour que ces choses soient fermes et estables à tousjours, je Jehans, sires de Joinville, devant dis ay saalé ces lettres de mon seaul, lesquex furent faites et saalées à Moloimes, en plain chapitre général, en l'an de grâce mil deux cent cinquante et oit, landemain de la Nativité Nostre-Dame, au mois de septembre. »

Item, nous Isabeaus, etc.

En tesmoing de laquele chose, je Thiébaus etc... (1).

ACTES EXTRAITS DU CARTULAIRE DE St-LAURENT DE JOINVILLE.

Lettre de X sestiers de bleif au terrage de Gondrecourt.

[1247]

Je, Jehans, sires de Joinville et seneschaux de Champaigne, fas savoir à tous que li doiens et li chapitre de Saint-Laurent

---

(1) Archives de la Côte-d'Or. H. 251. Plusieurs actes de Jean, sire de Joinville, sont simplement mentionnés dans un inventaire du même fonds sous la date de 1248, 1254, 1256, 1267, 1289, 1303 et 1304, tous concernant le Val-d'Osne.

de Joinville ont eschangié à mon frère de Trichatel et à Marie sa femme, qu'on appele Symonete, en lor nom et à lor hoir à touz jours, le four de Gondrecort-la-Ville por X sestiers de bleif, moitié froment, moitié avoine, lequeil il planta ou triage de cele mesme vile, dou premier qui en levera, et s'il ne le valoient, il le paroient en autres rentes de cele vile meismes. Ce fu fait quant li milliaires corroit par mil cc et XLVII ans au mois de joing (1).

Lettre de l'anniversaire le doyen Guillaume, de ce qu'il acquist à Charmes en l'angle.

[1261]

Je Jehans, sires de Joinville et seneschaux de Champaigne, fas savoir à tous cex qui sont et qui seront que Guillaumes, mes frères, doyens de Besançon, a donnée et otroié à l'Eglise Monsignor Saint-Laurens de Joinville, en deu et aumosnes, et por son service faire à Same dou Saint-Esprit, et après son décès, de requiem, par mon los et par mon ottroi, tout ce qu'il acheta en tous preus et à champ et à ville, c'est assavoir en triages, en jardins et en toutes autres choses à Madame Héluy Mignon et ses hoirs à Charmes en l'angle. Et por ce que ceste aumosne soit ferme et estable, je et mes frères disusnommez avons mis nos saels en ceste presente lettre. Ce fu fait l'an de grâce M CC et LXI, en mois d'octobre (2).

---

(1) *Cartul., de Saint-Laurent*, nº IV. Bien que cet acte ait été publié par M. Champollion, j'ai cru devoir le reproduire, à raison de son importance. Il prouve que Marie de Joinville, sœur de Jean, n'a pas épousé le dauphin de Viennois, mais bien Jean de Trichatel. Gondrecourt, chef-lieu de canton, arrondissement de Commercy (Meuse).

(2) Ibid. nº v. Charmes en l'angle, canton de Doulevant, arrondissement de Wassy.

Lettre de quarante dous sous que on a es arpans de Joinville.

[1266]

Je Jehans, sires de Joinville, seneschaux de Champaigne, fas savoir à tous cex qui ces lettres liront et oiront que li doiens et li chanoines de Saint-Lorant ont chascun an XLII livres es arpans de Joinville à recoire des premiers deniers qu'on levera chascun an, c'est assavoir XII livres par mon frère Monsignor Jefroi de Joinville, signor de Vauquelour, que je li devoie asseoir, et li chanoine de Saint-Laurent doivent faire le service ledit Jofroi, chascun an, en l'église, et à sa mort et à sa vie; et XV livres qu'il y avoient anciennement, dont il avoient les lettres de mes devantiers, et XV livres que je lor a donnez et ottroiez à touz jours, pour un tortiz que on doit alumer chascun jor, quant on doit lever *Corpus domini* à la grant messe, dès que le *Sanctus* sera chantez jusque après la lévation. Et por ce que ce soit ferme chose et estable à touz jors perpétuelment, je ai saelées ces lettres de mon sael, faites à Joinville, en l'an de grâce mil CC et LXVI ans, en novembre, par la main mon signor Guillaume, mon chapelain (1).

Lettre de un homme que Saint-Laurent doit avoir à Joinville.

[1281]

Je Jehans, sires de Joinville, seneschaux de Champaigne, faz savoir à touz que comme discorde fust entre moi, d'une part, et le doien et le chapitre de Saint-Lourans de Joinville d'autre part, sur ce que lidiz doiens et chapitre disoient que Jehans de la coste de Joinville et sui fillastre, li enfant de Hersenette sa femme estoient lor homme, por faire le service de l'église Saint-Lorant;

---

(1) Ibid. nº XIII.

et je disoie qu'il estoit mon homme taillable. A la parfin, par conseil de bonnes gens, et par l'amor de Deu et de mon signor Saint-Lorant, je lor ai donné et quitté le devant dit Jehan de la coste pour sonner les cloches et por aus garder à la prison (?) et por ginischier et nestoier le mostier Saint-Lorant, et Hersenete, sa fame, frans et quites de mon service, toutes lor vies, en tel manière que, quant il défaura dudit Jehan, par mort ou par non poissance je et mi hor sommes tenus à bailler l'un des hoirs ou autre souffisant à faire le service de l'église a touz jours mais, toutes les fois qu'il défaurait par mort ou par non poissance, si comme il est dessus devisé, franc et quitte de mon service et de mes hoirs. Et pour ce que ce soit ferme chose et estable à touz jours, je ai ces présentes lettres fait saeler de mon sael, en l'an de grâce mil cc iiiixx et 1 ans, ou mois de juillet (1).

Jean approuve la transaction passée entre l'abbaye de Molesmes, représentée par le prieur de Vaucouleur et Jean, seigneur de Vaucouleur.

[1315]

A tous ceus qui verront et oront ces présentes lettres, Colars d'Andelou, clers-garde dou scel de la prévostei d'iceleu, salut. Sachent tui que Messires Jehans Bource-trovée, prestes, et Joffrois Marcels d'Andelou, tabellion jurei nostre seigneur le Roy, en la Chastellerie de Montesclaire et en ressort d'icelle, à ce faire estaubli, ont veu et tenu, et de mot à mot leu unes lettres saines et entières, non rasées, ne cancellées, ne en aucune partie d'icellés, corrompues et sans nulle suspection, seellées du scelz de hautes et nobles personnes, Monsignour Jehan de Jainville, signour de Vaucolour et Monsignor Jehan, signour de Jainville, chevaliers, contenant la forme qui sensuit.

A tous ceulx qui ces présentes lettres verront et oront, Jehans de Jeinville, sire de Vaucolour, salut en notre

(1) Ibid. n° xi.

signour, sachant tuit que comme je meisse empeschement en l'usaige que li prieux de Vaucolour, ha en la Weivre et en sa part dou paisnage de la dite Weivre, item en sa part de la pescherie de la rivière de Vaucoulour, item en la baisse jastice que lidis prieur dit lui avoir sur ses hommes demorant en la chastellerie de Vaucolour, lesquelles choses appartiennent au dit prieur pour la raison doudit priorei de Vaucolour, et liquelz prioreis appartient à religieuses personnes et honnestes, l'abbey et le convent de Moloimes en la diocèse de Laingres, pour raison dou monastère de Mouloimes, et li prieurs doudit prieuré de Vaucolour m'eust plusieurs fois requis, en non desdits abbey et convent, auquelz li di prioreis appartient pour raison dou monastère de Moulesmes devant dit, que les dis empeschemens je li ostace, lesquelz je li faisoie novellement, et en corrumpent ses chartres sur ce faictes, et en lui déboutant de sa saisine, laquelle il et les sui devancier avoient tous jours maintenue au titre des dites chartres; et je proposasse plusieurs raisons au contraire, par lesquelles je disoie que je povoie et devoie faire ce que je faisoie, non contrestant les chartres doudit priour et l'usage dont il se ventoit. A la fin je et li dit religieux, dou conseil de bonnes gens, et pour ostier tous plais, avons accordéi en la manière qui s'ensieut, c'est assavoir que lidis prieurs usera des orendroit en avant, sans empeschement que je ne mi hoir ne cil qui averont cause de moi, li mettiens ne puissiens en ladite Weivre pour édifier en la manière qui est contenu en sa chartre. Et pour sa partie du paisnage, li dis prieus pourra mettre en la dite Weivre, en temps de paisson, c'est assavoir dès le jour de la feste de Saint-Remey en chief d'octombre jusques à Karesmes-prenant, vint et cinc pors pris en sa norrisson ou aultre part là où il li plaira, et li dit terme passoi, li dis prieurs pourra envoier sens contredit en la ditte Weivre, tous ses pors de sa norrisson pour pasturer avec ses lestes, si comme sui devancier ont fait et accoustumé.

Itum lidit prieurs aura sa neif et son pescheour en la rivière de Vaucouleur, liquels peschierres pourra appelleir un garsou avec lui en la neif pour lui aider à peschier à son besoin, et en usera en la menière que mi pescheur en useront. Et pourra faire peschier par l'nn de mes hommes et par cui qu'il voudra, quelque part où il voudra, à la moitié ou au tiers ou au quint. Et pourra li peschierres audit prieurs faire de sa part sa volontei par vendaige ou aultrement. Et li dis prieus ne pourra la soie part vendre, mais la despeudra en son hosteil ou donra. Et je ne pourrai avoir plus de trois neiz en la dite pescherie, mais je pourrai faire de la pescherie toute ma plainne volontei, comme sires dou lieu.

Et est à savoir que je aurai perpétuelment en héritaige tous les hommes que ladite prieureis de Vaucoulour ha et puet avoir en toute la chatelerie de Vaucoulour et es appartenences, en quelque menière que ce soit. Et pour ce aura li dis prieus sexante souls de monnaie coursanble en Champaigne et quinze rezaulz d'avoine, liquel sexante sols seront pris sur la vente de Vaucoulour, c'est assavoir de Pasques trante souls, et à la feste saint Remey, en chief d'octombre, trente soulz; et lidiz quinze resaul d'avoine seront pris sur le four de Tusey à tousjours mais en héritaige. Et en ai pour ce obligié ausdis religieus ma vente de Vaucoulour et ceulz qui la tenront, et mon four de Tuisy et ceulz qui lou tenront, pour paier audit prieus ou à son commandement, chaucun an a tousjours mais les dis sexante sous et les quinze résaulz d'avoine aus termes dessus dis, et toutes mes autres ventes de bleis et de deniers, se la dite vente ou li dis fours défalloient ou déchoioent, par quoi il ne souffeisissent à paier les choses dessus dictes. Et se li ventiers ou li fourniers qui seront pour le temps estoient deffaillanz de paier audit prieus qui pour le temps sera les dis sexante soulz et les quinze resaulz d'avoine, chascun an aus termes dessus dis, li prieus qui pour le temps sera les pourra gagier ou faire gagier sens aultrui appelleir et a cui qu'il li plaira, se je ou mi successour, signour de Vaucolour en estiens défaillant, moi ou mes dis successour souffisemment requis desdis sexante soulz ou des quinze resaulz d'avoine, ou dou deffault ou des cous et des damaiges qu'il auront eus et encourrus pour la paie non faicte, et vendre et despendre les dis gages jusques au plain de sa paie dou principaul, des cous et des desmaiges. Toutes lesquelles choses lidis prieus tient et tenra en ma franche garde et de mes successeurs, signours de Vaucolour, avec la prieuré de Vaucolour et les aultres choses que il i tient. Et parmi ce lidit homme et tous li drois que li dit religieux y porroient et puent avoir demeure à moi et à mes hoirs perpétuelment.

Et pour toutes ces choses plus fermement tenir, gardeir et acomplir, je oblige et ai obligié as dis religieus espécialment ma vente de Vaucolour et mon four de Tusy, et tous mes aultres biens, et les biens de mes hoirs, présens et avenir, en quelque leu qu'il soient ou qu'il pourront estre trouvei, et promet à garentir as dis religieus toutes les choses dessus dites, et chaucune d'icelles envers tous et contre tous, en jugement et defors, et espécialment contre très-hault, très-puissant et très-excellent prince, lou Roy nostre Signour, et en oblige as dis religieus, moi et mes hoirs si comme dessus est dit. Et pour plus grant seurtai, je ai requis à très noble homme mon chier signour et mon chier oncle, monsignour Jehan signour de Joinville, de cui la dicte ville de Vaucolour muet, que il toutes ces choses weille confermeir et aggréer, et mettre son seel en ces présentes lettres avec le mien.

Et je Jehans, sires de Joinville, à la requeste doudit Jehan, mon chier neveu, signour de Vaucoulour, weil et ottroi et conferme toutes les choses dessus dites, en la menière que elles sont dessus escriptes. En tesmoignaige de laquel chose, je ai mis mon seel en ces présentes lettres avec lou seel doudit Jehan, mon chier nevou, signor de Vaucolour, que furent faictes l'an de grâce nostre Signour mil trois cens et quinze ou mois d'octembre.

En tesmoignaige de veritei, je, Colars dessus dis, clerc, à la relacion des dis jurés ai seellés ces présentes lettres dou seel de la prévosté d'Andelou et de mon propre seel en contre seel, sauf le droit le roi nostre signour et l'autrui, qui furent faites l'an de grâce mil trois cent trente et quatre le septême jour dou mois de septembre (1).

---

(1) Archives de la Côte d'Or, H, n° 249. Cette convention a été acceptée pour le couvent de Molesmes, dès le mois de Juillet 1313, par Gui, abbé de de ce monastère. Thusey dépend aujourd'hui du bourg de Vaucouleurs (arr¹ de Commercy, Meuse).

Jean reconnaît tenir en fief du comte de Bar la terre de Montier-sur-Saux et d'autres domaines.

[1263]

Je, Jehans, sires de Jainville et séneschaus de Champaigne, fais cognoissant à tous que je tain de mon signor Thiébaut, conte de Bar, en fié et en hommage ligement Montiers-sur-Saut et les appandisses, et les forez et les bois de ce mesmes leu, la garde et l'abaie d'Escurei, ce que j'ai à Bioncort, à Ribaucort, à Juvinneis, à Buires, de mon patrimoine et de mon demoigne, et la garde de la terre que l'église de Saint-Michiel a es dites villes et en toutes les maisons et les granges d'abaies et de religion qui sunt es villes devant dites et es bans et justices des devant diz leus et toutes les appandisses de ces leus meismes qui sunt de mon héritage et que je tain en mon demoigne. Et de toutes ces choses devant dites, sui je hons liges au devant dit conte de Bar avant tous homes après le roi de Navarre, et quiconques sera sires de Jainville il doit tenir ces fiez desus només dou conte de Bar, et de ces fiez devant diz me doit estre aidans mes sires li cuens de Bar contre tous homes jusqu'à droit. Et parmi ces choses li cuens de Bar ne sui hoir ne puent retenir desus i ans nus des homes des fiez devant diz ne des gardes. En tesmoignage de laquel chose et pour ce que ferme soit, et estable, j'ai saellées ces lettres de mon sael, qui furent faites l'an de grâce mil dous cens et sixante trois ans, en mois de aoust, le jour de la Saint-Lorant (1). »

Vente des fiefs de Gérauvilliers et de Badonvilliers à Thibaut, comte de Bar.

[1256]

Je Jehans, sires de Joinville et seneschax de Champaingne, fas savoir à touz cex qui verront ces lettres que je ai vandu et

---

(1) 10 août. Archives de la Meurthe. Boncourt, canton et arrondissement de Commercy. Ribaucourt, canton de Montier-sur-Saulx, arrond. de Bar-le-Duc. Juvigny, canton d'Ancerville, arrondissement de Bar. Bure, canton de Montier-sur-Saux (Meuse).

quitté, à touz jors, à monsegnor Thiébaut, conte de Bar, le fié que li sires de Gondrecort tenoit de moi entièrement à Gillauvillers et Badonvillers pour huict vingt livres de provenisiens fors, des quex je me tieng à paié entièrement. Ce fut fait en l'an de grâce mil deux cens cinquante et six ans, en mois de septembre (1).

Jean, sire de Gondrecourt, ne peut rien mettre de son fief de Gondrecourt hors de sa main sans la permission du comte de Bar.

[1258]

Je Jehans, sires de Joinville et seneschauz de Champaigne, fais scavoir à tous cels ki ces lettres veiront et oiront que Jehans, sires de Gondrecourt en partie, at crantei par devant moi et recognu qu'il ne puet ne ne doit oster ne mettre fors de sai mein quant qu'il at à Gondrecourt. ne aus apandises, ne an lai chastellerie de ladite Gondrecourt, se par le conte de Bar non. Et s'il avenoit que lidiz Jehans en fuet fors en aucune manière que puet avenir, li fiez de Demeinges que Jehans devant dit tient dou conte de Bar, et les apandises, vardes, arriervardes, fiez et quan qu'il vient dou conte devant dit et que on tient doudit Jehan revaindent audit conte de Bar quittement et sans nul reclain doudit Jehan et de se hoirs, fors que tant que messires Hanris, cuens de Waidémont i porroit revenir comme hoirs, et les tenroit doudit conte de Bar einsy comme cil Jehans et sui devanterien les ont tenu. Pour ce tesmoignier, ai saelées ces lettres de mon seel par lai requeste de Monseignor le conte de Bar, le conte de Vaidémont et Jehan devant nommez. Ce fui fast quant li miliaires corroit par mil dous cens et cinquante et eut ans (2).

---

(1) Arch. de la Meurthe. Gérauvilliers et Badonvilliers, canton de Gondrecourt, arrondissement de Commercy, Meuse.

(2) Id. Demange-aux-Eaux, même canton.

Vente au comte de Bar de ... livrées de terre qu'il devait asseoir à Gautier, seigneur de Reynel.

[1263]

Je Jehans, sires de Joinville et seneschax de Champaigne, et je Aalis, dame de Joinville, fille mon segnor Gauthier, signor de Rinel, sa enarriers, faisons savoir à touz que nous avons vendu au noble baron Thiébaut, conte de Bar, pour quatre cens livres, desquelx nos tenons pour... livrées de terre que li cuens devoit asseoir au segnor de Rinel et teil compaingnie cum li devant... avoit à Guillaume de Dienville à Dehourville, nous li octroions et les hommes de Mandres que li... acheté à mon segnor Huon de Sorcey, qui estoient de nostre fié, nous li otroions aussi. Et... conte que nos acroicerons son fié dedans dix ans ci-après de douze livrées de terre... Et pour que ce soit ferme chose et estable, avons saellées ces lettres de nos saelz. Ce fu fait l'an mil deux cens et sexante trois ans, en mois de Joingnet (1).

Perrin de Bienville reconnaît qu'il doit garde à Gondrecourt si le comte de Bar constate que ce droit lui est dû.

[1282]

Je Jehans, sires de Joinville, et seneschaus de Champaigne, faz assavoir à touz que, en ma présence establiz, Perrins de Bienville, mes escuiers, reconeut qu'il veut et otroie que se li nobles biers Thiébauz cuens de Bar, trove par loul enqueste que lidiz Perrins li doie garde à Gondrecort, que il et sui hoir la paieront audit conte et à ses hoirs à Gondrecout, tout soit ce que lidiz Perrins ne l'an connoissoit mie la dite garde. En tesmoignaige de la queil chose, je, à la requeste ledit Perrin, ai ces présentes lettres fait seeler de mon seel, le jour de la Touzsaint, en l'an de grâce mil deux cenz quatre-vinz deuz ans (2).

---

(1) Arch. de la Meurthe. Mandres, canton de Montier-sur-Saux, arrond., de Bar, Meuse.
(2) Ibid.

Jean et Alix ratifient au profit de l'abbaye d'Evaux toutes les acquisitons faites par ce monastère dans les domaines de Reynel, depuis la mort de Gautier, père d'Alix.

[1278]

Nos, Jehans, sires de Joinville et de Rinel, seneschauls de Champaigne, et Aelix, sa femme, faisons savoir à touz que com li abbés et li convens de Vaus en Ornois de l'ordre de Citels, de l'esveschié de Toul aient acquestei en nostre terre de Rinel et en nos fiez, puis la mort de Monsignor Gautier, signor de Rinel, qui fut père à moi Aelix davant dite, quatre faucies de prei en ban de Sirefontaine, à dame Amengart, suer Joffroy lou clerc de la dite ville, desquels les dous soient on prei con dit à Gignonprei, et les autres douz atres on Bruillet, selonc nostre prei, avec les douz frotissez (pour fossés?) qui parfont les douz darriennes faucies; aprez, dix jours et demei de terre arable, on ban de Charcei, achetez à Joffroi de Sirefontaine, clerc desus noumei; aprez, on ban de Limeiville, jour et demei à la mairie Branchie de Ane; aprez, douze jours en Reoulainne à Michelet de Charcey; aprez, un jour en Reoulainne au fil Jehan de Limeiville; aprez, un jour à Mainette de la dite ville; aprez, douze jours en Réoulainne de Thierrion; aprez, douz jours au Perrier fourchie; aprez, douz jours selonc Girbaudainne; aprez, une fauchie de prei en Réoulainne achetée à Joffroi de Limeiville; aprez, lou sezime d'une faucie de prei à Warnier, fil Perrin de ladite ville; aprez, une faucie de prei en ban de Limeiville que Arnous li Bons, de Mandres, avoit achetée à Michelet de Charcei; aprez, trente cinc resauls de mouture on moulin de Houdelaincourt, acheteiz de Warnesson de Jaulons, escuier, et à ces hoirs. Aprez, com lidis abbés et convens aient encor aquestei auvec les choses dessus dites, sept resauls de mouture on moulin de Baudignecort, et un resaul de froument es assises de ladite ville, qui lor furent aumonei de monsignor Guillaume de Baudignecort, chevalier, qui fut et de dame Mahaut, sa fille. Nos Jehans et Aelix devant dit, par Deu et en aumone, et por quarante douz livres et dix sols de bons provenisiens fors, desquels nos avons receu nostre plain paiement, en bone monoie nombrée, baillée et délivrée, toutes les choses dessus escrites avons louées, otroiées et confermées, louons, otroions et confermons audit abbei et convent à tenir à tous jours perpétuelment. Et lor avons aussi otroiei et confermei tous les héritaiges qu'il avoient acquis en fiez et en arrier fiez de Rinel, jusques au jour que mes sires Gautiers, sires de Rinel, nostre devanciers qui fut ala de vie à mort, sauf à nos et à nos hoirs, signors de Rinel la garde de en ces chozes desus escrites, avec la garde de Ormenson et de Weycort, et les appartenances des dous granges qui sont en nostre garde. Et je Aelix desus dite ai promis par ma foi corporelment donnée à tenir toutes chez choses ainsi com elles sont desus devisées fermement à tous jours. Et por ce que ce soit ferme chose et estauble à tous jours. Nous Jehans et Aelix devant dit avons mis nos saels en ces présentes lettres, qui furent faites et données en l'an de grâce mil dous cens sexante dix et oit, on mois de Décembre (1).

Transaction entre Jean, s. de Joinville, et Jean, s. de Dampierre, qui contestait à son parent le droit de faire flotter ses bois sur la Marne. Il prête au sire de Joinville une somme de 1500 livres et, jusqu'au remboursement, il sera dispensé de l'hommage de Chancenay.

[1298]

Je, Jehans, sires de Dampierre et de Saint-Dizier, fas savoir à touz qui ces presentes lectres verront et orront que comme Messires Jehans, sires de Joinville, mes cousins, vousist mener ses bois aval la rivière de Marne, parmi ma terre, et je ne le vousisse mies sofrir, par le consoil de noble homme, mon signour li comte de Flandres, mon oncle, et de nos autres amis, acors a esté fais entre nous et ledit monseigneur Jehan, seigneur de Joinville, seneschal de Champaingne mon cousin, parmi ce que je li ai prestei mil et cinc cens livres de petiz tournois, par tel condicion que il ne sui hoir ne puent oquoisonner moi ne mes hoirs de ces querelles dessus dictes, jusques adonc que il ou si hoir aient rendu et fait

---

(1) Meuse, abbaye d'Evaux. Houdelaincourt et Baudignecourt, canton de Gondrecourt, arrondissement de Commercy, Meuse.

grei entièrement à moi où à mes hoirs des mil et cinc cens livres desus dictes, ne n'en puet lidiz sires de Joinville ou si hoir mectre en court ou en plait moi ne mes hoirs des chozes desus dittes tant comme il ou si hoir tenront les chozes desus dittes, c'est asavoir les mil et cinc cens livres.

Et est encor à savoir que lidiz sires de Joinville ne si hoir ne puent contraindre moi ne mes hoirs de venir en lour hommaige de la ville de Chancenay, qui est de son fié que mes pères tint de lui, tant comme il ou si hoir tenront les mil et cinc cens livres desus dittes.

Et je ou mi hoir sommes tenu à pranre et à recevoir les dittes mil et cinc cens livres desus dittes sans dangier, toutes les fois que lidiz sires de Joinville ou si hoir les vouront paier ou rendre à moi ou à mes hoirs.

Et est asavoir que quant li sires de Joinville ou si hoir auront rendu les mil et cinc cens livres à moi ou à mes hoirs, je et mi hoir seront tenu à revenir en hommage de lui ou de ses hoirs dou fié de sa dite ville de Chancenay. Et aura lidis sires de Joinville ou si hoir au tel droiture de mener ses bois par mi ma terre comme il avoit devant ce que les mil et cinc cens livres li furent prestées. Et pour que ce soit ferme choze et estable, je ai seelées ces lettres de mon seel qui furent faites l'an de grâce mil deus cens quatre vins et huit en mois de mars (1).

Jean confirme à l'église de Châlons une rente de 40 s. tourn. sur le péage de Joinville, pour l'anniversaire de son père Simon. Il donne au même chapitre un fragment du chef de saint Etienne.

[1309]

Jehans, sires de Joinville, seneschaus de Champaigne, fas à savoir à touz ceux que ces presentes lettres verront et or-

---

(1) Haute-Marne, Chancenay, canton de Saint-Dizier, arrondissement de Wassy. Il s'agit de Jean II, fils de Jean I, comte de Dampierre et de Saint-Dizier : ce dernier était frère de Gui, comte de Flandre. Geofroi IV, s. de Joinville, avait épousé Helvide, fille de Guillaume I, comte de Dampierre, auteur commun des parties mentionnées dans l'acte ci-dessus.

ront que quarante soulz de tournois petis, que li doyens et li chapitre de l'esglise de Chaalons disoient avoir en mon paage de Joinville, chacun an de ancienneté, pour faire l'anniversaire de mon signeur Simon, signeur de Joinville, don Diex ait l'âme, et je moi soie souffisemment enfourmés que ainsis estoit comme il le maintenoient, je, qui ne vourroie mie les rantes de sainte Esglise amanrir, mais avant acroistre, wiel et otroy que lidit doyens et chapitres praignent et aient les dis quarante soulz chascun an à touz jours sus ledit paage au bordes et qu'il en joient poisiblement à tous jours. Pour laquel chose tenir et garder fermement, je en oblige par ces présentes lettres ledit paage, moi, mes hoirs et mes successours en yceli paage, et conferme et amorti les diz quarante soulz. Et doin audis doyen et chapitre un vaysau là où il a dou chief mon signeur saint Estene, que li princes de Anthioche moi donna, lequel vaysau mes sires Jehans d'Ourcout, chapelains de ladite esglise reçut le jour que ceste letre fu donnée. Et proy et requier et supplie au devant diz doyen et chapitre que il willent faire mon anniversaire chacun an dou Saint Espir, tant cum je vivrai, et après mon décès de *requiem* pour l'arme de moi, de mon père, ma mère, et de touz mes autres amis. En tesmoignage des choses de sus dites et pour que ce soit ferme choze et estable, je ai seelé ces lettres de mon grant seel et de mon grant contre seel, qui furent faites le samedi après les octaves saint Martin d'yver, l'an de grâce mil trois cens et neuf (22 novembre) (1).

---

(1) Marne, *Chap. St-Etienne de Châlons*, l. 32. Ce prince d'Antioche, qui tenait Joinville pour parent, était Bohémond VI, qui lui fit, ainsi qu'à ses chevaliers, de grands dons, « se nous les vousissions avoir pris nous ne « vousimes rien penre, ne mais que de ses reliques... » dit notre historien (ch. cxviii,) en rendant compte de son pèlerinage à Notre-Dame de Tortose. Nous connaissons ainsi l'origine des reliques de saint Etienne dont il est question dans l'acte ci-dessus.

FAMILLE ET ALLIANCES

—

Jean eut de sa première femme, Alix de Grandpré, cinq enfants qui sont :

I. N..... dont l'existence est certaine, car Joinville dit expressément qu'au moment de son départ pour la croisade, il laissa dans son château deux enfants : le second, né de la veille de Pâques 1248, fut :

II. Jean de Joinville, seigneur d'Ancerville, mentionné avec son frère Anseau et avec son père, dans le mandement donné à Lorris, en 1303, par Philippe-le-Bel, et envoyé aux nobles de Champagne convoqués à Lagny. Il reçut de son père la terre et la seigneurie d'Ancerville, qu'il avait eues en don de Jean I, seigneur de Saint-Dizier et de Vignory. Il mourut sans enfants. Du Cange fait remarquer que Isabeau de Lorraine, fille du duc Ferri III, se qualifiait dame d'Ancerville, dans un titre de l'année 1348, d'où l'on pouvait induire qu'elle avait épousé Jean de Joinville. Mais dans la généalogie des ducs de Lorraine, on lit que Isabeau épousa Henri III, comte de Vaudémont.

III. Geofroi de Joinville, seigneur de Brequenay, marié à Mabile, sœur de Guillaume de Lisignes, de la maison de Villehardouin, et veuve de Erard I, seigneur de Nanteuil (titres de 1273 et 1281). Il mourut sans enfants, après l'année 1294 (1).

IV. N... de Joinville, femme de Jean, seigneur de Charny.

Jean eut de sa seconde femme, Alix de Reynel, fille de Gauthier de Reynel et d'Helissande, quatre enfants qui sont :

I. Jean, sire de Reynel, qui hérita de sa mère; il fit au sujet de la terre de Reynel, un accord avec son père en 1288. Il décéda avant son père, après l'année 1300 (2).

---

(1) C'est par erreur que Ducange cite comme fils d'Alix de Grandpré, André de Joinville, seigneur de Bormay.

(2) D'après le père de Sainte-Catherine, ce seigneur devint le chef de la maison de Joinville, qui s'établit dans le royaume de Naples, à la suite de la maison d'Anjou. S'il en est ainsi, il faudrait admettre qu'il n'était pas l'aîné d'Anseau, autrement il aurait succédé à la seigneurie de Joinville et à la sénéchaussée de Champagne. Toutefois, certains indices permettraient de supposer que Jean renonça non seulement à tous ses droits dans la succession de son père, mais encore dans la seigneurie de Reynel qu'il tenait de sa femme, car nous verrons Ancel prendre dans la suite le titre de seigneur de Reynel. Jean, chef de la branche de Naples, fut envoyé en 1283 par Charles, prince de Salerne, à la République de Venise. Il fut créé par Charles II, grand connétable de Sicile, en 1307. Il épousa Belle Dame, fille de P. Ruffo, comte de Cantazaro, et mourut avant l'année 1315.

Geofroi son fils, lui succéda dans les seigneuries de Venafro et d'Alifi. Il se distingua dans la défense du pont de Brindes, contre Roger de l'Oria, amiral de Frédéric, roi de Sicile, qu'il combattit corps à corps. Il mourut prisonnier aux mains de l'ennemi.

Geofroi II, fils du précédent, était en France lorsque son père mourut; il fut tué dans une rencontre avec des routiers, le 29 juin 1335 ; il laissa de Jeanne de Baux, sa femme, Nicolas qui suit.

Nicolas de Joinville devint seigneur de Saint-Ange, par la faveur du roi Robert, qu'il perdit peu après. En 1345, il prit parti pour Pierre IV, roi d'Aragon, et fut député en ambassade à Avignon, auprès du Pape. Il entra

II. Anseau ou Ancel, seigneur de Joinville et sénéchal de Champagne.

III. André de Joinville, seigneur de Beaupré, qui eut d'Isabelle, dame de Bonnet, Ansel et Roger. Roger, seigneur de Beaupré, eut de Agnès, dame de Puligny,

I		II	
Aubert, s. de Beaupré, marié à Agathe de Grand, dont :		André, seigneur de Bruley, en 1419.	
1	2	1	2
Mahaut, mariée à Ant. de Ville, s. de Haraucourt.	Jeanne, mariée à Gérard de Puligny.	Pierre, s. de Bruley. 1 Jeanne, dame de Bruley.	André.

IV. Alix (ou Béatrix) de Joinville, mariée en premières noces à Jean, seigneur d'Arcis-sur-Aube ensuite au service du roi Philippe-de-Valois, qui l'employa en plusieurs négociations et lui assigna trois mille livres de terre à prendre sur le parc de Laichy en Champagne (1347). Il prenait alors la qualité de comte de Terreneuve, du chef de sa femme Marguerite de l'Oria, fille de Roger de l'Oria, grand amiral de Sicile, dont il n'eut pas d'enfants. Mais de son premier mariage qu'il contracta après l'année 1320, avec Ilaria di Sus, il aurait eu quatre fils.

1	2	3	4
Amé ou Amélio de Joinville, c° de St-Ange et maréchal du royaume de Naples, père de Jeanne de J., mariée à 1° Louis de Sabran, c. d'Oriano; 2° Simon de Sanguine, c. de Bagnara; 3° Nicolas Filanger de Lapigio. Il avait un fils naturel, Nicolas de Joinville.	Philippe de Joinville épousa Agnès Pietramala, fille de la dame de Campomarino.	Louis de J. épousa Orsoline, comtesse de Satriane, vivait en 1403.	Eléazar de J. qui devint abbé du monastère de Ste-Marie de Gualdo de Mazzica.

et de Chacenay. Dans le traité passé à Joinville, en 1300, et où figurent son père et ses frères Jean, sire d'Ancerville, et Ansel de Joinville, seigneur de Rimaucourt, elle reçut 300 livres de rente, avec trois mille livres tournois. Jean d'Arcis étant mort avant l'année 1307, elle épousa en secondes noces Henry d'Angleterre, duc de Lancastre, seigneur de Beaufort et de Nogent, fils d'Edmond d'Angleterre, duc de Lancastre, et de Blanche d'Artois. Edmond était frère du roi d'Angleterre Edouard I, et avait été régent de Champagne, par suite de son mariage avec la veuve de Henri III (1276-1284).

X

ANCEAU.

Anceau avait succédé à son frère aîné Jean, dès l'année 1302, dans la seigneurie de Reynel. En cette qualité, il se trouvait sans doute vassal du comte de Bar, car il fut désigné par ce prince avec trois autres chevaliers, pour lui servir d'ôtage et garantir l'exécution du traité qu'il conclut à Bar-sur-Aube avec le duc de Lorraine Ferri IV, au mois de juillet 1315 (1). Nous l'avons vu, dès l'année 1312, prendre part avec son père à la campagne dirigée contre le duc de Lorraine par Philippe-le-Bel. Dans le courant de la même année 1315, il assistait le comte de Bar dans la fondation du chapitre de l'église Saint-Pierre, à Bar-le-duc (2).

Ce fut sans doute pour reconnaître les services qu'il avait rendus dans la campagne de Lorraine, que Louis-le-Hutin désigna Anceau de Joinville comme l'un des exécuteurs de son testament. Il est nommé dans le traité du 17 juin 1316, conclu

(1) D. Calmet, *Hist. de Lorraine*, t. II. p. 447
(2) Ibid, p. 498.

à Vincennes entre le roi Philippe-le-Long et Eudes IV, duc de Bourgogne. Dans cette convention, il fut décidé que la loi salique ne permettait pas que les femmes héritassent de la couronne; que Jeanne, fille du roi Louis-le-Hutin qui venait de mourir, renoncerait à ses prétentions et se contenterait de sa part dans le royaume de Navarre et dans le comté de Champagne (1).

C'est en 1317 que Anceau devint, après la mort de son père, seigneur de Joinville et sénéchal de Champagne. Dans le courant de la même année, il fut désigné avec plusieurs autres seigneurs par le roi Philippe-le-Long, afin de statuer comme arbitre au sujet de l'hommage que ce prince réclamait du duc de Bourgogne pour plusieurs nobles de Champagne qui possédaient des fiefs dans ses états (2).

Désormais, Anceau figure parmi les chevaliers attachés le plus étroitement au souverain; on le voit accompagner le comte d'Evreux sur les frontières de Flandre, ayant à sa suite huit chevaliers et trente et un écuyers (3). Il est cité dans un autre acte

---

(1) D. Plancher, *Hist. de Bourgogne*, t. II, p. 144. Anceau est simplement appelé A. de Joinville, seigneur de Reynel.

(2) Guichenon, *Hist. de la maison royale de Savoie*, t. I, p. 377.

(3) Ducange. Il s'agit sans doute de l'une ou de l'autre des expéditions dirigées sur la Flandre, en 1316 ou en 1317, pour tenir la main à l'exécution du traité passé au mois de juin 1316 avec le comte de Flandre. Dans la première, un corps de troupes envoyé à St-Omer fit, sous la conduite du

parmi les chevaliers bannerets, comme faisant partie, avec le même comte d'Evreux, de la maison de Charles, comte de Poitiers, depuis roi de France (1). Il est nommé enfin parmi les exécuteurs testamentaires du roi Philippe-le-Long, dans son testament en date du 26 août 1321 (2).

Peut-être faut-il attribuer à ces absences et à son séjour auprès du prince, cette circonstance que, dans le courant de l'année 1320, la seigneurie de Joinville était administrée par un gardien (3).

Au mois de mai de l'année 1322, nous voyons Anceau appelé par le comte de Bar à signer les conventions arrêtées entre ce prince et l'église de Verdun (4).

Le 28 mai de l'année suivante, le comte de Bar conclut un traité avec le roi de Bohême, pour le mariage de son fils aîné avec la fille de ce prince. Anceau fut caution de l'exécution de ces conventions avec Philippe, comte du Mans, et Mathieu de Trie, maré-

---

sire de de Marequigneul, quelques courses sur les territoires de Bergues et de Cassel. Dans la seconde (1317), la chevalerie française était sous les ordres de Gauthier de Châtillon et de Henri de Sully. (Le Glay, *Hist des comtes de Flandre*, t. II. p 343, 344.)

(1) Ducange.

(2) Collin, *Tablettes Historiques*, p. 32.

(3) Dans un acte de l'année 1320, Geofroi d'Ecot, chevalier, seigneur de Maraut, prend la qualité de gardien de la terre de Joinville, de Curel et de Rimaucourt. (Acte passé entre le prieur de Rimaucourt et l'abbé de la Crête ; arch. de la Côte-d'Or, H, 196.)

(4) Vassebourg, f° ccccvi.

chal de France. Dans le courant de la même année, il accorda aux habitants de la Neuville à Mathons des droits d'usage et de pacage dans la forêt : en 1234, il fut autorisé par lettres patentes de Charles le Bel à y percevoir des droits de jurée, c'est-à-dire une redevance annuelle et proportionnelle sur les meubles et sur les personnes (1). L'année suivante il améliora la condition des habitants de Joinville pour lesquels le paiement de la jurée était une charge trop lourde : avec l'agrément du roi de France, il convertit ces redevances en un abonnement de deux cents livres et fixa la contribution de chaque feu à une valeur déterminée (2).

Cependant, indépendamment de ses devoirs de vassal envers le comte de Bar et le roi de France, Anceau avait des rapports analogues avec le duc de Bourgogne. En 1325, ce prince voulant porter secours au comte de Savoie qui se trouvait en guerre avec le dauphin de Viennois, lui envoya des troupes auxiliaires commandées par son frère Robert, comte de Tonnerre. Les alliés furent complètement défaits à la bataille de Varey : Robert de Bourgogne et Jean de Châlons furent faits prisonniers. Dans le traité conclu pour la délivrance du comte de Tonnerre, sa rançon fut fixée à deux cent mille livres, dont le duc de Bourgogne se porta caution avec les comtes de Flan-

---

(1) (2) Collin, p. 33 et p. 169.

dre et d'Eu, Anceau de Joinville et d'autres seigneurs (1).

Il est vraisemblable que ses devoirs de vassal l'appelèrent à prendre part à la campagne de Flandre, en 1328. Le jour de son sacre, Philippe de Valois avait juré solennellement qu'il rétablirait le comte de Flandre dans ses états révoltés. Toute la chevalerie française se réunit autour de l'oriflamme : dans le cinquième corps commandé par le roi en personne, se trouvaient le roi de Navarre, Ferry IV, duc de Lorraine, Edouard, comte de Bar, suzerain du sire de Joinville : le duc de Bourgogne avait un autre commandement (2). Cette expédition se termina par la sanglante bataille de Cassel. Mais la soumission des villes ne mit pas un terme aux divisions des seigneurs du pays. Le comte Louis avait acquis de l'évêque de Liége la ville de Malines, qui relevait du duc de Brabant, auquel les habitants étaient fort attachés. La guerre commença entre les deux princes (1333). Le duc de Brabant avait pour auxiliaires le comte de Bar et le roi de Navarre. Le roi de France s'interposa, et un accomodement fut signé, en 1336, auquel prit part, en qualité d'arbitre, Anceau, sire de Joinville, délégué de son souverain (3).

(1) Guichenon, p. 377, 379. En 1325, Anceau rendit au roi Charles quatre cents livres de rente sur les villes de Bourbonne et de Chantemerle, que Louis le Hutin lui avait données pour en jouir durant sa vie. (Trésor des Chartes.)
(2) Le Glay, t. II, p. 382.
(3) Ibid. p. 399. C'est par erreur que M. Collin a donné à ce traité la date de 1328.

Cependant, l'année précédente, le roi, qui avait formé le projet de se croiser, avait commis le comte d'Eu, connétable, et le maréchal de France de Briquebec, pour recevoir les gens d'armes qui devaient prendre part à cette expédition. Anceau fut désigné avec eux pour cette mission de confiance : il est possible qu'il accompagna ce prince à Avignon et à Marseille où des vaisseaux avaient été préparés. Philippe de Valois fut détourné de ce projet par la guerre qui ne tarda pas à s'engager en Gascogne et en Flandre avec le roi d'Angleterre.

Mais auparavant, le sire de Joinville avait dû se rendre à l'appel du duc de Bourgogne qui se trouvait en guerre avec Jean de Châlons–Arlay. Ce seigneur et ceux qui, avec lui, avaient pris parti pour le dauphin de Viennois, n'avaient pas vu sans dépit le comté et le duché de Bourgogne réunis sous la même domination. Le roi ne réussit pas à apaiser les différends qui s'étaient élevés entre le duc Eudes et Jean de Châlon, au sujet de la ville de Salins et des redevances réclamées par ce dernier. La guerre éclata. Jean de Châlon et ses alliés portèrent l'incendie et la dévastation jusqu'aux environs de Dole. Le duc réunit ses forces au commencement du mois de juillet 1336. « Adoncques, lisons-nous dans les Grandes Chroniques, le duc et conte de Bourgoigne, lequel avoit avec soy en son aide le roi de Navarre, le comte de Flandre, le comte d'Estampes, si assembla grant ost et s'en alla tenir siége devant le chastel messire Girart de Monfaucon qu'on appeloit Chaussi (Chaussin), et tint ilec son siége par l'espace de six semaines, et le prist... »

Le château de Marnay fut ensuite emporté. Un combat furieux fut livré presque sous les murs de Besançon. Au commencement de l'année suivante, les confédérés durent accepter la médiation du roi de France et se soumettre aux conditions les plus rigoureuses (1).

A la suite de cette guerre, le duc de Bourgogne, voulant récompenser Anceau de Joinville des services qu'il lui avait rendus, lui céda tout ce qu'il possédait dans la ville de Port-sur-Saône, sous certaines réserves (2).

Nous voyons encore que le sire de Joinville fut commis par le roi pour assister, avec d'autres personnages considérables, au traité d'alliance qui fut conclu à Paris, le 27 décembre 1335, entre Philippe de Valois et le roi de Castille (3).

En 1337, le roi d'Angleterre porta la guerre dans la Saintonge : il avait exigé que le roi de France lui restituât les places qui avaient été occupées, quelques

---

(1) *Grandes Chroniques*, t. v, p. 355. V. Clerc. *Hist. de la Franche-Comté*, t. II, p. 46 et suiv.

(2) Nous donnerons ci-après le texte de cette charte en date du 28 août 1336.

(3) Ducange. C'est par erreur que M. Collin fixe ce traité à la date de 1322.

années auparavant, par Charles, comte d'Alençon :
« Nul acort n'y pot entre mis, dit le chroniqueur de
« St-Denis, car messire Robert d'Artois empêchoit
« moult la chose si comme l'on disoit communément. »
Les Anglais prirent le château de Parcoul et ravagèrent
le pays : en revanche le connétable de France et le
comte de Foix s'emparèrent de plusieurs places de
Gascogne. Anceau de Joinville y fut envoyé et se fit
accompagner d'un banneret, de quatorze chevaliers
et soixante sept écuyers (1). Cette campagne se continua dans le courant des années 1338 et 1339.

Pendant cette guerre, Anceau fut créé maréchal de
France, car il figure en cette qualité dans les comptes
de l'ordinaire de Paris pour l'année 1338 (2).

Dans le courant de l'année précédente, il avait été
choisi par le comte de Bar, Henri IV, afin de terminer de concert avec le roi de Bohême, arbitre désigné
par Raoul, duc de Lorraine, le différend qui avait
donné lieu à une nouvelle guerre entre ces deux
princes. Liverdun avait été pris et repris ; le comte
de Bar refusait de faire hommage de certaines seigneuries qui relevaient du duché. Le roi de France
s'était interposé et c'est pour se conformer à ses désirs que Raoul et Henri avaient traité ; mais bientôt,
les arbitres crurent devoir renoncer à leur mission,

---

(1) Ducange.
(2) Le P. Anselme, *Hist des maréchaux*, art. *Joinville*.

et les belligérants se soumirent sans réserve au jugement de Philippe de Valois (1).

Cependant tout l'effort de la guerre engagée entre les rois de France et d'Angleterre s'était porté en Flandre (1340). Dans l'armée de Philippe de Valois se trouvaient le comte de Bar, les ducs de Lorraine et de Bourgogne, Gauthier de Brienne « et mains autres haus hommes » qui avaient été mandés pour faire lever le siége de Tournai, assiégé par le roi Edouard. Il est vraisemblable que Anceau de Joinville prit part à cette expédition à la suite de ses suzerains. Aucun document ne nous permet de vérifier s'il assista à la bataille de Crécy (1346), où périt, avec la fleur de la chevalerie, Raoul, duc de Lorraine, et où l'appelait sa dignité de maréchal de France.

Il avait épousé, avant l'année 1302, Laure de Sarbruche, fille de Jean, seigneur de Commercy, dont il n'eut pas d'enfants (2). Il épousa en secondes noces

---

(1) En 1338, Anceau fut envoyé par le comte de Bar au roi de France pour remettre tous ses intérêts entre les mains de cet arbitre suprême. (Ducange.) Les lettres de Philippe de Valois sur la paix entre ces deux princes, et où Anceau figure comme représentant le comte de Bar, sont à la date du 15 juin de cette année, et celles du comte approuvant le traité sont du 22 juillet. L'année précédente, Anceau avait figuré comme témoin dans le traité passé entre le roi de Bohême, et Henri, comte de Bar, au sujet de la garde de la ville de Verdun. (D. Calmet. II, col. DXCIII).

(2) Nous ne pouvons citer qu'un seul acte où Anceau figure avec sa première femme. En 1315, ils fondèrent dans leur château de Montier-sur-Saulx une chapelle qu'ils donnèrent à l'abbaye d'Ecurei. (Durival, *Description de la Lorraine*, etc., t. II, p. 362.)

Marguerite, fille de Henri III, comte de Vaudémont. Il hérita de ce comté, après la mort de son beau-père, Henri IV, qui fut tué à Crécy.

Anceau mourut avant l'année 1343 (1), et fut inhumé avec ses deux femmes dans la chapelle des princes qu'il avait fait construire en 1334. L'obituaire de Saint-Laurent faisait mention de sa mort en ces termes :

« Obiit nobilis miles Dominus Ancelmus, dominus de Joinvillâ et de Rinallo, ac senescallus Campagnie, qui fundavit et redificari fecit novam capellam juxtà ecclesiam nostram, et in dictâ capellâ sepulturam suam elegit (2). »

---

(1) Selon Vassebourg qui cite un acte de Henri, son successeur, en faveur du chapitre de Vaudémont, de l'année 1350. Nous en citerons même de l'année 1343, où Henri prend le titre de sire de Joinville.

(2) Champollion, *Documents*, 1, p. 622.

ACTES D'ANCEAU DE JOINVILLE

Anceau, devenu seigneur de Reynel, après la mort de son frère ainé, se trouva en possession des magnifiques domaines qui faisaient partie de cette seigneurie, savoir : Rimaucourt, Beaupré, Charée, Lemoville, Bonnet, Ribaucourt, Neuville, Epizon, Chambroncourt, Montot, Marnay, Cirey-les-Mareilles, etc. (1).

Lors de son mariage avec Laure de Sarebruche, il avait reçu du duc de Lorraine, une dot de 500 livres, dont nous possédons les quittances, en date des mois de janvier et de mars 1302.

On verra par un acte de 1324 ci-après, quelle était l'importance des sommes qu'il avait recues en dot du prince de Vaudémont, à l'occasion de son second mariage.

Il eut un différend avec le prieur de Chamberoncourt au sujet de l'abornement des bois et des droits de justice qui lui appartenaient comme suzerain. Les deux parties choisirent pour arbitre Guy II de Sailly, et Gauthier de la Roche, qui arrêtèrent les termes d'une transaction par laquelle

---

(1) D'Arbois de Jub. t. II, *Feoda Campanie*, p. XLVIII.

le prieur resta investi des droits de haute et de basse justice ; Anceau obtint de ce dernier qu'il garantirait le paiement des redevances dues par les tenanciers du prieuré au seigneur de Reynel, en sa qualité d'avoué. L'acte fut signé le 2 février 1302 (v. st.). Il est dit dans ce document, que la charte d'Ermengarde, dame de Reynel, continuera d'être exécutée : elle constatait en effet une précédente transaction passée entre le couvent de Molesmes pour le prieuré de Chamberoncourt, et Ermengarde, veuve de Girard, seigneur de Reynel, en 1313, aux termes de laquelle les tailles dues par les habitants de cette localité devaient être partagées par moitié entre les co-seigneurs. Les corvées étaient réservées au seigneur de Reynel. Il y était question du duel judiciaire.

Au mois d'octobre de l'année 1304, Anceau obtint du prieur l'autorisation d'établir un moulin sur une propriété dépendant du prieuré, à la condition de lui payer un sou de cens et d'y laisser les religieux moudre gratuitement un jour par semaine (1).

Il avait fait don à Erard de Vaucouleurs, son cousin, de la terre de Maconcourt : par un titre du 14 septembre 1322, il approuva la vente de ces domaines, consentie par ce dernier à l'abbaye de Saint-Urbain, moyennant la somme de cent livres tournois.

---

(1) Arch. de la Côte-d'Or, H, 229.

Au mois d'août de l'année 1324, il vendit, avec le concours de Marguerite de Vaudémont, sa femme, tout ce qu'il possédait à Poissons, au couvent de Saint-Urbain, moyennant le prix de quatre cent cinquante livres tournois (1).

En 1326, il figure comme représentant du comte de de Bar, au traité de Raincourt, conclu entre ce prince et la reine de France. Cet accord eut pour objet de terminer tous les différents qui avaient pris naissance à l'occasion des entreprises commises en Franche-Comté et dans le Barrois. La reine fit l'abandon au comte du fief de Jonvelle, et celui-ci prêta foi et hommage pour toutes les seigneuries qu'il possédait dans la Comté de Bourgogne, à l'exception des fiefs anciens relevant de Conflans.

On voit par un acte du 1er janvier 1331 (v. st.) comment Anceau de Joinville devint l'homme lige du duc de Bourgogne, il possédait en franc-aleu, le château de La Ferté-sur-Amance ; il reçut à titre de fief, une somme de mille petits tournois, et pareille somme à la condition de soumettre son château à la mouvance du duc Eudes. Une première convention constate cette reprise de fief : par un second acte du mois de juin de la même année, Anceau donna quittance de 1440

---

(1) En septembre 1333, il paya cent livres pour l'amortissement de ces domaines. (Quittances des trésoriers de France, archives de la Hte-Marne, Saint-Urbain, xe liasse, 9e partie.)

livres qui lui furent payées à valoir sur les sommes ci-dessus stipulées.

En 1339, Anceau fonda un service de trois messes par semaine dans l'Eglise de Saint-Urbain, et constitua au profit du monastère, dix livres tournois de rente, à prendre sur les assises de Joinville.

L'un des actes les plus importants auquel le nom d'Anceau de Joinville soit attaché, est la cession qu'il fit, en 1334, au roi Philippe-de-Valois, de la mouvance de Vaucouleurs, en échange de laquelle il reçut les terres de Possesse et de Charmont, qui relevaient nuement de ce prince comme comte de Champagne. La terre de Vaucouleurs appartenait alors à Jean de Joinville, arrière petit-fils de Simon, cousin d'Anceau, son suzerain. Un autre acte d'échange fut passé entre ce seigneur et le roi de France, aux termes du quel Jean reçut des fiefs d'une valeur équivalente à Méry, à Luchy et à Villois, dans le ressort de la prévoté de Vertus (1).

En 1338, Jean, duc de Normandie, fils du roi de France, donna à Anceau, entre autres gratifications,

---

(1) Sur l'échange de la mouvance de Vaucouleurs, V. Brussel, *Usage des fiefs*, p, 6.

Philippe-de-Valois fit procéder à l'estimation des domaines cédés à Jean de Vaucouleurs en 1335 par deux conseillers, et par les gardes des forêts de Champagne en 1337. L'acte de cession définitif, passé au mois de janvier 1342, énumère dans le plus grand détail la valeur des seigneuries dont il s'agit, qui comprennent la ville et la châtellenie de Méry avec le tabellionage, les jurées des villes de la prévauté de Vertus, seize ménages à Vergière, les morte-mains et formariages de Villois. Jean reçut en outre une soulte de 6,337 livres. (Arch. de la Côte-d'Or.)

les fruits et émoluments qui pouvaient lui appartenir, selon la coutume, à raison de la garde du fils de feu Aubert de Hangest, son gendre. (Du Cange.)

Nous savons qu'après avoir hérité du comté de Vaudémont, par suite de la mort de son beau-frère Anceau, il fonda six canonicats dans l'église de Vaudémont.

Ancceau donne quittance de trois cents livres à valoir sur la somme de 500 livres que Ferry, duc de Lorraine, avait promise en dot à sa femme.

[1301] (v. st.)

Je, Ancelz de Geniville, chevaliers, fais savoir à tous que des cinc cens livres de fors que nobles princes Ferris, dus de Lorreigne et marchis me devoit, qu'il doneit à ma feme en mariaige, je en ai receu cent livres de tournois, à Nancey, par la main Jackemin, le receveur, avec dous cens livres de fors que je en avoie gei reçu par la main Girart de Mirecourt. En tesmoignaige de ceu, je en ai donei ces lettres saelées qui furent faite l'an de graice mil trois cens et un, au lendemain l'aparicion nostre Seignour (1).

Anceau déclare tenir en fief deux pièces de bois qu'il a reçues de Edouard, comte de Bar.

[1311]

A tous ceulx qui verront et orront ces présentes lettres, Ancelz de Genville, sires de Rinel, salut : Sachent tuit que je, après le décept de Monsignour mon père, se je le sourvis. doie tenir en fiey deux pièces de boix, l'une séant dessus

---

(1) Arch. de la Meuse, *Cartul*. B, 256, f° 142. Dans un autre titre, extrait du même cartulaire, Anceau donne quittance de trois cents l. (Mars 1301.)

Estivey, que on appelle Lahaye, et l'autre pièce en la Haulte Soie, joignant au boix qui estoit donannés à l'église d'Ecurey, d'anciennetey de Eddevart, comte de Bar, mon amey seignour, lesquelles il m'at données, si comme il appert par ses lettres que je en ay, seellées de son seel ; et les devons tenir, je et my hoir en accroissant dou fié de Montier-sur-Seu que nous devons tenir de lui, je et my hoir, après le décept Monsignour mon père dessus-dit ; et se je trespassois de cest siècle devant Monseignour mon père, my hoir tenront en fié les deux dites pièces de boix dudit Eddewart, comte de Bar, et de ses hoirs. En tesmoignaige des quelles choses je ay mis mon seel à ces présentes lettres qui furent faites l'an de grâce mil trois cent et onze ans, le vendredi après la feste de la Nativité de Nostre-Dame, en septembre.

En tesmoing de la vision desquelles lettres, etc... (1).

Edouard, comte de Bar, déclare qu'il pourra racheter au prix de mille livres la terre de Bleurville, donnée en dot à Ancel de Joinville par le comte de Vaudémont. (2)

[1323]

Nous, Eddouarz, cuens de Bar, faisons cognoissant à tous que comme nous aions donnée à nostre amei et féal, mon seignour Henry, comte de Waudémont, la terre de Blureville, pour la somme de cent livrées de terre à tournois, laqueille nous poons racheteir, toutes fois qu'il nous plairat, de la somme de mille livres de petis tournois, et lidis cuens de Waudémont l'ait donnée à nostre bien amei et féal monsignour Ancel, signour de Joynville, par mariage faisent de lui et de Damoiselle Marguerite, fille [audit conte de Vaudémont, à savoir est que toutes fois qu'il nous plairat à racheter la dite terre de Blureville de la somme de mille livres, nous voulons et nous plait que lidis messires de Joynville puisse

---

(1) 10 septembre. (Arch. de la Meurthe.)
(2) Bleurville, canton de Monthureux, arr. de Mirecourt (Vosges).

acquesteir terre des distes mille livres en fieis et en arrierfieis de nostre contei de Bar. Et encor li avons nous promis et promctons à donneir, le mariaige fasent de li et de ladite Damoiselle Marguerite, deus mille livres de bons petis tournois, laquelle somme d'argent nous li avons promis et promctons en bone foi à rendre et à paier à sa volontei, toutes fois qu'il le nous requerrat, le mariage parfait et accompli. Et se nous estoiens de riens deffailliens de payer les dis deniers, tout ou partie, en la manière que dessus est dit, nous voulons que il nous puisse gagier et penrre de nos biens, où que il les pourroit trouver, pour vendre, et pour despendre, sent faire nul usage ne de ville, jusques il seroit payés à plain de la somme d'argent desus dite et de tous cous et despens qu'il averoit fais et mis en pourchascent cest argent. En tesmoignaige de la queil chose, et pour que ce soit ferme chose et estable, nous avons fait sceleir ces présentes lettres de nostre sceil, qui furent faites l'an de grâce mil trois cens et vint et trois, le mardi après feste saint Pierre et saint Paul, apostles (1).

Traité de Raincourt, entre la reine de France et le comte de Bar, représentés par Thomas de Savoie et l'abbé de Charlieu, d'une part, et par Anceau de Joinville et le bailli de Bassigny, d'autre part.

[1326]

L'an mil trois cenz vint et six, le diemenge davant feste saint Barnabé, apostre, à Raincourt, devant Jussey, fut traetié par nobles et sages hommes, Monsegnour Thomas de Savoie, frère Regnaut, abbey de Chierleu, pour très-haute, noble et puissante Dame, madame Johanne, Reyne de France; par Monsignour Ancel, signour de Jenville et de Rignel, et par Monsignour Gérard, bailli de Bassigny, pour Monsignour le conte de Bar, que de tous descors, entreprinses de domages

(1) Arch. de la Meurthe.

et de chatey, prins en la conté de Bourgoingne, et en la conté de Bar, paix estra entre ladite madame la Reyne et ledit Monsignour le conte, en telle menière que lidis cuens repanray de la dite madame la Reyne les deniers que lidis messires li cuens tient ou peus de Saillins (1) en acrroissance de fiez que il tient jà de li. Item, en repanray tous les fiez enclavez en la contey de Bourgoingne, exceptés les fiez anciens appartenant au chastel de Conflans : desquel fiez en s'emformeray tant par lettres comme autrement. Item lidis messires li cuens haveray de madite Dame la Royne le fié de Jonvelle sus Soone et des appartenances, et les repanray de ladite madame en accroissance de fié, en la forme et en la menière que li sires de Jonville le tient de ladite ma Dame. Item se il est resgardey par les dessusdis Monsignour Thomas et frère Regnaut, abbey de Chierleu pour ladite Madame la Royne, par ledit Monsignour de Jenville et par Monsignour Abraham de Brenes pour ledit Monsignour le conte que ladite Madame doie plus fare audit Monsignour le conte de proffit que doudit fié de Jonvelle pour la resese devant dite des dis fiez, la dite madame la Royne feray ledit proffit par le resgardt des dessus dis. Et ne sunt point compris en cest acort li denier que on doit audit Monsignour le conte dou peux de Saillins dou temps passey. Et est lour entente que ladite madame la Reyne et li dis messires li cuens soient tuit en la menière que lidit tractour l'acorderont. Et se point y a d'occultey, elle se déclarcira par lesdis tractours par lour resgardt. Et en semblant menière s'esclarcira par le resgardt des dessusdis le descors des avoinnes de la ville deu (?) de reloites et de tous anciens fiez et descors qui pourroient estre entre les dites parties. Et est fais ciez traictez ; se il plait à la dite Madame la Reyne et audit Monsignour le conte. Donney l'an et le jour dessus dis, sous le scel doudit Monsignour Thomas de Savoie (2).

---

(1) Il s'agit ici du puits ou des salines de Salins (Jura).
(2) Arch. de la Meurthe.

*Anceau de Joinville promet d'employer en acquisitions
d'héritages qui seront propres à sa femme,
six mille livres qu'il a reçus du comte et de la
comtesse de Vaudémont.*

*Rappel des conventions antérieurement passées entre
le comte de Vaudémont et le duc de Lorraine au
sujet de dix mille huit cents livres qui lui
ont été données par ce prince.*

[1323-1324]

A touz ceux que ces présentes lettres verront et orront, Gobers de Sommevoire, garde dou scel de la prévosté de Waissy, salut. Saichent tuit que par devant Humbelin et Maistre Thiéry, clers jurez, establiz à ce faire en la chastellerie de Waissy, vint en sa propre persone, espécialement pour ceste chose, haus hons et nobles, Messires Ancels, sires de Joinville et de Rignel, seneschaus de Champaigne, et recongnut de sa bonne volenté, senz nul contraignement, que comme plusieurs convenances eussent esté faites entre très-haut homme, très-noble et très-poissant, mon signeur Henri, conte de Wadainmont, et Madame Yssabel de Lorreine, contesse dice lieu, sa compaingne et espouse, d'autre part, seur pluseurs retintes de la terre de Dompaire et d'autres terres, si comme plus plainnement il est contenu en pluseurs lettres faites desdites convenances, contenant la fourme ci-après escripte, si comme lidiz messires de Joinville disoit :

« Nous, Henris, cuens de Wadainmont, et Yssabels de Lorreine, contesse de celui mesme lieu, sa femme, faisons savoir à touz que comme, on titre dou mariage fait de nous deux ensemble, haus princes et nobles nostre très chiers et bien amez sires Thiébaus, jadiz dus de Lorreine et marchis, eust donné à nous Yssabel, contesse dessus dite, deix mille livres de bons petits tournois, tant pour cause doudit mariage comme pour accort fait entre nous, et nostre très chiers et bien amez sires Ferris, dus de Lorreine et marchis, qui or est, eust aussi donné à nous contesse dessus dite, oct cenz livres de ladite monnoie pour un restoir fait à nous de la ville de Charmoise, dont il estoit tenus à nous ; et pour les dites deix mille livres et oct cenz livres de petits tournois, li devant dit nostres sires nous eussent assignez... et mis en wage, jusques à rachet des sommes d'argent dessus dites, la ville de Dompaire, le chastel, la fermeté et toutes les appartenances, le ban de Syrocourt et toutes les appartenances, ensemble grant quantité d'autres villes, rentes de deniers, de blez et d'autres choses, et espécialement oct vins trois livres, deux solz, deix deniers de bons Toullois de Nancey que nous avons et devons avoir chaucun an sus la hale et le paage de Mireeourt, pour lesdites deix mille livres, et quatrevins livrées de terre à petits tournois que nous avons et devons avoir chaucun an sus la saline de Rosières, pour les dites oct cenz livres de petits tournois, ensi comme il est plus plainnement contenu en pluseurs lettres faites des choses desus dites ; nous, nostre commun proffit et évident utilité considérée, et pour bien de pais, nous sommes accordé au dessusdit haut prince et noble, nostre chier et bien amé signeur Ferri, duc de Lorreine et marchis, en la manière qui s'ensent ; c'est assavoir que lidis nostres très-chier et amez sires Ferris, Dus, dessudiz, puisse racheter les wagières dessusdites des sommes d'argent dessus-nommées, à sa vie tant seulement, toutes foys que il li plairoit, toute à une foys, se il li plaisoit, ou à trois foys par parties, c'est assavoir : le chastel, la ville de Dompaire, les appartenances, le ban de Syrecourt, les appartenances, et tout plain d'autres villes à la plainne terre, pour la somme de sept mille cinc cenz cinquante trois livres, deux solz, seix deniers de bons petits tournois, tout à une fois, et les oct vinz trois livres, deux solz, seix deniers toullois que nous avons sur la hale et le paage de Mirecourt, à une autre foys, de deux mille quatre cenz quarante et seix livres, dix et sept sols, deix deniers de bons petits tournois ; et les quatre vinz livrées de terre que nous avons en la salline de Rosières, à une autre foys, de oct cenz livres de bons petits tournois. Et avons encor accordé que se nostres diz sires Ferris, dessus diz, rachetoit les wagières dessus dites des dites deix mille et oct cenz livres tournois à une foys ou par les trois parties, ensi comme dessus est dit, toutes foys qu'il racheteroit, li argens venroit en noz mains ou de noz hoirs de nous dite contesse, parmi bonne seureté que nous en ferions en la main de nostre dit seigneur, pour achater héritage qui seroit héritages à nous Yssabel, contesse dessus dite

ou de noz hoirs, liquelz acques seroit terres liges de nostre
dit seigneur Ferri, duc, ou de ses hoirs, devant tout hommes,
après la ligie le conte de Bar, nostre seigneur; et demourroit
lidis argens en nostre main ou de nos hoirs trois ans. Et se
il avenoit que, dedens les trois ans, nous n'eussions acquesté
l'éritage des deniers que nostre diz sires nous averoit paié et
délivré, de tout ou de partie, ce qui demourroit de l'argent
seroit mis en salve main, par nostre accort et par le suen,
jusques à ce que nous averions trouvé l'acquest, c'est asavoir
cent livrées de terre pour mil livres, et ensi à l'avenant. Et
s'ensi estoit que Nous, Yssabels, contesse dessus dite, et
Damoiselle Marguerite, nostre fille, trespassissiens de cest
siècle sent hoirs de noz corps, ce que Diens ne weille, li
acqués qui fais seroit, ou li denier qui paié seroit, se li acqués
n'estoit faiz, revenroient à nostre dit signeur le duc ou à ses
hoirs dus de Lorreinne après lui, senz nul débat. Et s'il estoit
ensi que nostre diz sires li dus ne rachetât les dites wagières
à sa vie, toutes ou parties, ensi comme dessus est devisé, les
dites wagières ou ce qui demourroit à racheter seroit propres
héritages à nous Yssabel, contesse dessus dite, ou à noz hoirs,
après nostre décès, senz nul empeschement doudit nostre
signeur li duc ne de ses hoirs. Et se il avenoit que nostres
diz sires li dus rachetât les dites wagières tout à une foys ou
par les trois parties dessus dites, le rachet tout fait, nous li
prometons et devons rendre toutes lettres que nous averiens
des dites wagières, fut don du duc Ferri, peire de nous Yssabel, contesse dessus dite, si nulles en aviens, fuit dou duc
Thiebaut, nostre freire, ou de nostre dit seigneur Ferri, duc
qui or est. Et puis le rachet fais, se nous en monstriens nulles
lettres, nous voulons qu'elles fussent de nulle valeur. Et s'il
avenoit que nostres diz sires li dus qui or est rachetât les
dites wagières, en tout ou en partie à sa vie, si comme dessus
est dit, nous ou nostre hoir seriens tenu de délivrer au dit
nostre seigneur bonnes lettres de quittance de toutes les
wagières ou de ce qu'il en racheteroit. Et nous devons ausi
estre quitte de touz les arrérages que nous lèveriens ou averiens levé des dites wagières devant le dit rachet, parmi le
service dou fié que nous li faisons et devons faire. Encor
avons accordé que se nous ou nostre hoir ne poviens trouver
l'acquest dedens les trois ans dessus diz, et nous ou nostre

hoir poviens pour chassier à hault homme et noble nostre très chier et bien amé seigneur le conte de Bar qu'il nous consentist à obligier de nostre terre que nous tenons de lui, audit nostre seigneur le duc, pour lui et pour ses hoirs ; antretant comme i faurroit de l'acquest que nous n'averiens trouvé, lidiz nostres sires li Dus le doit penrre, et nous devons repanrre de lui, en la manière dessus dite, tant comme doudit acquest faurroit. Et si tost comme nous averiens trouvé l'acquest, nous le devons repanrre doudit nostre seigneur le duc ou de ses hoirs en la manière dessus dite. Et de tant comme nous averiens repris doudit nostre seigneur le duc, ou de ses hoirs des diz acqués, seroit nostre terre délivré et dépeschié que nous li averiens obligié pour les diz deniers, et revenrroit à l'ommage de nostre dit seigneur le conte de Bar. En tesmoingnage de laquel chose, et pour ce que ce soit ferme chose et estable, avons nous mis nos scelz en ces présentes lettres qui furent faites l'an de grâce nostre Seigneur, mil trois cenz et vint et trois, le lundi après la feste de la division des apostres, ou mois de Juillet (1). »

Et comme li diz cuens de Wadainmont et la dite contesse aient donnez plusseurs plesges en la main doudit Duc de tenir les convenances dessus dites, à savoir est que lidiz sires de Joinville a recongnu par devant les diz jurez qu'il a ehu et receu doudit conte de Wadainmont et de la dite contesse, des dis deniers, seix mille livres de bons petiz tournois en bonne monnoie bien nombrée, pour acheter six cens livrées de terre à tournois, ou nom dou dit conte de Wadainmont et de la dite contesse, qui seront propres héritages de Madame Marguerite de Wadainmont, Dame de Joinville, compaingne et espouse doudit seigneur de Joinville, et à ses hoirs. Et sera ladite terre tenue dou dit duc de Lorreinne ligement en fié et en hommage, après la ligie dou conte de Bar, laquelle terre lidiz sires de Joinville doit achater dedens trois ans. Et se il ne les avoit achetées dedens les diz trois ans, il seroit tenus à remettre en salve main les dites six mille livres, par l'accort doudit Duc et des diz conte et contesse de Wadainmont ou de leurs hoirs, se d'aux deffalloit, jusques à tant qu'il averoit trouvé où faire le dit acquest ou ce qu'il en faudroit

(1) 18 Juillet.

qu'il n'averoit pas acquesté selonc la condition des convenances dessus escriptes. Et avec ce, a encor promis lidiz sires de Joinville que, s'il n'avoit acquesté le dit acquest et fié dedens les diz trois ans, qu'il pourchacera à hault homme et poissant, son très chier et bien amé seigneur monseigneur Andouart, conte de Bar, que li dis cuens de Wadainmont et la dite contesse puissent obliger à mettre en gage à tenir dou dit duc de Lorreine, ligement devant touz hommes, après la ligie dou dit conte de Bar, et repenrre du dit duc de Lorreine jusques à la somme de six cenz livrées de terre de la terre qu'il tient dou dit conte de Bar, senz chastel et senz forteresse, ou tant de terre qu'il déffauroit de ce que lidiz sires de Joinville n'averoit acquesté, jusques à tant qu'il averoit parfait le dit acquest, si comme dessus est dit : Et se li diz sires de Joinville pourchassoit envers ledit conte de Bar les choses dessus dites, il ne seroit pas tenus à remestre les diz deniers en main salve, si comme dit est, pour cause de fié, mais pour ce ne demourroit pas que lidiz sires de Joinville ne fust tenus à mettre les dites six mille livres en héritage, liquelz seroit propres héritages à la dite Dame de Joinville et à ses hoirs. Et toutes les choses dessus dites et chauchune d'icelles, tout en la manière qu'elles sont escriptes, a promis li dis sires de Joinville, pour lui et pour ses hoirs, par sa foy corporelment donnée en la main des diz jurez, à tenir et garder fermement, et assuvir icelles entérinement, et à desdommagier et porter hors de tout dommages les diz conte et contesse de Wadainmont, leur hoirs et tout leurs pleiges qu'il ont donné pour ce en la main dou dit duc de Lorreine, jusques à la somme des dites six mille livres qu'il a ehu et receu, si comme dessus est dit, et de touz dommages, constanges, missions, intérest et despens, qui pour ce averoient ou pourroient avoir esté ehu ou encourru, seur les quelz li porterres de ces lettres seroit creus par un simple sairement, senz preuve faire et seur peinne de mil mars d'argent acquis au Roy, nostre signeur, que lidiz sires de Joinville ou sui hoir paieroient, s'il estoient deffaillant ou remis de faire ou de acomplir toutes les choses dessusdites et chauchune d'icelles, pour ce que li Roys ou sa gent contraignient mieus et plus hativement le dit seigneur de Joinville ou ses hoirs à faire et assuvir icelles. Et à plus grant seurté de toutes ces choses faire et acomplir, lidiz sires de Joinville en a obligié touz ses biens meubles et héritages, présens et avenir, pour penre, vendre et despendre à deniers comptans ; et tel vendage d'eux fait en seroit par la Justice du Roy. Il a loé et ottroié et tient fort et estable, et weut estre contraint à ce tenir et assuvir si comme de chose congneue et adjugée en droit. Et quant à ce, il a sommis en la juridicion dou Roy lui, ses biens, ses hoirs et les biens d'icels, et a renoncié expressément à touz drois escrips et non escrips, de loy et de canon, à toutes grâces et indulgences et priviléges quelcunques, à toutes libertés, à touz us et coustumes de pais qui ad ce pourroient estre contraires, à toutes exceptions de droit et de fait que l'on pourroit dire ou exposer contre la teneur de ces présentes lettres, et au droit disenz général renunciation non valoir. En tesmoingnage de laquel chose, Je, Gobers dessus diz, à la relacion des diz jurez, ay seellées ces lettres dou seel de la prévosté de Waissy et de mon propre seel en contre seel, sauls touz drois. Ce fu fait l'an de grâce mil trois cenz vint et quatre, le derrier jour de Julet (1).

Anceau promet d'employer en acquisitions de terres d'Alleu, qu'il tiendra en fief du comte de Bar, la somme nécessaire pour constituer 63 livrées de terre.

[1324]

Nous, Jehans Perrins, doiens de Bar, Colet de Condey, prévost de Bar, et Humbelet de Burey, clerc, gardeurs dou seel dou duchié de Bar, faisons cognoissant à tous que l'an de grâce Nostre Seigneur mil trois cens quatre vings et trèze, le quinzime jour dou mois d'octobre, nous veismes tenimes et de mot à mot légimes unes lettres saines et entières en seel et en

---

(1) Archives de la Meurthe. Dompaire, chef-lieu de canton, arrondissement de Mirecourt. — Mirecourt (Vosges). Charmois, canton de Xertigny, arrondissement d'Epinal (Vosges) ; Sérocourt, canton de Lamarche, arrondissement de Neufchateau.

escripture, si comme il nous a apparu de plaine face, seellées dou scel de feu Ancel de Jonville et de Rinel, séneschal de Champaigne, contenant la fourme qui s'ensuit.

« Ancels, sires de Jonville et de Rinel, seneschal de Champaigne, faisons savoir à tous que comme nostre chiers sires, noz sires li contes de Bar nous ait ottroié et souffert à rendre à religieuses personnes l'abbé et le couvent de Saint-Jehan de Laon, en la ville de Mandres-en-Ornoix, soixante trois livrées de terres, lesquelles nous tenions de luy en fiey, que nous promettons et sommes tenus, pour nous et pour nos hoirs, à rasseoir à nostre devant dit seigneur ou à ses hoirs soixante trois livres de terre d'alluef que nous tenons de lui ou de ses hoirs en fiey. Et ses choses somme nous tenu à faire, toutes fois que nous ou nostre hoir en serons requis de nostre dit seigneur ou de ses hoirs, après leur requeste un moix. Et à parfaire et parassevir ces choses dessus dites entièrement, nous soumettons tous nos biens et les biens de noz hoirs, espécialement toute la terre que nous tenons de lui en fié : En tesmoing de laquelle chose nous avons seellées ces présentes de nostre scel. Données à Joinville, le jour de la Toussaint l'an M CCCXXIIII. »

En tesmoing de la vision desquelles lettres, nous Jehans, doyens, Coles, prévost, et Humbelet de Burey dessus dit, avons scellé ce présent vidimus dou scel doudit duchié de Bar, saulf le droit de monseigneur le duc et l'autrui. Qui fu fait l'an et jour dessus dit (1).

Le comte de Bar fait don à Anceau de Joinville du château de Laferté-sur-Amance.

[1329]

A tous cels qui ces présentes lettres verront et orront, Colars d'Andelou, clers, garde dou scel de la prévosté diceleu, salut. Saichent tuit que pardevant mon signeur Jehan

---

(1) Arch. de la Meurthe. Mandre, c. de Montier-sur-Saulx, arr. de Bar, Meuse.

Bourse Trouée d'Andelou, preste, et par devant Joffroi Marcel d'iceleu, tabellion jurei de nostre signeur le Roy, en la chastellerie de Mont Esclaire, et en ressort d'icelle, a ce faire establi, vint en sa propre personne haus hons et nobles, Messires Ancels, sires de Joinville et de Rinel, seneschaus de Champaingne, liquels sires de Joinville, monstra ausdiz jurés unes lettres sainnes et entières, non rasées, non cancellées, lesquelles lettres lidit jurei leurent de mot à mot, contenens la forme qui s'ensuit, seellées dou seel de haut home et puissant, Monsigneur Eddouard, conte de Bar, contenans ceste forme.

« Eudevars, contes de Bar, faisons savoir à tous que, de grâce espécial, et pour pluseurs certaines et justes causes, nous avons donney et ottroyé, donnons, ottroyons et délaissons, dèz maintenant, pour nous et pour nos hoirs, à nostre amey et féaul Ancel, signeur de Joinvylle et de Rinel, sénéchaut de Champaingne, pour tenir en héritaige à luy, à cels hoirs, à ceux qui de luy averont cause, tout le droit et toute l'action que nous haviens et havoir deviens et poiens, par quelque manière que ce fust, en fyé (Le chastel?) de la Ferté-sur-Amance. Et avons voulu qu'il le puisse repanre de quelque signeur qu'il vouldra, par telle condition que toutes fois que nous ou nostre hoir, ou nostre gent haient et portant ices lettres ouvertes, seellées de nostre seel, averons besoing de nous recepter oudit chastel, contre tous homes, exceptei que contre le roi de France mon signeur, lidiz sires de Joynville ou sui hoir, ou cil qui de luy averont cause, qui le dit chastel tanront, seront tenu à nous recepter oudit chastel, toutesfois que besoings nous seroit, en la manière devant dite. Et ces chauses promettons nous à tenir bonement et léaulment par tesmoingnaige de ces lettres ouvertes, seellées de nostre seel. Données le macredi après la saint Grégoire, en l'an de grâce mil troiz cens vint et nuef. » Et promist et s'obligai lidiz Messires de Joinvylle, par sa foi donée corporelment en la main desdis jurés que il bone garantie et léaul pourtera envers ledit comte de Bar, à haut home et noble mon signeur de Choisuel, de toutes les chouses contenues ens lettres dessusdites. Et quant à ce faire tenir et garder, lidiz Messires de Joinvylle s'an est submis en la juridition dou baillyf de Chaumont, quiquionques en soit baillys, à estre contrains par la prise de touz ces biens, meubles et non meubles, présens et advenir, où qu'il soient et puissent estre trovei, et par la vendue d'iceux, à faire tenir fermes et estaubles les chouses dessus dites, comme de chouse congnue et adjugié en la cour dou baillyf de Chaumont. En tesmoingnaige de laquel chouse, je Colars dessusdiz, à la relation des dis jurés, ai seellé ces présentes lettres dou seel de la dite prévostei d'Andelou, et de mon propre seel en contre seel, sauf le droit le Roy et l'autrui. Ce fut fait, le samedi après la feste saint Marc évangéliste, l'an de grâce mil trois cens trante et un, ou mois d'avril (1).

La lettre au seigneur de Joingville
(concernant Port-sur-Saône.)

[1336]

Nous, Eudes, duc de Bourg., contes d'Artois et de Bourg., Palatins et sires de Salins, et nous Jehanne, fille de rois de France, Duchesse et Comtesse et Dame desdiz leuz, faceons savoir à touz que Nous, pour plusieurs et agréaubles services que nostre amey et féauls cosins, Mons. Anxeaulx, seigneux de Joinville, sénéchaux de Champaigne, nous hay fait dou temps passey et fait encore de jour en jour, Nous, en récompense desdiz services, donnons et octroions à nostre dit cosin tout ce que nous havons et tenons et possidons en nostre ville de Port-suz-Saône et es appartenences, en quele menière que ce soit, excepté Aubertin dou Port, nostre bourjois, et son meix, sa terre et toutes ses possessions et de ses hoirs, lesquelz nous réservons à nous, ensemble la justice et cognuissance de yceuls, en tel menière que toutes fois que nous et les nostres paieront à nostre dit cosin mil livres tournois, lesdites chouses retourneront à nous et devront retourner on es nostres sans contredit. Avec ce, commandons à touz nos subjez et habitans desdiz lieux et des appartenances, et à touz nos officiers que audit seigneur de Joinville où à son commandement obéissent et entendent tout aussi comme à nous,

---

(1) Arch. de la Meurthe. La première date indiquée est le 15 mars 1329, la deuxième tombe le 27 avril 1331.

sans contrediz. En tesmoignage de laquelle chose, nous havons mis nos sceauls en ces présentes lettres données à Voulenay, le xxviii° jour de host, l'an de grâce mil trois cent trente et six.

Et parmi ce, nous sumes quites de ii° xxxviii l. xv d. tourn. esquelz Nous estions tenuz à nostre dit cosin, pour cause de anciens frais qu'il avoit fais en nostre guerre de Bourgoigne, et nous en doit rendre les lettres que il en ay de nous et auxi sumes quites de toutes autres chouses en quoy nous pourriens estre tenuz à ly pour cause de nostre dite guerre, de tout le temps passey, et nous doit faire la controverse des lettres cy-dessus escriptes qu'il soit en nostre foy de ce que nous li donnons, si comme il est de ce qu'il ay en la dite ville. Donney comme dessus (1).

Reprise du fief de Laferté.

[1332]

A tous ceux qui ces lettres verront, Jehan de Milon, garde de la prévosté de Paris, salut : Sachent tuit que par devant Guyot de Tremybrie et Ph. Vassal, clers, notaires, jurez, establiz de par le Roy, nostre sire ou Chastelet de Paris, ausquiex en ce cas et en plus grant nous adjoustons plenière foy, espécialement quand à ce qui sensuit, faire oir, et avons rapportei de par nous et en lieu de nous commis et envoiez : « Fu présent en sa propre personne, Noble homme, Mons. Ansseaulz, sire de Juenville, seneschal de Champaigne, et recognuis de son bon gré, de sa bonne volonté et de sa certaine science avoir repris de haut, noble et puissant Baron, Mons. Eude, duc de Bourgoigne, Comte d'Artois et de Bourgoigne, Palatin et seign. de Salins, ou non et pour la dite Duchié de Bourgoigne, en fié lige, le chastel de Lafferté-sur-Amance, ensembles avec ce les villes, finages et appartenances et appendances appartenent audit chastel, tant en hommes, rentes, fiez, arrières-fiez, justices, seigneuries et

---

(1) Arch. de la Côte-d'Or, B. 1172, f° 12. Port-s-Saône, chef-lieu de canton, arr. de Vesoul (Haute-Saône).

autres choses quelconques, que elles soient ne comment que elles soient nommées, clamées ou appelées, appartenent audit chastel, lesquelles il disoit et affermoit lui tenir et avoir tenues de son propre domaine de franc-aleuf, sans aucune servitute de fiez ne d'autre chauche, et par telle condicion les promist à garantir audit Mons. le Duc contre le conte de Bourgoigne, Monseign. Jehan, jadis seign. de Lafferté, et contre tous autres, toutes fois que mestier sera, à ses cous, aus coustumes des fiés, c'est assavoir parmi la somme de mil livres de bons petits tournois forts, de la bonne et forte monnaie à présent courant au royaume de France que il en avoit eux et receux du dit Mons. le Duc, en bonne monnoie bien comptée, avant la confection de ces lettres, si comme il le confessa et s'en tint à bien (paié), comme par devant lesdis clerz notaires jurez comme pardevant nous. Et après ce, recognuit ledis Mons. Ansseaulx, segneur de Juenville, que des choses dessus dites il est hons dudit Mons. le Duc, en accroissement dudit fié de mil livres de bon petis tournois de la monnoie dessus dite, et que de ce estoit-il entrez en la foy et hommage dudit Mons. le Duc, en telle manière ou condition que quiconques tendra ledit chastel de Lafferté-sur-Amance dessus dit, avec lesdites appartenances, il ne le pourra mettre dores en avant en arrières fié par quelque voie que ce soit. Et dabondant sera tenu et a promis ledit Mons. Ansseaulz, seign. de Juenville à baillier par devers Mons. le Duc déclaration par parties dudit fié et des appartenences souz son grant seel, en promettant par son serment et par la foy de son corps que contre les choses dessusdites ou aucunes d'ycelles ne vendra ne venir fera par lui ne par autres à nul jour en temps avenir; ainçois toutes les dites convenances et chascune d'ycelles, tendra, gardera et enterignement acomplira, sans enffraindre, et rendra tous cous, fres, mises, despens et domages qui fais seront ou soutenuz en quelque manière que ce soit pour sa déffante pour les choses dessus dites et chascune d'ycelles non enterignées et acomplies, en tant comme à lui appartient ou appartiendra, sur l'obligation de tous ses biens et de ses héritages, meubles ou non meubles, présens et avenir à justice par toutes justices souz cui ils seront et pourront estre trouvez, pour ces lettres du tout entérigner. » En tesmoignaige de ce, Nous, à la relacion desdis notaires jurez, avons mis en ces lettres doubles le seel de la Prévosté de Paris, le mecredi, premier jour de janvier, l'an de grâce mil ccc trente et un (1).

Quittance de la somme de 1440 livres.

[1332]

A tous cels qui ces lettres verrunt et orrunt, Nous Auxeaul, sires de Joinville, de Rignel et sénéchaux de Champaigne, façons savoir que nous havons hau et recehu de trèshaut et très-noble Prince, Mons. Eude, Duc de Bourg., par la main de Jehan Bourjoise, de Dijon, son receveaur, quatorze cens et quarante livres de bons petis tournois forts, en rabatant de pluz grant somme, laquel lidiz Mons. le Duc nous doit pour cause de la reprise que nous havons faite de lui dou chasteaul de La Fertey-sur-Amance, desquelx deniers nous nous tenons pour bien paiez. En tesmoignaige de laquel chose, nous havons fait mettre notre seal en ces présentes lettres, faites et données à Bar-sur-Aube, le mardi après la feste de Pantheuste, l'an de grâce mil ccc trente et doux (2).

Transaction entre Anceau et le prieur de Chambroncourt.

[1302.] (v. st.)

A touz celz qui verront et orront cels présentes lettres, Guiz de Jenville, sires de Sailly, et Gautiers de la Roiche, chevaliers, salut : Saichent tuit que com descors fut antre noble homme Mons. Ancel de Jenville, signour de Rinel, d'une part, et frère Fourque, prieul de Chamberoncourt, d'autre part, pour ce que lidiz prieulz disoit que lidis Messires de

---

(1) La Ferté-sur-Amance, chef-lieu de canton, arr. de Langres. Ansel avait reçu ce fief d'Édouard, comte de Bar; lettres de 1231.

(2) 9 juin 1332. Arch. de la Côte-d'Or, B. 10,503.

Rinel li faisoit plusours gries en la ville de Chamber., et lidis sires de Rinel disoit que a bone cause le faisoit, et en deffendant de son droit. A la fin, pour le bien de paiz, les dites parties nous ont esleus arbitres et amiaubles compositeurs sour touz les descors qu'il avoient et avoient euz jusques à la confaction de ces lettres, et wourrent et ottroièrent et nous donnèrent povoir de terminer et d'ordoner desdis descors par pais ou par jugement ou par volantei, et promistrent, à poinne de cent livres, à tenir fermement et garder sans jamais venir ancontre ce que nous en ordeneriens par pais ou par jugement ou par volantei.

Et Nous, ouies les parties et anquise diligemment la véritey desdis descors, avons ordenei et prononcié en la menière qui s'ensuit, c'est assavoir : que lidis sires de Rinel demoure woués de la ville de Chamber. en la guise et en la fourme qu'il est contenuz en une charte salée dou sael Ma Dame Ermanjart, dame de Rinel, laquelle chartre demoure en sa vertu, sans nul préjudice.

Item, toute la justice de la ville de Chamber., dou finaige, des appartenances et de touz les demouranz esdis leuz, de quelque leu et cui qu'il qu'il soient homme, haute et basse, est audit prieul et à la dite priortey de Chamber., sauf tant que quant li lierres ou li murtriers cera jugiés en la court dou prieul, li maires ou li prieuls le livrera tous nus au commandement doudit signour de Rinel por faire l'exécucion, et demouront audit prieul tuit meuble et héritaige dou jugié.

Item lidis sires de Rinel ne puet avoir atrait en la ville de Chamber. ne de ces hommes ne de autrui, dès la confaction de ces lettres en avant.

Item Jehan Gevres, Ogier Repoires, Maris Marie, dont descors estoit, demourent audit Mons. de Rinel et lour hoir;

Item lidis sires de Rinel et prieul trairont prueves pour les fames Hanrion, fame Guciondel, et ses hoirs, et la fame Mitel et les hoirs Bauluque, et cil qui miez les prouvera enpourtera ladite Hanrion et ces hoirs, la fame Mitel et les hoirs de la dite Bauluque.

Item li eschié seront paié au signour de Rinel de touz les hommes doudit prieul, demourans au leu, au termines ci-après nommés, c'est assavoir : lendemain de Pasques et le jour de la saint Remey chaucun an ; et se aucuns dès dis demourans au leu en deffailloit, lidis prieuls seroit tenus au faire à faire, et de ces qui ne seroient demourant au leu, et il avroient mueble ou heritaige desouz le prieul en la dite ville, lidiz prieulz seroit tenuz à vendre tant des dis meubles et héritaiges que lidis sires de Rinel seroit paiés de ces eschiez.

Item se aucuns des hommes monsignour de Rinel, demourant à Chamber., fourfuioient le dit signour, si héritaige que li hons avroit desouz le prieul de Chamber. seroit acquis audit signour de Rinel, par tel menière que il l'osteroit fors de sa main de dans l'an et le jour. Et se li hons audit prieul mouroit sans hoirs de son corps, ou cil se fouffuioient, et il avoit heritaige desous Mons. de Rinel, lidis héritaiges seroit aquis au prieul de Chamberoncourt, par tel menière qu'il le mesteroit fors de sa main dedans l'an et le jour.

Item des loux et des ventes que li prieuls demande, est acordey que nous albitre dessuis nommei en anquerrons et accorderons les dis signour de Rinel et prieul en bone foy.

Item li bois dont descors est, sera abonnez par les proudommes des villes voisines.

Item, se nous trouvons que antrecours ait estey entre les hommes ledit segnour de Rinel et les hommes ledit prieul de Chamber., devant la confaction de ces lettres, lidiz antrecours pourtera tel proffit auz parties comme il devera, selonc coustume et usaiges de païs.

Et les chouses dessuis dites avons nous ordenées et prononcées, et anjoignons à tenir et garder audites parties, souz la poinne des cent livres dessuis dites, laquel poinne ancourroit la partie qui vanroit ancontre, et seroit convertie en la bource de la partie olbéissant. Et sont plaige de la poine Andreux de Jenville pour Mons. de Rinel, et Estiennes, prieuls doul Bour-Sainte-Marie, pour le prieul de Chamberoncourt.

En tesmoignaige de laquel chouze, nous avons salées cels lettres de nos saels, qui furent faites l'an de grâce mil trois cent et deux, le jour de la Chandeleur. Et Nous, sires de Rinel et prieuls dessuis dit avons promis et prommetons en bone foy à tenir et à garder fermement à tous jours les chouses dessuis dites, sans venir ancontre par nous ne par autrui. En tesmoignaige de laquel chouse, nous avons saelées ces lettres de nos saels aveuc les saels des diz arbitres, qui furent faites l'an et le jour dessuis dit (1).

Ansel abandonne à l'abbaye de Montiérender la moitié du moulin de Tampillon, afin de l'indemniser du préjudice que lui cause l'établissement d'un étang au Vaul-Bernouar.

[1319]

A tous cels qui ces présentes lettres verront et orront, Robins de Sommevoire, garde dou seel de la prévosté de Waissey, salut : Sachent tuit que par devant Humbelin et maistre Thierri, clers, féables jurez establis ad ce faire en la chastellerie de Wassey, vinrent en propres personnes haus hons et nobles Messires Ancels, sires de Joinville, chevaliers, seneschaus de Champaingne, d'une part, et religieuses personnes et honnestes frères Ferris, albei de Montiérender, et tout li convens de ce mesmes lieu, d'autre, et recongnuirent de leur bonne volenté, senz force, qu'il ont fait et accordé entreux les actes et les convenances ci-apres nommez et devisez c'est assavoir :

Que lidiz Messires de Joinville laisse et octroye auz dis albei et convent, pour leur eglise, la moitié de un moulin séant à Ragecourt, en la rivière de Bloise, que on dist le moulin de Tempillon, en récompensacion de ce que li estans que lidiz Messires de Joinville fait faire en la Vaul Bernouars prenz et pourprenra de la justice et dou demoine de la dite eglise, en tele manière que se ladite moitiés doudit moulin ne souffisoit à la juste recompensation de ce que lidis estans pourpenra, lidiz sires doit baillier et asseneir auz dis albei et convent, pour leur eglise, terre à Sommevoire ou ailleurs tanz qu'il souffisse. Et ledit estant parfait et sceu combien il tenra de la justice et dou demoine de la dite eglise, et la dite com-

(1) Archives de la Côte-d'Or. H. 229. Chambroncourt, canton de St-Blin, arrondissement de Chaumont. André de Joinville, s. de Beaupré, était frère d'Ansel.

pensation faite entièrement, lidis Messires de Joinville doit baillier auz diz religieus bonnes lettres seellées de son seel et dou seel Madame de Joinville, et lettres suz le seel de la prévosté de Waissey de ladite moitié de moulin et de tout ce qu'il vaurra auz diz albei et convent. Et doit pourchacier lidiz sires à ses despens l'amortissement dou Roy. Et doit encor lidiz sires acquesteir l'autre moitié doudit moulin. Et ne pourra d'or en avant faire moulin en la montaingne ne en lieu qui face préjudice audit moulin. Et feront de ce mension les dites lettres.

Et parmi ce, lidiz albei et convens souffrent audit Monseigneur de Joinville a faire le dit estant. Et la dite récompensation faite entièrement, lidiz albei et convens doivent baillier auz diz Monsigneur et madame de Joinville lettres seellées de leurs seels et lettres suz le seel de la dite prévostei de Waissey que il quittent auz diz signeur et Dame et à leurs hoirs tout ce que lidiz estans avera pris et tenra de la justice et dou demoine dez diz religieus, sauf ce encor que lidiz sires doit rendre aus hommes de l'eglise ce que lidiz estans auera pris de leur demoine, en terres et en prez. Et de cest accort doit faire l'une partie à l'autre lettres suz leurs seels, et seur le seel de ladite prévostei de Waissey desorendroit.

Et se lidiz sire weut commandeir à ses hommes de la montaingne qu'il voissent mourre au moulin commun, li proccurerer de la dite ecglise ne se pourra douloir ou temps avenir.

Derechief, il est accordei entre les dites parties que li commissaire esleu sus les autres descors mehus entre les parties saueront combien lidit religieux de Montierender deveront par raison mettre pour cause de la dite compaingnie, et en raporteront ce qu'il leur samblera que bon soit avant que les principaus lettres soient faites.

Et a promis lidiz Messires de Joinville, pour lui et ses ancesseurs, à tenir toutes les convenances dessus dites et chaucune d'icelles à tous jours, sens aleir ne faire aler encontre, par sa foy, et sus l'obligation de tous ses biens meubles et héritages présens et futurs, pour vendre et despendre à deniers comptans, pour cez choses et chaucune d'icelles tenir et gardeir. Et tel vendage que fais en seroit par la justice dou Roy il la loey et ottroye, et tienz ferme et estable, et weut estre contreins ad ce tenir et assuvir, si comme de chose congneue

et adjugie en droit. Et quant ad ce, il a sousmis en la juris‑
diction dou Roy lui, ses biens, ses hoirs et les biens d'icels ;
et a renoncié expressément en cest fait à tous privileiges,
grâces, indulgences, fraudes, barres et deffences, à toutes
exceptions tant de droit comme de fait, à touz drois escrips
et non escrips de loy et de canon, et à toutes autres excep‑
tions, déceptions et cavillations qui contre ces présentes let‑
tres et le fait contenu en ycelles pourroient estre dites ou
opposées.

En tesmoingnaige de laquel chose, Je Colins dessus diz, à
la relation des diz jurez ay seellei ces lettres dou seel de la
prévostey de Waissey, et de mon propre seel en contre seel,
saufs tous drois. Ce fu fait l'an de grâce Nostre Signeur mil
trois cenz dix et nuef, ou mois de septembre (1).

Vente de la terre de Maconcourt consentie à St-Urbain
par Erart de Vaucouleurs, avec le concours
de Ancel, S. de Joinville.

[1322]

A touz ceuz qui verront et orront ces présentes lettres, Nous,
Ansels, sire de Joinville et de Rinel, seneschauz de Champai‑
gne, salut : Comme Nous avons doner et otroer à nostre amer
cusin Erar de Vauculer, nostre homme, en récompensation
dou bon service qu'il nous ha fait; tout ce que nous avions
et pouvions avoir en la ville et en finaige de Maconcourt, en

---

(1) Haute-Marne; *Montiérender*. Tampillon fait partie de la commune de Ragecourt-s-Blaise, canton et arrondissement de Wassy. Le règlement qui fut ultérieurement fait entre les parties, afin que chacune d'elles fut équitablement indemnisée de ce qu'elle abandonnait à l'autre, ne satisfit pas le sire de Joinville. Il soutenait que la valeur de la moitié du moulin de Tampillon, par lui cédé à l'abbaye, dépassait celle des terrains par lui occupés pour l'établissement de son étang. Il avait en outre renoncé à son droit de garde sur les hommes de la chambrerie de Mertrud, et aux revenus qui en dépendaient, et il réclamait une indemnité. Aux termes d'une tran‑
saction, passée en 1339, l'abbaye paya une somme de 400 l. tourn. moyen‑
nant laquelle Anceau se départit de ses réclamations.

ban, en justice grant et petite, en fyés, en seigneurie, en domaine, en hommes, en femmes, en tailles et en essancies, en censives, en costumes, en croées, en dismes, en terraiges, en preis, en terres, en vignes, en maisons, en tous profis et en toutes autres choses quelconques elles soient ; saichent tuit que en sa propre personne est venuz par davant nous ledit Erart et ha recogneu de sa bone voluntés, senz force qu'il a vandux, et en nom de bonne et léaul vendition, baillé et délivré à religieuses persones l'abbey et le convent de Saint-Urbain, en l'éveschiés de Chaalons, pour tout faire et pour tout prenre par les dis religieux, sens riens retenir a li, toutes les choses dessus dictes les queles nous avions et avons donées au dit Erart, si comme dessus est dit. Et est fait li dis vendaiges des choses dessus dictes, parmi le pris et la summe de cent livres de tornois, la quele summe d'argent lidis Erars a cogneu avoir heue et receue des dis religieus, en bone monnoie nombrée, et s'en est tenuz pour bien paiés par devent nous. Promet et a promis lidis Erars par sa foy corporelment donée en nostre main que contre lez choses dessus dictes ne aucunes d'icelles ne venra ne fera venir par li ne par autre en temps à avenir, mas en portera léaul garentie es dis religieus vers tous et contre tous, seur l'obligacion de tous ses biens et des biens de ses hoirs, mobles et non mobles, présens et à avenir, en quelque leu qu'il soient ou puissent estre trovey, pour vendre et pour exploiter par les dis religieux, pour le deffaut de la dicte garentie non portée et pour touz cous et domaiges qui en seroient venuz ou porroient venir es dis religieux, en aucuns temps, des quelx cous et domaiges lidiz religieux ou cil qui ceste présente lettre porteroit seroient creu par leur simple sermens sens autre prueve. Lequel don audit Erar fait et la dite vendicion es dis religieux, ycil Erars nous ha requis et suppliey estre agréey, rattifiey et confirmey par nous.

Et Nous, à la supplication et requeste doudit Erars et pour plus grant seurtey dou don et de la vendition des choses dessus dictes, ycelles confermons, ratiffions et agréons, en recognuissent ledit don estre fait en la menière que dit est. Et consentons, volons et otroions ladicte vendition, en renonçant à tout le droit à tote la signorie que nous, pour nous et pour nos hoirs, poiens et devions avoir es choses dessus dictes. Et

ha renuncey et renunce lidis Erars, en ce fait, à tous droits
escripts et non escrips, à tous privilèges donées et à doner, à
totes grâces empetrées et à empetrer, à totes exception de
fraude, de barat, de déception, circonvention de dit et de fait,
et à ce que lidis Erars ne autre pour luy puisse dire, en
aucun temps, que il les dictes cent livres n'ait heues ne
receues des dis religieux, et que totes ces choses n'oyent
estey faites en la menière que dessus est dit. Et encore, ha
renuncey et renunce lidis Erars à totes deffenses, barres,
favors, costumes, usaiges, à totes aides de droit et de fait, et
à totes autres choses qui en ce fait porroient aidier audit
Erart et audis religieus nuire, et au droit qui dit général
renunciation non valoir. En tesmoignaige des queles choses,
nous avons saelées ces présentes lettres de notre propre seel,
lesqueles furent faites et donées l'an de grâce mil trois cenz
et vint et deuz le mardi devant la feste S. Mathye l'apostre (1).

Vente de la terre de Poissons à l'abbaye de St-Urbain.

[1324]

A tous ceulx qui verront et orront ces présentes lettres,
Ansels, sires de Joinville et de Rinel, seneschaulx de Champaigne, et Marguerite de Waudoymont sa compaingne et
espouse, salut. Sachent tuit que, de nostre bone voluntey,
par grant délibération de nostre consoil et pour nostre profit,
nous avons vendu et vendons, et ou nom de pure et de léal
vendition, avons baillié, quittey et otroié, baillons, quitons et
otroions à tous jours perpétuelment, sens rapel, à religieuses
personnes et honestes, l'abbei et le convent de Saint-Urbain,
ou diocèse de Chaalons, tout ce que nous avons et poons
avoir en la ville et ou finaige de Pesson, laquelle ville est
assise près de la ville de Saint-Urbain, c'est assavoir en
hommes, en fames, en censes, en coustumes, en terraiges,
en rentes, en demoinnes, en fiez, en homaiges, en banc, en

---

(1) 14 septembre. Arch. de la Hte-Marne, St-Urbain, ixe liasse, I[e] partie.
Maconcourt, c. de Doulaincourt, arr. de Wassy.

justice, grante et petite, en signorie, en tous profits et en toutes autres choses, quelconques quelles soient, et par quelconques noms qu'elles soient appellées, pour tout faire et pour tout penre, sens riens retenir et sens riens excepter, pour nous ne pour nos hoirs, sauf et réservey à nous et à nos hoirs les jurées et les arpens que les gens de Joinville nous doient et pourront nous devoir, pour raison des héritaiges qu'ils tiennent ou finaige de Pesson. Et est faite ceste présente vendue pour le pris et la somme de quatre cenz et cinquante livres tournois, de laquelle somme d'argent nous nous tenons pour bien paiez et agréez des dits achetours en bons deniers comptans. Parmi laquelle vendue et paie, nous de toutes les choses dessus dites et de chaucunes d'ycelles nous sommes dévestu et dessaizi, dévestons et dessaizissons, et les dits religieux en faisons verais possesseurs et verais signours, et dès maintenant les en mettons en saizine, les en revestons, baillons et transportons en eulx, par la tradition de ces présentes lettres, pour cause et raison desdites vendue et paie la saizine et la propriétey des choses dessus dites et de chaucunes d'ycelles, et tout le droit et l'action que nous y avions et poions avoir par quelque manière, cause ou raison que ce fust, et devons et summes tenu, parmi ladite somme d'argent, pourchacier et faire à nos propres couz et despenz que toutes les choses devant ainsis vendues par nous, si come dit est, soient admorties de très-excellent Prince, nostre très chier et redoutei signour le Roy de France, dedans la feste de la Nativitei nostre Signor, prochiennement venent. Et promettons, ensamble et chaucuns pour le tout, pour nous et pour nos hoirs, par nos fois données corporelment, que ladite vendue, si come dessus est dit, nous auerons, tenrons et garderons tousjours mais ferme et estable entérinement, et que contre ne venrons par nous ne par autre, par quelque raison que ce soit; et que toutes les choses dessus dittes et chaucune d'ycelles garentirons aux dis religieux et deffendrons à nos propres couz et despens, vers tous et contre touz, en toutes cours et en tous leux, et que aux dis religieux et à tous ceulx qui d'eulx haveront cause renderons et restablirons tous coustement, missions, domaiges et intérêts que il ou cil qui d'eulx haueront cause y aueraient ou avoir pourroient pour le deffault de laditte garantie non portée, et doudit admortissement non fait et non pourchaciei si come dit est, desquels coustements, missions, domaiges et intérêts li porteures de ces présentes lettres seroit creus par son simple sairment, sens autre proeve faire. Et quant à toutes les choses dessus dittes, et chaucune d'ycelles les tenir et acomplir, nous ensambles et chaucuns pour le tout avons obligié et obligeons pour nous et pour nos hoirs et ceulx qui de nous aueront cause, auxdis religieulx tous nos biens et les biens de nos héritiers, moebles et non moebles, présens et avenir, où que il soient et quelque il soient. Et soubmettons quant à ce nous et nos hoirs, nos biens et les biens de nos héritiers en la jurisdiction et cohercion dou Roy nostre sires, des signours de Champaigne, de leurs baillis et de leurs autres officiers par lesquels, se mestiers est, nous voulons estre constraint si comme de chose cogneue et adjugie en droit. Et renonsons, en cest fait, par nos dittes fois, à toutes aides de droit escript et non escript, de canon et de loy, à tous usaiges et coustumes contraires à ce, à toutes grâces de preslats et de princes, à tous privilèges et liberteis et à ce que nous ne autres pour nous puissions dire en aucuns temps que la ditte somme d'argent nous n'aiens heue et receue entèrement desdits religieux, et que toutes les choses dessus dites n'aient esté faites en la manière que dessus est dit, à toutes exceptions de fraude, barrat, de déception, de circonvencion de dit et de fait, et à toutes choses quelconques elles soient de droit, de fait, de usaiges et de coustumes que on porroit dire ou opposeir contre la tenour de ces présentes lettres, et au droit qui dit général renonciation non valoir. Et avec ce, Nous, Marguerite devant ditte, nous avons renoncié et renonçons, par nostre dite foy, à tous le droit de douaire, au droit Velleyen et à tous autres drois et fais introduis en la favour des Dames. Et est à savoir que nous, sires de Joinville devant dis, avons donnei licence pooir et autoritei à nostre ditte compaigne et espouse de faire, de consentir et otroier touttes les choses dessus dittes, et Nous, Marguerite, devant ditte, toutes les choses dessusdittes, par la licence, pooir et auctoritei baillié à nous par nostre dit signour et espous, avons faites, volues et otroiez, fasons, volons et otroions, et les avons toutes aggréables. En tesmoignaiges desquelles choses, nous avons mis nos scels en ces présentes lettres, qui furent faites le lundi après la feste saint Laurent, l'an de grâce mil trois cens et vint et quatre, ou mois de aoust (1).

Règlement fait par Ancel, sire de Joinville, sur la dévolution du douaire réclamé par une femme de corps de l'abbaye de St-Urbain qui le lui contestait à raison de son formariage.

[1330]

Nous, Ancels, sires de Joinville et de Rinel, sénéchal de Champaigne, faisons savoir à tous que comme descors fust mehus entre l'abbé et le covent de Saint-Urbain d'une part et Marie de ..... notre fame de cors, d'autre part; sus ce que ladite Marie demandoit à avoir le douaire de Wiart de Germay, jadis son mari, et home des dessusdis abbé et convent. Lesquels abbé et convent dirent que ledit Wiart s'estoit forsmarié, et par ce, ne devoit avoir ladite Marie sa fame point de douaire .... ouy toutes leur bones responces, ladite Marie avoit et tenroit son dit douaire escheu de son dit mari en la manière et accoustumée ... et des appartenances, tant comme elle vivra et non plus; que après le décès de ladite Marie, ledit douaire revenra et sera à l'Esglise de Saint-Urbain comme son propre héritage. En tesmoing de vérité, nous avons séelées ces présentes de notre seel. Donné en l'an de grâce mil trois cens et trente le jour de l'Ascension Notre Seignour (2).

---

(1) 13 août 1324. Arch. de la Haute-Marne, St-Urbain, x⁰ liasse, 9ᵉ partie. La quittance des trésoriers du roi constatant le paiement d'une somme de 100 livres parisis, est à la date du 17 septembre 1333. Les lettres d'amortissement sont du même mois.

(2) 17 mai. *St-Urbain*, l. 33, 3ᵉ partie.

Don de dix livrées de rente à Saint-Urbain.

[1339]

A tous ceux qui ces présentes lettres verront et orront, Ancels, sires de Joinville et de Rinel, sénéchal de Champaigne, salut en nostre Seigneur : Sachent tuit que nous, mehus de grant affeccion et dévocion aux glorieux saint, Mons. saint Urbain, et pour le salut et remède de l'âme de nous, avons donné et donnons, dès maintenant à touz jours, perpétuelment, à l'esglise des religieuz, abbé et covent de l'abbaye Mons. saint Urbain de lez Joinville, en dyocèse de Chaalons, dix livrées de terre à tournois, à penre chascun an sur et en nostre assise de Joinville, à la xv° de la nativité Nostre Seignour; et commensera le prumier paiement à la xv° de Noei prochainement venant, et ainxei d'an en an à tous jours perpétuelment, parmi ce que li dessus dis religieus feront chanter par l'un des seigneurs de leur dite esglise et en la dite esglise, chascune semaine, trois messes à tous jours mais, et commenceront dès maintenant. Et de faire chanter les dites messes en la manière dessus dite, volons nous avoir lettres des religieus dessus dis, scellées des seels d'abbé et de covent. Lesqueix dix livrées de terre, touttefois que nous les aurons assises ailleurs, bien et souffisamment, aus dis religieus, nostre dite assise sera et demorra quitte et deschargée des dites dix livrées de terre, sans ce que lidis religieus y puissent riens demander pour ceste cause. Et quant à ce tenir, paier, emplir et non contrevenir, nous en obligens envers les dis religieus toute nostre dite assise à touz jours perpétuelment, et soubmettons en la jurisdiction du Roy, nostre sire, pour nous contraindre et nos hommes, ou autres qui tenroient ladite assise, ou cis que nous ou nostre hoir ou ceux qui auront cause de nous fauroient de paier les dictes dix livrées de terre, chascun an perpétuelment, au terme dessus dit, avec couls et fres que lidit religieus auroient ou encourroient pour deffaut de la non paie.

En tesmoing de la quel choze, nous avons scelées ces lettres de nostre grant seel, qui furent faites à Paris, l'an de grâce Nostre-Seignour mil ccc trente et nuef, le mardi devant la St Barnabé apostre (1).

Ancel fonde un service pour lui et sa femme, Marguerite de Vaudémont, dans la nouvelle chapelle par lui établie dans la collégiale de Saint-Laurent.

[1334]

A tous ceulx qui ces lettres verront et orront, Ancels, sires de Joinville et de Rinel, seneschaul de Champaigne, salut en Nostre Seigneur, savoir faisons à touz que nous, de nostre dévocion, en l'onour de Dieu et de la Vierge Marie, de touz sains et de toutes saintes, avons ordené, fondé et édifié, ordenons, fondons et édeffions au chapitre de Saint-Lorant de Joinville, en la dyocèse de Chaalons, quinse livrées de terre à bons petis tournois, de annuel et perpétuel rente, à avoir, lever et percevoir et recevoir chascun an perpétuelment sur et en deux cent livrées de terre que nous et nostre chière bien amée compaingne, Dame Marguerite de Vaudémont, jadis Dame de Joinville, que Diex absoile, avons acquestées ensemble en perpétuité sur la ville de Joinville, pour lesquelles quinze livres de terre, ils doivent faire office sollempne en la novelle chapelle que nous avons faite de novel en la dite eglise, chascun an et à tout jours mais en perpetuité, c'est assavoir vespres, matines, prime, tierce, la messe et tout le service entier trois fois en l'an, c'est assavoir à l'octave de la feste s^t Jehan-Baptiste et de l'octave de la conception N.-Dame, et à l'octave de la s^t Jehan évangéliste, après Nouel. Lesquelles quinze livrées de terre dessus dites, seront départies en ladite chapelle à touz chanoines prestres et clers qui seront presens audiz service par les quatre chapellains que nous avons fondés en ladite chapelle ou par l'un d'aux.

Et voulons que li chanoine de la dite eglise de St-Lorant

---

(1) 8 juin 1339. *St-Urbain*, IIe liasse. Il est remarquable que Anceau ne prend pas le titre de maréchal de France qui, d'après le P. Anselme, lui aurait été conféré en 1338.

qui seront présens audiz services aient le double des chapellains et non les autres.

Pour ce est-il que nous donnons en mandement au maire et aus eschevins de Joinville présens et avenir pour nous et pour nos hoirs et successeurs que aus dessus dis nos chappelains ou à l'un d'aux délivrent lesdites quinze livrées chascun an desci en avant à la quinzainne de Noel, des deniers des dites deux cens livres de terre, sens voir autre mandement de nous ou de nos hoirs.

En tesmoing de ce, nous avons seelées ces lettres de nostre grant scel et de nostre signet en contre scel. Doné à Joinville le lundi après la nativité Nostre Seigneur l'an de grâce mil ccc xxx et quatre (1).

(1) Cartul. de St-Laurent, f° 21.

FAMILLE D'ANCEAU DE JOINVILLE

Anceau eut de Marguerite de Vaudémont, sa seconde femme (1), cinq ou même six enfants, qui sont :

I. Henri, qui suit.

II. Marguerite épousa en premières noces le sire de Culant, et en secondes, Hugues d'Amboise VII, seigneur de Chaumont-sur-Loire, qui fut tué à la bataille d'Azincourt.

III. Isabelle, mariée à Jean de Vergy I, seigneur de Mirebeau, fils de Guillaume de Vergy et d'Isabelle de Choiseul, Dame de Bourbonne, mort en 1370.

IV. N... de Joinville, alliée en la maison de Fénestrange. (Du Cange.)

V. Jeanne de Joinville épousa en premières noces Aubert de Hangest, seigneur de Genlis, et se remaria avec Jean de Noyers, chambellan du duc de Bourgogne, comte de Joigny, auquel elle apporta en dot la terre de Rimaucourt. « Il y a, dit Du Cange, au trésor « des chartes, une vente faite par Jean de Hangest,

---

(1) Marguerite de Vaudémont était fille de Henri III, comte de Vaudémont, et d'Elisabeth de Lorraine ; elle avait dû épouser d'abord Charles, fils puîné de Louis, frère de Philippe le Bel.

« chevalier, au roi Philippe de Valois, d'une rente
« de deux cents livres, pour le prix de neuf cents
« livres, à la charge d'assigner à Jeanne de Joinville
« cinquante livres tournois par an, — par lettres
« données à Paris l'an 1338. »

Nous avons vu ci-dessus que le sire de Hangest mourut dans le cours de cette même année, puisque Anceau reçut du duc de Normandie l'autorisation de jouir des revenus de son petit-fils, en qualité de gardien ou de tuteur (1).

---

(1) Du Cange donne pour premier mari à Jeanne de Joinville le sire de Noyers : le contraire résulte de la notice de M. Jolibois s. *Rimaucourt*. En 1379, Jean, petit-fils de Jeanne, fit hommage pour la forte ville de Rimaucourt à Thibaut de Neufchateau. Jean paraît avoir eu de son mariage avec Jeanne de La Fauche un fils, Renaut, et une fille, Agnès, laquelle hérita de son frère et épousa Jean de Choiseul. (Jolibois.)

Selon Vassebourg (f° ccccvi), Anceau aurait eu onze enfants : 1° Henry de Joinville; 2° André, qui épousa Jeanne de Boulencourt; 3° Jean, qui épousa Jeanne de Puligny; 4° Ancel, 5° Jacques, qui moururent en bas âge; 6° Marie, qui épousa Jean de Jonvelle; 7° Mathilde, mariée à Charles de Hérencourt; 8° Madeleine, à Ferry de Boulac; 9° Jeanne, à Girard de Puligny; 10° et 11° Elisabeth et Catherine, qui moururent en leur jeunesse. Aucun document ne justifie ces assertions.

XI

HENRI, COMTE DE VAUDÉMONT

A la mort de Anceau, vers l'année 1343, Henri, son fils, lui succéda dans la seigneurie de Joinville, dans son comté de Vaudémont, et dans sa dignité de sénéchal de Champagne. Le dernier historien de la Lorraine le représente comme un prince d'un caractère inquiet et hargneux (1).

En 1351, un débat s'éleva entre lui et Jean de Vergy, son cousin, ou plutôt son neveu (2), seigneur de Fouvent et sénéchal de Bourgogne, au sujet de la terre de Pierrecourt dont ce dernier s'était emparé. Henri lui envoya un défi, le 13 décembre.

« Mal disoit lidiz sires de Fouvans que à juste cause tenoit ladite terre et avoit levée icelle; et pour attaindre vérité, écrivait Henri de Joinville, nous li faisiens trois offres que nous nous offriens à combattre contre luy à une journée nostre corps contre le sien seulement, la seconde par cent hommes armez de fer, de

---

(1) Digot, t. II, p. 282.

(2) Le sire de Fouvent était fils de Jean I de Vergi, seigneur de Mirebeau, qui avait épousé Isabelle de Joinville, sœur de Henri.

chascune part, et la tierce à effort l'un contre l'autre de combattre à une journée. »

C'était un redoutable champion : d'un seul coup d'épée, dit la chronique, il tranchait la tête d'un taureau ou d'un sanglier (1). Jean de Vergy répondit qu'il acceptait le mode de combat qui plairait à Henri. Celui-ci ayant opté pour la lutte corps à corps, désigna pour le lieu du combat Chaumont, Nogent ou Montigny. Jean de Vergy donna son fils comme otage ; Joinville offrit son cousin Anceau (sans doute le fils d'André, seigneur de Beaupré). Il fut en dernier lieu convenu que le duel aurait lieu à Montigny. (Lettres du 19 et du 22 décembre.)

On ignore quelle fut l'issue de ce cartel et s'il se termina par un duel ou par un accommodement (2).

L'année suivante, Henri de Joinville prit part à la guerre de Bretagne qui se continuait entre les Français et les Anglais : les premiers tenaient pour Jeanne la Boiteuse, comtesse de Blois ; les Anglais avaient suivi le parti de la comtesse de Montfort. Le sire de Joinville, comme chevalier banneret, était accompagné de quatre bacheliers et de trente-sept écuyers.

Il se trouvait avec l'élite de la noblesse française à la bataille de Poitiers où il fut fait prisonnier (1356). Il figure, à ce titre, parmi les otages désignés pour garantie de l'exécution du traité de Bretigny.

---

(1) Vassebourg, f° ccccxxxiv.
(2) *Histoire de la maison de Vergy*, t. I, p. 167.

A la suite de ce désastre, la guerre éclata entre le roi de Navarre, Charles le Mauvais, appuyé des Anglais, et le Dauphin qui avait rallié la noblesse Lorraine. Le comte de Vaudémont, resté fidèle à la cause nationale, défendit la ville de Troyes contre les Anglais qui s'étaient avancés jusqu'au cœur de la Champagne (1). Froissart nous a laissé le récit de cette campagne.

Les bandes anglaises et navarraises avaient pour chef Eustache d'Aubrecicourt. « Et fit là en ce temps, écrit le chroniqueur, plusieurs belles bacheleries et grands apertises d'armes, et rua par plusieurs fois jus moult de gentilshommes, ni nul ne duroit devant lui... » Dans l'autre parti, on distinguait l'évêque de Troyes, (Henri de Poitiers « qui fut bon guerrières et entreprendans durement » et le fameux Burkhart de Fenestrange, qui commandait une bande de quinze cents compagnons).

« Si le prièrent li dus de Normendie (le dauphin Charles), li evesques de Troies, *li comtes de Wédimont* et li signeur de Campagne que il voulsist demorer dalez yaus ponr yaus aidier à mettre hors ces Englès qui s'i tenoient et qui nuit et jour les guerrioient. Tant fut priés li dis Messires Brokars que il s'acorda à aidier à délivrer le pays de Cam-

---

(1) *Continuateur de Nangis*, t. II, p. 281 : *Grandes Chroniques*, t. VI, p. 147.

pagne de ses ennemis, parmi une grande somme de florins qu'il devoit avoir pour li et pour ses gens. Adonc s'assemblèrent ces gens d'armes à Troies, de Campagne et de Bourgongne, li évesques de Troies, *li contes de Wedimont,* li contes de Joni, Messires Jehans de Chalon et Messires Brokars qui menoit le plus grant route ; et furent bien mil lances et quinze cens brigans. Si ce traisent premièrement ces gens d'armes pardevant le fort chastiel de Hans en Campagne, que Englès tenoient et avoient tenu bien an et demi. Sitos que il furent venu, il le assallirent fièrement, et cil de dedens se défendirent de grant volenté. Si ne l'eurent mies ces gens d'armes dou premier assaut ne dou second ; mès il l'eurent au tiers et le conquisent par grant fait d'armes et par bien continuelment assallit. Si entrèrent ens les gens Messire Brokart, et y eut mors bien quatre-vingt Englès, ne nul n'i fu pris à merci (1). »

Les alliés résolurent ensuite d'attaquer Pont-sur-Seine et Nogent, où s'était retiré Eustache d'Aubercicourt avec ses gens d'armes et ses archers. A l'approche des Français, il rangea sa troupe sur un coteau de vignes situé hors de la ville. Burckard et les siens se formèrent en trois corps composés chacun de quatre cents lances : le premier était commandé par l'évêque de Troyes et Burckard, le second par

(1) Livre I, p. 441.

Jean de Châlons et le comte de Joigny, le troisième par Henri de Joinville. Au premier choc, les assaillants ne purent rompre la barrière de fer que leur opposaient leurs adversaires ; la seconde troupe vint les soutenir et renouvela le combat : mais elle fut arrêtée par les archers anglais dont les flèches tenaient à distance les Français. « A donc se hasta la tierce bataille que *li contes de Wedimont* menoit, où moult avoit de bonnes gens d'armes, et vint sur ele férir sus la bataille Messire Eustache... » Les Français avaient l'avantage du nombre et les Anglais celui du terrain : le combat fut des plus rudes et le succès ne fut décidé que par l'arrivée des gens de pied qui taillèrent en pièces les archers. Eustache d'Aubercicourt fut blessé par Burckard de Fénestrange et tomba aux mains d'un chevalier du comte de Vaudémont, nommé Henri Quevillart, qui le mit à rançon.

« Si furent grandement honnouré à leur retour de de chiaus de Troies li signeur qui avoient esté à celle besogne, li évesques de Troies premièrement, li contes de Wedimont, li contes de Joni, Mess. Brokars de Fénestrange, etc... Cil rencontre fu l'an de grâce mil trois cent cinquante-neuf, la vigile saint Jean-Baptiste (1). »

Malheureusement, en un temps où les alliances étaient fondées plutôt sur les intérêts personnels que

---

(1) Froissart, p. 442-445. Eustache d'Aubercicourt fut ensuite délivré moyennant une rançon de 22,000 livres.

sur les sentiments de patriotisme, les hommes qui venaient de combattre sous la même bannière devenaient souvent ennemis. Burckart de Fénestrange, mal payé de ses gages, « s'en mérencolia en soi-même. » Il se tourna contre le Dauphin et fit plus de ravages en Champagne que n'en avaient faits les Anglais et les Navarrais. Il fut fait prisonnier par le sire de Joinville qui l'emprisonna dans son château. Mais cet audacieux aventurier mit le feu dans sa prison et réussit à s'évader, à la faveur du désordre occasionné par l'incendie (1). Il est probable que ce fut pendant son séjour à Joinville que Brocard de Fenestrange conclut avec Henry, représentant du roi de France, un accord par lequel il s'obligeait à remettre à Jean, sire de Saint-Dizier et de Vignory, les forteresses de Wassy, de Monteclair et de Passavant, pour le compte du souverain, alors prisonnier en Angleterre (2).

Cependant les vassaux de Lorraine, de Luxembourg et du pays de Trèves, las sans doute des malheurs de ces guerres intestines, signèrent, de concert avec l'évêque de Metz, les ducs de Luxembourg, de Lorraine et de Bar, une trêve qui devait durer deux ans, depuis le 26 mars 1361 jusqu'au len-

---

(1) M. Fériel attribue la prise de Burckart de Fénestrange à Anceau de Joinville. Mais la chronologie et les récits de Froissart permettent de fixer cet événement en 1359 ou peu de temps après. Cet aventurier s'était, vers le même temps, emparé de la ville de Wassy.

(2) Le 20 août 1360. Archives de Saint-Dizier.

demain de Pâques 1363. Pendant ce temps, ils devaient s'abstenir de tout acte d'hostilité, et, en cas de différend, se soumettre à la décision d'un tribunal arbitral composé de cinq commissaires élus. Henri de Joinville adhéra à ce traité qui fut signé le jour de l'Annonciation de l'année 1361 (1).

A l'expiration de la trêve, la guerre éclata entre le comte de Vaudémont et le duc de Lorraine : le premier s'allia au fameux Arnaud de Cervole dit l'archiprêtre, qui venait de dévaster les environs de Metz, à la tête d'une troupe d'aventuriers composée de Bretons, d'Anglais, de Gascons et de Normands. Il comptait sur l'appui de plusieurs seigneurs Lorrains mécontents : mais le duc ayant assemblé une armée, entra dans le comté de Vaudémont et y exerça des représailles. De leur côté, Henri et son allié commirent dans le Barrois les plus affreux dégâts et s'emparèrent même de plusieurs châteaux qui servirent de places d'armes aux chefs de partisans. Le duc de Lorraine résolut de livrer une bataille décisive et vint à la rencontre de son adversaire jusqu'à Saint-Blin. Le comte de Vaudémont disposait d'une force de cinq mille hommes : mais les Lorrains avaient de l'artillerie dont ils se servirent pour la première fois. Selon la tradition acceptée par les historiens de Joinville, le comte de Vaudémont aurait remporté une victoire complète. Le récit des historiens lorrains

(1) D. Calmet, t. II, pr. p. DCXXXIII.

est tout différent : ils rapportent que ce prince, qui se trouvait séparé de ses alliés, cherchait à éviter le combat; qu'ayant été attaqué par le duc Jean, il perdit deux mille hommes et essuya une défaite décisive : les compagnies qu'il attendait arrivèrent trop tard et se trouvaient épuisées par une longue marche. Henri opéra sa retraite du côté de Joinville. Le duc de Lorraine traita avec l'archiprêtre moyennant une somme d'argent; mais Henri de Joinville ne s'y résigna que plus difficilement. D'après Dom Calmet, la paix ne fut signée qu'en 1365, grâce à la médiation de l'empereur Charles IV et du roi de France Charles V (1).

Ce qui est curieux, c'est que le comte de Vaudémont, sire de Joinville, adhéra au traité de Vaucou-

---

(1) D. Calmet, t. II, p. 554, 555. Digot, t. II, p. 283. L'intervention du duc de Bourgogne ne paraît pas avoir été inutile, afin de décider le comte de Vaudémont et Arnaud de Cervole à modérer les ravages des bandes de partisans qui servaient sous leurs ordres : le mandement suivant permet de le supposer : « Phelippe, filz de Roy de France, Duc de Bourgoingne, lieutenant de Mons. le Roy en la province de Lyon, à nostre amé et féal trésorier Hue Hanon, salut et dilection : Nous vous mandons et commandons que à nostre amé et féal Mess. de Pailley, chevalier, gruyer de Champaigne et de Brie, lequel nous envoions par devers nostre très-chier et amé cousin le Conte de Vaudémont, nostre très-chier et amé compère, Mess. Arnault de Cervole; seigneur de Chasteauvillain, et par devers le bailli de Chaumont, pour leur parler et dire de par nous comment il mettent peine et facent que les compaignies qui sont es parties de par de là se départent du pays, et vous, des deniers du fait des gens d'armes ordonoz pour la deffense générale du royaume, faites bailler et délivrer vint florins d'or de Florence, pour faire ses despens en alant par devers les dessus dis, en prenant sur ce dudit Mess. Guillaume lettres de quittance, etc... Donné à Dijon, le VIe jour de juin, l'an de grâce mil ccc soixante et cinq. » (Arch. de la Côte-d'Or, B. 357.)

leurs qui fut conclu, entre les ducs de Lorraine et de Bar, la semaine d'avant Pâques de l'année 1367.

Il y est stipulé que toute la terre de la contrée de Vaudémont « est comprise au présent traité, en telle manière que l'on n'y souffrira à faire guerre : mais sera gardée et fera l'en rendre ou recroire tout ce qui y seroit pris doresnavant, durant le temps de cest traité, semblablement comme il est desdits pays de Champagne de Lorraine (1). »

Cependant l'histoire de Lorraine mentionne un nouveau différend qui s'éleva entre le duc Jean et le comte de Vaudémont, et qui fut terminé par le traité de Bayon, du 11 septembre 1373 (2).

Henry mourut en 1374 (3), sans laisser d'enfants mâles de sa femme Marie de Luxembourg. En lui s'éteignit la première race des seigneurs de Joinville proprement dits.

---

(1) D. Calmet, II, pr. p. DCXLVII.
(2) Digot, t. II, p. 287.
(3) D'après l'*Art de vérifier les dates*; en 1386, d'après Fériel et Vassebourg.

ACTES CONCERNANT HENRI, Cte DE VAUDÉMONT.

—

Henry, sire de Joinville, est qualifié de Lieutenant du Roi de France et du régent dans quelques titres du trésor des chartes de l'année 1360. En 1361, il se nomme sire de Joinville et de Houdanc qu'il possédait du chef de sa femme, Marie de Luxembourg (Du Cange).

Dès l'année 1343, il concéda à la maison de Ruetz un terrain pour faciliter l'élargissement et le cours de la Marne, à Bayart; et, le 22 août 1346, il ratifia cette concession.

Vassebourg a transcrit en partie une charte de l'année 1350, aux termes de laquelle il fonda six chapellenies dans l'église de Vaudémont (1).

Dans le courant du mois de décembre de l'année précédente, il avait fait, en faveur des habitants de Joinville, une déclaration solennelle, dans l'église de Notre-Dame, confirmant la déclaration de son aïeul aux termes de laquelle les travaux faits aux ponts et chaussées par ses sujets ne tireraient pas à conséquence.

(1) Vassebourg, f°s 406 et 426.

Nous transcrirons un échange conclu entre ce prince et le prienr de Chamberoncourt, au mois d'août 1347, ayant pour objet quelques familles serves de leurs domaines.

En 1353, il eut un différend avec l'abbaye de Saint-Urbain, au sujet des droits de péage que les religieux étaient en droit de percevoir sur le pont de cette localité. Ceux-ci, inquiétés par leur puissant voisin, portèrent plainte au bailli de Chaumont, lequel délégua un sergent de la prévôté d'Andelot afin de maintenir dans leur saisine les préposés du couvent. La veille de la foire de Saint-Urbain, le sergent constata la présence sur le pont d'un nommé Lépicier qui percevait le droit de péage des passants, au nom du sire de Joinville. Le sergent lui fit défense, en qualité de gardien, de continuer ses perceptions, annonçant qu'il était prêt de recevoir son opposition. Lépicier annonça l'intention d'obtempérer à cette injonction. Mais, le lendemain, jour de la foire, le même Lépicier se trouva sur le pont, assisté d'un nommé Colinot, fauconier du sire de Joinville qui, nonobstant les défenses qui lui furent faites, maintint les prétentions de son maître. Le sergent déclara le péage saisi au nom du Roi. Colinot s'emportant en injures, envoya son valet à Joinville, avec ordre de ramener des gens armés, et continua de percevoir des passants les redevances contestées. Ces circonstances sont constatées dans un procès-verbal ci-après transcrit.

En 1357, Henri confirma toutes les acquisitions que le Chapitre de Saint-Laurent avait faites dans ses domaines de Joinville.

Henri cède, moyennant échange, à la maison du Temple de Ruetz, un terrain sur la Marne, pour l'élargissement de cette rivière.

[1343]

Henris, sires de Joinville et de Rinel, seneschal de Champaingne, et Jehan Chailles, bourgeois de Joinville, faisons savoir à tous que pour le grant nécescitey qu'il convenoit de plasce pour eslargir lou cours de la rivière de Marne, afin que ladite rivière de Marne allasse aux Molins de Baiars, qui sunt de la maison de Ruelz, à la requeste de frère Robert de Saint-Dizier, maistre de ladite Maison de Ruelz, avons baillié, transpourtex, quicté et deslaisié à tous jours mais, sans jamais rien réclamer, audit frère Robert, pour et ou non de ladite maison, l'éritage qui s'ensuit, c'est asavoir cel partie de prey de la Neuville à Baiart, qui estoit nostre, conjoingtement par montoy, lequel nous, pour nous et pour nos hoirs, l'avons quictey et deslaisié audit frère Robert, pour et ou non de ladicte maison, pour ycelui tenir perpétuelment en héritage, sans jamais riens réclamer par nous ou par aultrui, parmi ce que ledit frère Robert, pour et ou non de ladite maison nous en a rendu une pièsce de terre, séans ou finage de ladite Nueveville, et jonit, d'une part de la maison au présent, et d'autre part de la feme Jaquier de la Neuveville, lequel eschange dessus dit nous, pour nous et pour nos hoirs, prometons à tenir et faire tenir sans en venir par nous ou par aultrui au contraire en temps à avenir. Et je, Henris dessus dis, pour tant que je n'avoie point de seel, ay proiey et requis à mon très chier seigneur et père, monss. lou comte de Vaudoimont, que il en ces présentes lettres mecte son seel; et nous Henris, cuens de Vaudoimont à la requeste de mon chier fil Henri, signor de Joinville, avons mis nostre seel en ces pré sentes lettres. Et je, Henris, sires de Joinville dessus nommeix, promettons à seeller ces lettres de nostre seel toute fois que nous l'arons (?) et nous en somes requis. Donney à Joinville, le lundi après les trois semaines de Pasques l'an mil treis cens quarante et trois (1).

Echange conclu entre Henri, S. de Joinville et le prieur de Chambroncourt.

[1347]

Nous, Henris, sires de Joinville et de Rinel, seneschaux de Champaingne, faisons savoir à tous que nous, pour bien de pais et pour avoir bon et léaul accort entre nos homes et fames, et les homes et fames de religiouse personne et discrète le prieux de Chamberencourt estens en ladite ville, avons, pour nous et pour nos hoirs, eschangié et fait eschange audit prieur des homes et fames qui s'ensuigent, et parmi ce qui nous at apparu cleirement que nous le poiens faire bonnement et comme nostre prèdécessur l'ont autrefois fait en temps passey aux prédécesseurs dudit prieux. C'est assavoir nous, pour nous, pour nos hoirs, avons baillié et délivré, baillons et délivrons, par eschange, audit prieur et à ses successeur, prieux de Chamberoncourt, pour tenir à touz jours, senz james riens réclamer, Moingin, fil Huedelon, Jehan, fil Tierri, Coyset, Delignete, fame Ouriet Petit-fame Yssabelot, fame Pyllaime, ensamble leurs hoirs qui d'eulx sont yssu, et qui encor en pourront yssir, pour estre et demourer de teil condition, comme les autres hommes et fames doudit prieur sont. Et lidis prieux nous ay baillié et délivré par eschange, pour li et pour ses successeurs, prieux de Chamberoncourt, pour tenir à tous jours, pour nous et pour nos hoirs, senz jamais riens réclamer, Yssabelot, femme Moingin la Feme de ladite ville, Regnault, son genre, Jaquete, fame ledit Regnault, Drouet et Delignete, enfants doudit feme, ensemble tous

(1) *Arc. de Ruelz.* 5 mai. La Neuville à Bayard, c. de Chevillon, arr. de Wassy.

leurs hoirs, qui d'eux sont yssu et qui en porront yssir. Et toutes les chouses dessusdites et une chauscune pour soy avons nous promis et promettons en bonne foy, pour nous et pour nos hoirs, à tenir faire tenir fermement, sens jamais riens demander ne réclamer, en temps présent ne en temps à advenir.

En tesmoingn. de véritci et pour ce que ce soit plus ferme chouse et estauble, nous avons seëllées ces lettres de nostre seel, qui furent faites et données l'an de grâce N. S. mil trois cens quarante et sept, le jour de la feste saint Jehan de Colace, au mois d'aoust (1).

Procès-verbal d'un sergent du roi, constatant la perception violente des droits de péage à Saint-Urbain par les gens du sire de Joinville.

[1353]

A honorable homme et sage, mon cher seigneur et maistre. Monseigneur le Bailly de Chaumont, Jeoffrois de Guymont, sergent dou roi, nostre sire, en la prévosté d'Andelou, et gardiens députez de par ycelui seigneur de l'église et monastère de Saint-Urbain, honneur faite avec toute obéissance. Chers sires, saveir luy fais que, par vertu de la garde desdiz religieux à moi adressée, je, à la requeste dou procureur d'iceulx religieux, le dymenge, vigile de saint Symon et de saint Jude, apostre me transportai en et sur le pont de ladite ville de Saint-Urbain et illeuc trouvai le prévost et trésorier à sommes et procureur de la dite église, si comme il m'aprint par une procuration scellée des seaulx abbey et convent d'icelle église, lesquels me dirent et m'exposairent que, en yceli lieu, lesdiz religieux avoient toute justice et seignorie seulz et pour le tout, sans compaignie d'autruy, et que aucuns, et par espécial, Messires de Joinville ne autres pour li ni avoit que veoir ne que cognoistre forz les dis religieux, et de ce estoient les dis religieux en saisine et possession paisibles, par tel et si

(1) Arch. de la Côte d'Or, H. 229, (29 août).

lonctemps qu'il n'estoit mémoire du commencement ne dou contraire, et continuelment, et dairenavant, et pour ce que Jehans li officiers de Joinville, par li et ses familiers, se esforsoit de prenre et lever paiage en ycelieu, en et sur les trespassanz par illeuc qui aloient à la foire de St-Urbain, à tort et contre raison, si comme les diz procureurs disoient et maintenoient, et en eulx troublant et inquiétant en leur dite saisine et possession de leur dite justice tenue franchement par espécial en celli lieu, senz ce que aucunt y deust paiage, à tort et senz cause, indhument et de nouvel, si comme ils disoient. Me requirent les diz procureurs que je les tenisse et gardasse en leur ditte saisine et possession de leur ditte justice, en deffendant audit Jehan Lespiciers et autres qui sesforsoient de prenre et de lever paiage en leur dite jnstice, qu'ils ceysessent et se déportassent de lever ycelui paiage, lesquels procureurs je tins et gardai de par le roy, nostre sire et de par vos, en leur ditte saisine de leur ditte justice en laquelle je les avoie trouvez, et requis et commandai, par vertu de ma dite garde, au dit Jehan Lespiciers et autres ses familiers qu'ils cessessent de lever lever ledit paiage, et se ils se vouloient opposer, je les receveroie volontiers à opposition. Les quieulx me respondirent qu'il ne se voloient mie opposer, maiz obéiroient volontiers, et se départirent, et devant ce qu'ils se départissent, après ce qu'ils m'auroient respondu qu'il ne se opposeroient, je leur fis desfense et commendement, selon le contenu de ma garde, que dore en avant ne troublassent ou empeschassent les diz religieux en leur dite saisine et possession de leur dite justice et que en icelle ne feicent aucun exploit de prenre ne lever paiage ne autrement. Lesquels me respondirent que ils se garderoient bien de mesprendre et se despartirent.

Item, que le lendemain, c'est assavoir le lundi, feste de saint Simon et saint Jude, apostres, de rechief, je, a la requeste desdiz religieuz, me transportai sur ledit pont et illeuc trouvai lesdiz procureur, lesquelz de rechief me requirent que je les remisse et gardasse en leur dite saisine et possession, si comme autrefois avoie fait, et me dire que, nonobstant l'esploit dessus dit, les diz Espiciers et familiers, et entreuz Colinoz, fauconniers Monsieur de Joinville, et plusieurs autres leur complices lez vouloient esforsier en leur justice et en icelle, c'est assavoir sur ledit pont prenre et lever paiage des trespassez, a tort et contre raison, allant contre l'esploit dessusdit. Si di et exposai auz diz Colinot, Espiciers, et autres leurs complices ledit exploit, et de rechief leur fis mes requestes et commendements selon le contenu de ma garde et selon ce et par la menière qu'autrefois avoie fait au dit Espiciers et ses familiers ou complices; et lors, lidiz Colinos me respondi qu'il estoit de la maison, hostel et famile de Monsieur de Joinville, de ses robes, de son bienfait et ses procureurs, et que, pour et ou nom dudit seigneur, il estoit enqui venus pour prenre et lever le paiage, car estoit li drois d'iceli seigneur, si comme il disoit, et de ce le disoit estre en saisine et possession par temps souffisant quant ad ce. Les diz procureurs débatant le contraire, pour le débat et contenz, de par le présent, je prins la chose comme contencieuse, et tout le débat en la main dou Roy, nostre Sire, comme souveraine, et assignai jour aux présents par devant vos ou votre lieutenant, à vostre prochaine assise d'Andelou, pour aler avant et sur le débat dessusdit, et en oultre selon raison, et commis et establi Emile de Waulx et Jehan le Verpillet de Saint-Urbain pour prenre et lever ledit paiage, de par le Roy nostre sire et par sa main, au pruffit de celi à qui la chouse appartenra, en deffendant auz dits Colinot, Espiciers et autres de par le Roy, nostre sire, et de par vos et sur présent (?) qu'il se povoit mesfaire, que pendant le débat et descort entre les parties, ils n'attentassent ne ne fussent si hardy d'attenter à prenre ne lever ledit paiage, mais le laissassent lever à ceulx que je y avoie constituez et establiz de par le Roy, nostre dit seigneur, au prouffit de celi ou ceulx à qui la chouse appartenoit : auz quels chouses et commandements lesdits Colinoz, Espiciers et leurs complices n'obéirent en rienz, maiz respondit ledit Colinoz que nonobstant chouse que je disse, il levait ledit paiage pour ledit Monsieur de Joinville, ou si quelquez meschiez en aureroit, que copies signées n'estoit advenuz, et de fait le prist et levat avec ses dits complices, et par force et violance, tout auxi et plus vigoreusement qu'il n'avoit fait devant les dites requestes et commandements, et en usant de paroles injurieuses et de menaces; et fist descendre ledit Espiciers de son cheval, et y montant un vallet pour aller quérir à Joinville Callot et Jehan de Toulon à tout leur force et à force d'armes. Et li dist tout haut : « Va quérir Jehan de Toulon et Carlot à tout leur force, pour résister de fait auz requestes et commandements que cilz sergenz nouz fait, car nous aurons la force, comment qu'il soit, et leverons le paiage nonobstant ses défenses. » Et adez, li disoie qu'il faisoit mal de ce qu'il n'obéissoit au Roy nostre dit seigneur, et nonobstant chouse que je deisse, ils levèrent adez plus vigoreusement que de devant le dit paiage. Et ce vous certifie je par ceste moie relation seellé dou seel douquel je use. Escripte audit Saint-Urbain, le mardy après la dite feste saint Symon et saint Jude, l'an de grâce mil ccc cinquante et trois (1).

(1) 29 octobre. Arch. de la Haute-Marne, Saint-Urbain. Liasse xv, p. 2.

POSTÉRITÉ DE HENRI

Henri épousa, en 1346, Marie de Luxembourg, fille de Jean de Luxembourg, châtelain de Lille, seigneur de Ligny, et d'Alix de Flandre, qui lui apporta en dot dix-sept mille livres en argent et mille livres de rente. Il en eut deux fils qui moururent jeunes et deux filles qui sont :

I. Marguerite épousa successivement Jean de Bourgogne, sire de Montagu, qui mourut sans postérité, et Pierre de Genève, fils d'Amé III, comte de Genève, suivant un traité passé le 2 mai 1374, en présence de Miles de Noyers, comte de Joigny, cousin germain de Marguerite, et de plusieurs autres seigneurs. Jean de Bourgogne prend les titres de seigneur de Montagu et de Joinville dans une quittance du 15 décembre 1372, portant reçu de ses gages et de ceux de sa compagnie, « *es parties* et marches de Guienne. » Il est qualifié seigneur de Vaudémont dans deux autres quittances des 20 octobre et 16 novembre de la même année, la première pour 830 fr., la seconde pour 555 fr. d'or (1). Dans un document

---

(1) Archives de la Côte-d'Or, B. 357. On trouve dans le catalogue du baron de Joursanvault l'indication de quelques pièces émanées de Jean de Bourgogne : Il s'engage à servir le duc de Bar et il certifie que ce prince lui doit une somme de 500 francs (1370-1379).

Jean était fils d'un puîné des comtes de Bourgogne ; je crois qu'il n'était autre que Jean de Bourgogne, *noble damoisel*, seigneur de Montaigu et d'Arc, lequel avait épousé d'abord Marie de Châteauvillain, qui mourut sans postérité avant l'année 1368. *(Hist. de la maison de Broyes,* pr. p. 44.) Il aurait contracté un second mariage avec Marguerite de Joinville et serait ensuite décédé avant l'année 1374.

de l'année 1367, nous voyons son lieutenant, Jean de Lanques, donner une déclaration aux hospitaliers de Ruetz, portant que si leurs hommes ont fait guet et garde au château de Joinville durant la guerre des Anglais, ils ne l'ont fait que par nécessité et sans que ce précédent doive tirer à conséquence. Pierre de Genève était frère de Robert de Genève, se disant pape sous le nom de Clément VII : il mourut également sans enfants, et Marguerite épousa en troisièmes noces Ferry de Lorraine, fils puîné du duc Jean, et frère de Charles II, duc de Lorraine. Ferry était seigneur de Rumigny et devint, par son mariage, comte de Vaudémont et baron de Joinville. C'est ainsi que cette seigneurie passa dans la maison de Lorraine. Marguerite mourut en 1416. Elle figure dans quelques documents, dont on trouvera l'analyse au catalogue général.

II. Alix, seconde fille de Henri et de Marie, épousa Thiébaut de Neufchatel, maréchal de Bourgogne, auquel elle apporta en dot les terres de Chatel-sur-Moselle, de Bainville-aux-Miroirs, de Chaligny, d'Urlacourt, de La Ferté et du comté de Reynel. « Comme sa part était encore inférieure à celle de sa sœur, Alix reçut encore plus de la moitié des terres de Mathons et de Mozancourt, à charge de les tenir en mouvance de Joinville. » (Fériel, p. 94.)

ACTE CONCERNANT JEAN DE BOURGOGNE.

Le lieutenant de Jean de Bourgogne et le capitaine du château de Joinville déclarent que les habitants et tenanciers de Ruetz ne sont pas tenus de faire guet et garde audit château.

[1367]

A tous ceulx qui ces lettres verront et ourront, Jehans, sires de Loinques, escuiers, lieutenant de noble homme et puissant, Jehan de Bourgoingne, monsigneur, signeur de Montaguy et de Joinville, Nicoulas de Nuilley, baillis, et Loiyons de Puligney, capitains doudit Joinville, salut. Comme piecea, tant pour la guerre des Anglois, comme pour la guerre de Mons. le conte de Wadémont, signeur de Joinville, cui Dieux pardouint (1), et pour plusieurs autres doubtes, tant dez routes des compaignes des Brethons, comme autrement, les villes plus prochiennes des forteresses anciennes, esquelles elles avoient refuge, aient esté contraintes de faire gait et garde en iceil forteresses, par ordonnance roiaul, contenenz que pour ceste cause, aulcun signeur ne peussent imputer à servitute les dis gait et garde, ne tourner à conséquence, pour le temps présent et advenir : et il soit ainsi que les hommes de la terre de Ruels, appartenant aux religieux de l'hopital saint Jehan de Jhérusalem, par contrainte et pour asservir et antériner la dite ordonnance royaul, liquel onques maiz n'avoient fait gait ne garde audit chastel, si comme il disoient, aient fait gait et garde oudit chastel de Joinville; et pour ce nous aient requis que nous leur donessiens lettres qu'il ne leur fist préjudice ou temps advenir, mesmement que

---

(1) Si la date de cette charte est exacte, il en résulterait, contrairement à ce que nous avons écrit ci-dessus, que Henri, sire de Joinville, serait décédé avant l'année 1367. Peut-être faut-il reculer la date de l'acte jusqu'en 1377.

ainssi est-il contenu en ladite ordonnance roiaul. Saichent tuit que nous, inclinanz à leur requeste, leur avons outroiey et outroyons, par ces présentes en nom et pour nostre devant dit signeur, que le gait et garde que fait y ont par la manière et comme dessus est dit, ne leur tourne en préjudice ny à conséquence, pour le temps advenir, en aulcune manière. En tesmoingnage de vérité ce que ce soit ferme chouse et estable. Nous Jehans Nicoulas et Loiyons es noms dessus dit, nous scelley ces lettres de nos seelz, lesquelles furent faites et données audit Joinville, le lundi devant Pasques flories l'an mil ccc seixante-sept (1).

(1) 5 avril. *Arch. de Ruetz.*

CATALOGUE GÉNÉRAL

DES

ACTES CONCERNANT LES SIRES DE JOINVILLE

ETIENNE DE VAUX.

1019-1026. Mandement de l'évêque de Toul, Herman, adressé au doyen Vautier, concernant les religieux d'Augeville, maltraités par Etienne de Neufchâteau. (Pérard, *Recueil*, p. 174.)

Ibid. Mandement adressé à Etienne, par le même prélat. (Ibid. p. 175.)

1020-1030. Charte de Dudon, abbé du Der, rappelant le mariage d'Etienne de Vaux avec la belle sœur d'Engilbert II, comte de Brienne, et constatant la cession de l'avouerie du Blaisois, faite par ce seigneur à son vassal. (*Cartul. de Montiérender*. Dans Didot, p. c. xxii et sup. p. 15.)

1027, 14 mai. Charte de Dudon; sa démarche auprès du roi Robert, à Reims, ses plaintes au sujet des usurpations commises par Etienne de Vaux : sentence d'excommunication prononcée contre ce dernier. (Ibid. édit. dans Bouillevaux; *les Moines du Der*, p 325.)

1027-1030. Transaction entre l'abbé Dudon et Etienne, par laquelle ce dernier renonce à ses prétentions sur certains villages dépendant de l'avouerie du Blaisois. (Ibid. V. suprà, p. 17.)

GEOFROI I.

1049-1080. Cession de l'Eglise de Wassy consentie par Geofroi, avec le concours de Royer, évêque de Châlons, de sa femme et de ses fils, au profit de Brunon, abbé du Der. (Ibid. et suprà, p. 22.)

1049-1080. Charte de Brunon, portant cession au profit de Geofroi (de Neufchâteau), de plusieurs églises dépendant du Der, avec clause de retour, après deux dévolutions aux héritiers de ce seigneur. (Ibid et p. 23.)

107... Fondation par Geofroi du prieuré de Saint-Thiébaut de Vaucouleurs; don de la chapelle du château, etc., au profit de l'abbaye de Molesme. (Arch. de la Côte-d'Or. *Cartul. de Molesme*. I. f° 142 et suprà, p. 24.

GEOFROI II.

1080. Fondation du prieuré de Joigny. Geofroi donne aux moines de la Charité, les églises de Sainte-Marie, de Saint-Jean, et les chapelles de Saint-Martin et de Saint-Thiébaut. (*Cartul, de l'Yonne,* II. p. 34.)

1088. Transaction entre Geofroi et Dudon, abbé du Der, qui l'avait cité devant le concile de Meaux, pour obtenir réparation des excès commis par ce seigneur dans le Blaisois. Règlement des redevances dues par les tenanciers du monastère; des corvées pour les travaux du château de Joinville, etc. (Cartul. de Montiérender, *Annales Bened.* t. v. p. 642.)

1096. Geofroi complète les libéralités faites par son père au prieuré de Saint-Thiébaut de Vaucouleurs. (*Cartul. de Molesme*, I, f° 142 et suprà, p. 35.

RENAUD, COMTE DE JOIGNY.

1095. Donation par Renaud, comte de Joigny, à l'abbaye de Boulancourt. (*Cartul de Boulancourt*, n° 2.)

ROGER, SIRE DE JOINVILLE.

1112. Roger cède le village de Saint-Remy à l'abbaye du Der. (*Spicilège*. t. IV, p. 242, 243.)

1121. Roger confirme la donation faite par Renaud, son frère, à l'abbaye de Boulancourt (1).

1132. L'abbé de Saint Urbain reconnaît le droit de justice prétendu par Roger sur le marché de Saint-Urbain. (Jolibois, V. *Joinville*.)

GEOFROI III.

1132. Geofroi fait un don à l'abbaye de Vaux-en-Ornois. (*Gall. Christiana*, t. XIII. p. 1113.)

1132. Geofroi, sa femme Félicité et son frère Robert fondent Jovilliers. Don à Herbert, abbé de Riéval. (Lettres de Henri, évêque de Toul, en 1141; *Gall. Christiana*, id. p. 1144.)

1141 (?) Geofroi fait un don à Herbert, premier abbé de Riéval, fondé en cette même année par Rainaud I, duc de Bar. (Id. p. 1124).

1144. Fondation de l'abbaye d'Ecurey. (D. Calmet, t. II, pr. col. CCCXXIII.)

..... Geofroi fait don à la même abbaye de sa terre de Hervalt. (Arch. de la Meurthe; v. ci-dessus, p. 51.)

..... Geofroi fait don à la même abbaye d'une terre et de bois. (Id.)

1145. Fondation du prieuré de Val d'Osne, par Geofroi, sa femme Félicité et son fils. (Arch. de la Côte-d'Or, H. 251; v. sup. p. 53.)

1157. Geofroi donne la terre de Longeville à l'abbaye de Lachapelle-aux-Planches. (Arch. de la Haute-Marne, 2e liasse, et sup. p. 54.)

1164 Fondation de la Maison-Dieu de Vaucouleurs. (Arch. de la Côte-d'Or, et sup. p. 55).

1168. Fondation de la Maison des Hermites dans la forêt de Mathons. (Jolibois, v° Mathons.)

---

(1) M. Crépin attribue à Geofroi un acte de l'année 1123, lequel doit émaner de Roger et aux termes duquel le sire de Joinville donne aux habitans de Sombrupt quelques droits dans la forêt de Mathons, à la condition d'extraire de la pierre pour la construction de l'église de Blécourt. (*Notice sur Blécourt*, p. 32.)

1180. Don d'une femme serve à l'abbaye de Saint-Urbain. (Arch de la Haute-Marne, Saint-Urbain, liasse xxii, 3° partie.)

1180 (?) Geofroi approuve le don des domaines d'Annonville et de Maconcourt, fait à Saint-Urbain par Thibaut et Gauthier du Breuil. (Ibid. l. v. part. iv, et sup. p. 57.)

..... Fondation par Geofroi du chapitre de Saint-Laurent de Joinville.

1152. 1153. 1154. 1157. 1159. 1161. 1163. 1164. 1179. Actes où figure Geofroi en qualité de sénéchal de Champagne. (D'Arb. de Jubainville, iii, p. 123.)

GUI, ÉVÊQUE DE CHALONS.

1167. Gui règle un différend entre les templiers de Ruelz et la maison de Bienville. (Ed. Jolibois, v° *Bienville*.)

1178. Gui réunit l'église de Saint-Cyr d'Osne à la collégiale de Saint-Laurent de Joinville et y fonde une cinquième prébende. (*Cartul. Saint-Laurent*, xlii, et sup. p. 60.)

1185. Gui règle le partage des revenus de cette église entre les desservants de cette église et le chapitre. (Ibid. xliv, et sup. p. 61.)

1187. Gui donne au chapitre de Saint-Laurent les chapellenies de Saint-Quentin et de Beauvoir, et fonde une nouvelle prébende. (Id xli, et sup. p. 61.)

1190. Gui établit un prévot avec droit et juridiction sur le chapitre et y fonde son anniversaire. (Id. xlv, et sup. p. 62.)

11... Lettre du Pape Alexandre III, à l'archevêque de Reims, le 16 des calendes d'avril, afin de suspendre l'évêque de Chalons, pour avoir refusé l'absolution à une femme de son diocèse. (*Amplissima Collectio*, t. ii, p. 904.)

11... Lettre du cardinal Guillaume à l'archevêque de Reims à l'effet de rétablir dans ses fonctions le prêtre Vivianus, que Gui avait obligé à se démettre de son bénéfice. (Id. p. 928.)

11... Lettre du Pape Alexandre III, ordonnant une enquête à l'occasion de la même affaire. (Id p. 937.)

11... Lettre du même pape à l'archevêque de Reims, à l'effet de rétablir dans son église un prêtre nommé Lambert, qui en avait été dépouillé par l'évêque de Chalons. (Id. p. 938.)

GEOFROI IV.

1188. Confirmation d'un don fait au prieuré de Saint-Jacques de Joinville par le père de Geofroi : il donne au même prieuré un droit de tonlieu et une vigne. (Arch. de la Haute-Marne, et supra, p. 68.)

1188. Don d'une vigne sise à Mussey, en faveur de l'abbaye de Saint-Urbain. (Ibid. Saint-Urbain, l. IX, 2ᵉ partie, et sup. p. 68.)

1188. Geofroi, avec le concours de sa femme Helvide et de ses fils, rappelle et confirme plusieurs dons faits au chapitre de Saint-Laurent : il renonce à construire une chapelle dans son château. (Cartulaire, XXXVII, et sup. p. 71.)

1188. Geofroi et sa femme fondent leur anniversaire dans l'église Saint-Laurent et donnent au chapitre leurs dîmes de Charmes pour la fondation d'une prébende. (Cartul. XXI.)

1189. Geofroi et sa femme fondent deux prébendes dans l'église Saint-Laurent, afin d'assurer la célébration de l'anniversaire de leurs prédécesseurs. (Ibid. XVI et XXXV; sup. p. 59.)

1189. Helvide, avec le consentement de Geofroi et de ses enfants, fait don de deux vignes au même chapitre, sous réserve de l'usufruit pendant sa vie. (Ibid. nᵒ VIII.)

1188, 1189, 1190. Trois actes de Geofroi en faveur du prieuré du Val d'Osne sont mentionnés dans un inventaire existant aux archives de la Côte-d'Or.

GEOFROI V DIT TROUILLARD.

1190. Geofroi fait don de la Maison-Dieu de Joinville au chapitre de Saint-Jacques, avec le concours de sa mère Helvide, et y fonde divers services, son anniversaire et celui de ses père et mère. (Arch. de la Hte-Marne; sup. p. 85).

1192. Geofroi rappelle que son père a renoncé au gite de Landéville en faveur de Saint-Urbain, et fait don au même monastère de deux familles de serfs. (Arch. de la Hte-Marne, St-Urbain, l. VIII, 6ᵉ partie; sup. p. 86.)

1193. Geofroi approuve une transaction entre les abbés de

Saint-Urbain et de Boulancourt pour l'exercice des droits d'usage de leurs tenanciers, et la répartition de certaines redevances. (Ibid. 1. x, 3° partie.)

1195. Geofroi approuve la renonciation faite au profit de la même abbaye par Roger de Fronville à ses prétentions sur le marché de St-Urbain. (Ibid. l. xv ; sup. p. 86.)

Mai 1195. Geofroi approuve et confirme toutes les libéralités faites par ses prédécesseurs à l'abbaye de Septfontaines. (Id. Sept-Fontaines, liasse I, 2° partie; sup. p. 87.)

1195, 1196. Geofroi fait diverses donations au prieuré du Val d'Osne.

1195, 1197. Geofroi donne une pièce de terre à l'abbaye de Boulancourt. (Cartul. 121-122-133.)

Juillet 1199. Geofroi promet que ses hommes ne pourront acquérir aucune terre des hommes qui sont en la garde du comte de Champagne. (D'Arb. de Jubainville, t. v, catalogue, n° 486.)

Août 1201. Geofroi constate que Blanche, comtesse de Champagne, a fait payer entre les mains de Gui du Plessis, 500 livres de Provins léguées par Thibaut III à Eustache de Conflans. (Ibid. n° 553. Ed. Chantereau, II, 20.)

1201. Geofroi fait don au chapitre de Saint-Laurent, avec le consentement de ses frères Guillaume, Simon et Gui, du four de Magneux et de droits d'usage dans ses bois, ainsi que des revenus des étaux, le jour de la fête de Saint-Laurent. (Cartul. XXVII.)

1201. Geofroi concède aux habitants de Matrignéville des droits d'usage dans la forêt de Mathons. Il remet aux hommes de Saint-Urbain les droits de péage sur la Marne. Il donne à l'abbaye une femme à Mussey et approuve deux libéralités faites par deux de ses vassaux au même monastère. (St-Urbain, l. XVI, 1° part.; sup. p. 88.)

SIMON.

1204, juin. Simon fait don au prieuré de Sainte-Anne de Joinville des foulons et du moulin sous la colline. (St-Urbain, l. III.)

1204. Charte en faveur du Val d'Osne.

1204. Don par Simon au chapitre de Saint-Laurent de

20 sous de rente sur le passage et la vente de Joinville, pour la fondation de l'anniversaire de son frère Geofroi. (Cartulaire, xiv.)

1204. Simon fait une fondation semblable dans le prieuré de Saint-Jacques.

1205. Simon confirme le don du four de Gondrecourt fait au chapitre de Saint-Laurent par François Vinier et sa femme, de Joinville. (Cartulaire, xx.)

1205. Chartes de Simon en faveur du Val d'Osne.

1206, octobre. Simon, avec le concours de son frère Gui, approuve le don des dîmes de Sommancourt, consenti par Eudes de Betoncourt, vassal de Gui de Sailly, au profit du chapitre de St-Laurent. (Cartulaire xxii, lxxix.)

1206, Noël. Simon confirme la renonciation consentie à St-Urbain par ses prédécesseurs, à leur gîte de Landéville. (St-Urbain, l. viii, p. 6.)

1207. Règlement conclu avec St-Urbain pour le four bannal d'Annonville. (Ibid. l. v, part. 4; sup. p. 115.)

1208. Transaction avec l'abbaye St-Remy, de Reims, au sujet de leurs droits respectifs à Courcelles-s-Blaise. (Jolibois.)

1208, juin. Fondation et charte de la commune de Mathons. (Crépin. Notice sur Blécourt, p. 98.)

1209, avril. Simon s'oblige pour lui et ses successeurs à payer au prieuré de Ste-Anne, certaines redevances pour la grange de Cersois qu'il a fait construire sur les terres du prieuré. (St-Urbain, l. iii, et sup. p. 114.)

1209, 25 juin. Simon fait don à Saint-Laurent de Joinville d'un charruage à Morancourt et de ses prés sur la Blaise. (Cartulaire, xxv bis.)

1209, mars (v. st.). Transaction avec le maître du Temple de Ruetz au sujet de leurs serfs de Chevillon. (Jolibois.)

1209, juin. Blanche, comtesse de Champagne, reçoit l'hommage-lige d'Hermengarde, femme de Simon, laquelle a reçu en douaire la moitié de ce que Simon tenait de Blanche. (D'Arb. de Jub., n. 704.)

1210, juillet. Simon est entré en compromis avec Blanche, au sujet des contestations de ses paysans avec ceux de la comtesse de Champagne. (Ibid. n° 745.)

1210, août. Simon confirme les donations faites par ses ancêtres à l'abbaye de Boulancourt, au profit de la grange de Morancourt. (Cartul. n° 167.)

1211, août. Simon déclare que Blanche, comtesse de Champagne, ayant consenti à lui confier Hugues d'Apremont qu'elle tenait prisonnier, il s'engage à remettre ledit Hugues entre les mains de Blanche à Provins dans la quinzaine de sa réquisition. (D'Arb. de Jub. 774.)

1212. Simon, inquiet des plaintes de l'abbaye de St-Urbain, au sujet du meurtre d'un religieux tué par ses officiers dans la forêt du Pavillon, leur fait don de la forêt entière. (Champollion, p. 517.)

1213. Transaction sous le sceau de l'évêque de Châlons, par laquelle Simon renonce à toutes tailles et exactions indues dans les domaines de St-Urbain. (Cartul. I, fol. 306.)

1214, août. Simon fait à Blanche hommage lige de la sénéchaussée de Champagne, sous réserve de la question d'hérérité : il aidera Thibaut contre les filles du comte Henri : il lui fait hommage lige de Joinville. (Chantereau, II, 24, 25. Brussel, p. 638. Didot, Col. de Joinville, p, cx.)

1214, août. Guillaume, évêque de Langres, déclare que si son frère Simon n'aide pas, suivant sa promesse, Blanche et Thibaut IV contre les filles du comte Henri, il frappera ses terres d'interdit et sa personne d'excommunication. (D'Arb. de Jub. 868.)

1214, septembre. Gautier, sire de Vignory, est caution de Simon de Joinville, qui a juré d'aider la comtesse Blanche. (Ibid. n° 876.)

1214. Guillaume, évêque de Langres, termine une contestation qui s'était élevée entre Simon et Gui de Sailly, son frère, au sujet de la succession et du partage des biens de leur père. (Champollion, p. 617.)

1214. Transaction en justice avec l'abbaye du Der : Simon reconnait les droits de l'abbaye sur la Blaise; il abandonne le moulin qu'il avait fait construire à Vaux; renonce au droit qu'il prétendait avoir de contraindre les hommes du monastère à contribuer aux travaux du château de Joinville. (Cartul. de Montierender, II, f° 71 ; sup. p. 120.)

1214. Simon renonce à toutes ses prétentions sur la rivière de Blaise. (Ibid. f° 75; sup. p. 120.)

1215, juin. Simon consent à ce que son frère tienne ligement Donjeux du comte Thibaut IV. (Chantereau, II, p. 57.)

1215. Simon renonce aux dîmes de Dommartin en faveur du Der. (Cart. ii, f° 71.)

1216, juin. Simon approuve un accord entre St-Urbain et Aubert de Brachey qui renonce à ses droits de bannalité et de justice sur les hommes de Flammerécourt. (Saint-Urbain, xxii l. p. 4.)

1216. Simon concède des droits de pêche à l'abbaye de Clairvaux. (Champollion, p. 618.)

1216, mars (v. st.). Simon approuve la vente faite par Hugue de Fronville, du tiers des dîmes de Montier-sur-Saux, à l'abbaye du Der. (Cartul. ii, f° 71 v°.)

1217, 5 décembre. Erard de Brienne et Simon déclarent que, de concert avec Renaud de Choiseul, ils ont donné à Blanche et à Thibaut, comte de Champagne, une trêve qui durera jusqu'au 31 décembre inclusivement. (D'Arb. de Jub., n° 1095.)

1217, décembre. Simon reconnaît que les hommes de Saint-Urbain ne sont pas tenus au *Hordamentum*. (Saint-Urbain, l. xv, et supra, p. 117.)

1217 (v. st.), 24 février. Simon est compris, ainsi que plusieurs autres seigneurs, dans une trêve conclue entre Blanche et Erard de Brienne, jusqu'au 22 avril. (D'Arb. de Jub., n° 1105.)

1217 (v. st.), février. Simon et le couvent de Saint-Urbain possèdent en commun un homme et une femme à Mussey. (Saint-Urbain, ixe liasse, 10e partie.)

1217 (v. st). Simon approuve le don de sept fauchées de pré fait par Aubert de Brachey au prieuré de Flammerécourt. (Ibid. liasse iii°.)

1218, 7 juin. Simon reconnaît avoir reçu d'Erard de Brienne et de Renaud de Choiseul le serment d'observer la trêve jusqu'à l'octave de la Saint-Jean, et que ceux-ci se chargent de la notifier à Milon de Noyers. (D'Arb. de Jub. n° 1130.)

1218, 7 juin. Simon déclare qu'il est revenu à l'hommage de Blanche et de Thibaut pour la sénéchaussée de Champagne et qu'il les aidera contre Erard de Brienne. Il leur reconnaît le droit, en cas d'infraction, de confisquer la mouvance de La Fauche, leur donne en otage son fils Geofroi, et remet son château de Joinville à l'évêque de Langres. (Ed. Chantereau, ii, 32-33, 94, 95, 96. Martène, *Anecd.*, i, 865-866.)

1218, 7 juin. Guillaume, évêque de Langres, et en cas de décès de Guillaume, Simon de Châteauvillain, promettent de ne pas restituer le château de Joinville, si Simon ne remplit pas ses engagements. (Ed. Chantereau, ii, 90, 91.)

1218, juillet. Simon fait don au chapitre de Saint-Laurent de son chaunage de Morancourt et de huit fauchées de pré sur la Blaise, avec le consentement de Gui de Sailly. (Cartul. Saint-Laurent, iii, cf. xxv.)

1218, juillet. Simon renonce, en faveur de Saint-Urbain, au gite de Watrignéville, sous la réserve de ses droits d'avouerie; il donne des droits de pâturage aux habitants de Blécourt; il fait don à l'abbaye d'un homme de Vaux, etc. (Saint-Urbain, xvi° l., l'° part.; supra, p. 118.)

1218, juillet. Simon approuve la vente d'une redevance de vingt setiers de blé à Sommermont, consentie au profit de Saint-Urbain, par Blanche, veuve de Thibaut de Rigny, et son fils. Approbation de Heluis de Chatonrupt et de son fils, vassaux du seigneur de Joinville. (Cart. de Saint-Laurent, vi.)

1218, juillet. Hermengarde, dame de Montclaire, renonce à son douaire, pour le cas où elle se remarierait après le décès de Simon, sire de Joinville, jusqu'à ce que son fils Geofroi ait atteint sa quinzième année, elle jouira de tous les domaines patrimoniaux. (Ed. Didot, p. cxiii.)

1218, 20 décembre. Le pape Honorius confirme la décision des prélats qui ont relevé Simon de Joinville et Simon de Châteauvillain des censures portées contre eux, sous cette réserve, que ces censures reprendront leur effet, s'ils recommencent la guerre. (D'Arb. de J., n° 1172.)

1218. Simon fait à l'évêque de Châlons l'abandon de ses droits sur les domaines de Suzannecourt et de Thonnance-les-Joinville, afin d'être relevé des censures qui l'avaient frappé. (Jolibois.)

1218. Blanche, comtesse de Champagne, autorise Simon à restaurer le château de Doulevant qu'elle avait pris et démantelé, à la condition qu'il ne le rendra pas plus fort qu'auparavant. (Ibid.)

1218. Simon abandonne au juif Ulric une partie de sa rente en blé à Montier-sur-Saux. (Cartul. Montierender, ii, f° 72.)

1220, septembre. Simon et le chapitre de Saint-Laurent choisissent pour arbitre de leurs différends, au sujet de la collation des prébendes, Guillaume, archevêque de Reims. (Cart. Saint-Laurent, xxviii ; sup. p. 124.)

1221, décembre. Simon reconnaît être l'homme lige du comte de Bar, pour les fiefs qu'il en a reçu, savoir : Boncourt, Robancourt, Bures, Germay et Juvigny. (Arch. de la Meurthe; sup. p. 111.)

1221, juillet. Hugues, fils aîné du comte de Rethel, prend Simon pour arbitre entre Blanche et lui, au sujet de diverses difficultés concernant Garnier de Souain et Colin de Souain. (D'Arb. de Jub., n° 1333.)

1221 (v. st.), février. Simon garantit à Philippe-Auguste la fidélité de Thibaut IV, comte de Champagne. (Ibid. n° 1370.)

1222, 1ᵉʳ août. Simon, débiteur de 500 livres envers Guillaume, évêque de Châlons, lui donne Thibaut pour caution, et lui promet de le rendre indemne de tout dommage. (Ed. Chantereau, ii, p. 141.)

1222, 23 septembre. Simon se porte caution de Foulques de Mousson qui doit se rendre en prison à Chaumont avant la Saint-Martin, et en cas d'inexécution, promet à Thibaut 200 livres sans préjudice des dommages-intérêts. (D'Arb. de Jub., n° 1443.)

1222, septembre. Simon déclare qu'il a engagé pour 400 livres, aux moines de Clairvaux, ses revenus de Colombey et de Charme, et que Thibaut pourra le contraindre à l'exécution de cet engagement. (Ed. Chantereau, ii, 141, 142.)

1222, décembre. Simon accorde à l'abbaye du Der les droits sur Sommevoire et Mertrud que le couvent avait mis en la main de son frère l'archevêque de Reims. (Montiérender, Cartul., t. ii, f° 72 ; sup. p. 122.)

1222. Confirmation itérative des dons faits par le sire de Joinville à l'abbaye de Boulancourt. (Cartul., n° 444.)

1223, octobre. Simon approuve le don fait au prieuré de Saint-Jacques par son homme-lige Gauthier Chaudron, fils de Milon de Héronville. (Arch. de la Haute-Marne.)

1223. Simon approuve la renonciation faite par André de Courcelle, son vassal, au profit de Montiérender, d'un droit d'usage qu'il avait usurpé dans les bois dépendant de la Chambrerie de Mertrud : l'abbaye concède au même

André pendant sa vie, un droit d'usage dans le bois d'Origny pour la construction d'une maison. (Cartul. Montier en Der, t. II, f° 72, v°.)

1224, 9 juin. Guillaume, archevêque de Reims, déclare qu'en sa présence, Thibaut a donné à Simon de Joinville, à charge d'hommage lige, la sénéchaussée de Champagne : après la mort de Simon, on décidera la question d'hérédité. (Ed. Brussel, p. 639.)

1224, octobre. Simon approuve divers dons faits par Hugue, sire de La Fauche, à la maison hospitalière de Beauvoir. (Ed. Wailly. Ec. des Chartes, 28° année, p. 589.)

1224. Simon assiste à l'assemblée des nobles de Champagne réunie pour régler le partage des successions.

1224. Don fait par Simon et sa femme Béatrix d'un terrain sis à Vaucouleurs, au profit de l'abbaye de Molesme, pour y construire la chapelle de St-Laurent. (Arch. de la Côte-d'Or.)

1225, 4 septembre. Simon déclare qu'en sa présence, Robert III, comte de Dreux, est devenu homme lige de Thibaut. (Ed. Chantereau, t. II, p. 164, 167.)

1226, avril. Simon renonce en faveur de Montiérender, à son droit de fief sur un don fait à l'abbaye par Arnoul de Doulevant. (Cartul. de Mont. en Der, II, f° 72 v°.)

1226, mai. Simon approuve le don fait à la même abbaye par le chanoine Ulric, des dîmes qu'il possédait à Montier-sur-Saux. (Ibid. f° 78.)

1226, 28 juillet. Thibaut accorde à Simon la sénéchaussée de Champagne, à titre héréditaire. (Champollion, p. 648. 649.)

1226 (v. st.), 12 mars. Simon abandonne à Montiérender tous ses droits dans le bois de Forest, et lui fait don de quatre hommes et d'une femme à Blaise. (Cartul. II, f° 73.)

1227, juin. Simon fait don au chapitre de Saint-Laurent de la maison peinte située dans l'enceinte du château, avec l'assentiment de sa femme Béatrix et de ses fils. (Cartul. XXVI, et sup. p. 125.)

1227 (v. st.), 2 mars. Simon approuve l'engagement des dîmes de Maizières, consenti au profit du même chapitre par Gui de Fronville, son homme lige et sa femme, etc. (Ibid. XXXII.)

1228, septembre. Simon approuve une transaction passée entre Montiérender et Arnoul de Doulevant. (Cartul. ii, f° 73; sup., p. 123.)

1228, 28 oct. Simon promet que le comte Thibaut se soumettra à la décision des arbitres qui doivent vider le différend existant entre lui et les Templiers. (D'Arb. de Jub., n° 1862.)

1228 (v. st.), 4 mars. Lettre de l'évêque de Toul au curé de Masnil, menaçant Simon de l'excommunication, si dans les dix jours de l'avertissement qu'il aura reçu, il ne répare pas ses torts envers St-Urbain. (Cartul. i, f° 308. sup. p. 119.)

1230, 11 août. Simon doit tenir Thibaut indemne de tout dommage à raison du cautionnement qu'il a donné pour la constitution de douaire faite par le dit Simon et son fils Geofroi au profit de Marie, comtesse de Grandpré, épouse de ce dernier. (D'Arb. de J. 2054, 2055.)

1230, septembre. Simon, du consentement de sa femme Béatrix, fait hommage lige à Hugues, duc de Bourgogne, du château de Marnai. (Pérard, p. 416.)

1231, 11 août. Simon déclare que Thibaut a constaté par lettres patentes les conventions de mariages arrêtées entre Jean, son fils, et Alix de Grandpré : il promet de garantir le comte de Champagne contre tout recours de Jean, en cas d'inexécution. (Ed. Chantereau, ii, p. 213.)

1231, octobre. Simon approuve la renonciation consentie par Isambart de Suzémont, à tous ses droits sur le cours de la Blaise, et sur un moulin qu'il voulait construire devant Suzémont. (Cartul. de Montiérender, ii, f° 73, v° et sup. p. 124.)

1231, Noël. Simon reconnait que l'autorisation qu'il a reçue du chapitre de Saint-Laurent, à l'effet de faire célébrer la messe dans son château de Joinville ne portera aucun préjudice aux priviléges de la dite église. (Cartul. xii, sup. p. 126.)

1232 (v. st.), février. Simon constitue au profit du même chapitre une rente de 20 s., pour la fondation de son anniversaire. (Ibid. xv, et sup. p. 126.)

1235 (?). Titre en faveur de l'abbaye de Jovilliers : don par Simon de bois et de terres, à charge de contribuer à la construction de l'église de Blécourt. (Crépin, notice sur Blécourt, p. 32.)

GUILLAUME, ÉVÊQUE DE LANGRES,

PUIS ARCHEVÊQUE DE REIMS.

1209 (v. st.), janvier. Guillaume approuve la décision du Roi, portant que le comte de Champagne Thibaut IV, ne peut être poursuivi avant sa majorité, pour les biens dont son père est mort saisi. (D'Arb. de Jub., n° 723.)

1210, avril. Même déclaration. (Ibid. p. 736.)

1210, 23 nov. Innocent III invite l'archevêque de Sens, les évêques de Troyes, de Langres, de Châlons et d'Auxerre à ne pas lancer, sans motifs graves, des sentences d'excommunication et d'interdit contre les hommes ou les domaines de la comtesse Blanche. (Ibid. 753.)

1210 (?). Guillaume donne par moitié au chapitre de Langres et à l'abbaye de Saint-Geosmes les seigneuries de Brennes, de Saint-Vallier et de Saint-Maurice. (Mathieu, Hist. des Evêques de Langres, p. 86.)

1210 (?). Guillaume approuve l'hommage que Simon de Passavant rend au comte de Champagne pour la terre de Montreuil. (Ib.)

1210 (?). Guillaume termine les différends qui existaient entre les abbés de Clairvaux et de Saint-Bénigne. (Ibid.)

1210 (v. st.). Guillaume est déclaré, par la comtesse Blanche, libéré d'une dette de 700 livres, réclamée par Agnès de Neufchâteau. (D'Arb. de Jub., n° 769.)

1211. Déclaration des biens donnés au prieuré de St-Blin par Henri, seigneur d'Ecot. (Mathieu, p. 86.)

1212. Guillaume donne au fondateur du Val-des-Ecoliers le vallon et la chapelle nécessaires pour cet établissement. (Jolibois.)

1212. Girard, abbé de Molesme, cède à Guillaume le patronage des cures de Chaumont et d'Annéville. (Mathieu, p. 87.)

1212 (v. st), février. Guillaume et Blanche, comtesse de Champagne, s'en rapportent à l'arbitrage du duc de Bourgogne, au sujet de leurs prétentions respectives, en matière de retrait seigneurial. Il est convenu que l'évêque de Langres ne pourra rien recevoir dans le château de Chaumont. (D'Arb. de Jub., n°ˢ 807, 808.)

1212 (v.st.), février. Eudes, duc de Bourgogne, déclare que, s'il reconnaît que les acquisitions de Blanche dans le château de Chaumont sont dans la mouvance de l'évêché de Langres, il décidera que la comtesse les tiendra de l'évêque en accroissement de fief. (Ibid. n° 809.)

1212 (v. st.), février. Guillaume promet son aide à Blanche pour empêcher le comte de Nevers de fortifier Quielles. (Ibid. 811.)

1214, août. Blanche reconnaît que si Guillaume a reçu à Troyes l'hommage de Thibaut IV, cette concession ne pourra lui porter préjudice à l'avenir. (Ibid. 865, 866.)

Ibid. Guillaume s'engage à frapper la terre de son frère Simon de Joinville et sa personne d'excommunication, s'il ne tient pas ses engagements envers le comte de Champagne. (Ibid. n° 868.)

1214. Guillaume approuve la fondation du prieuré de Bonvaux, près Dijon. (Mathieu, ibid. p. 88.)

1214. Guillaume donne aux religieux du Val-des-Ecoliers la règle de saint Augustin. (Ibid.)

1214. Guillaume est délégué par le souverain Pontife avec l'abbé de Morimond, pour faire le procès de l'archevêque de Besançon, accusé de plusieurs crimes. (Ibid.)

1214. Guillaume reçoit l'hommage de Guillaume de Vergy, pour la forteresse de Mille-d'Elle. (Ibid.)

1214. Guillaume refuse de recevoir Erard, comte de Brienne, à l'hommage du comté de Champagne, et renvoie l'affaire au jugement des pairs de France. (D'Arb. de Jub. 977, 1049.)

1216. Guillaume approuve une donation faite par son chapitre cathédral à l'abbaye de Vauxbon. (Mathieu, ibid.)

1216. Guillaume cède au comte de Champagne ce qu'il possédait à Choignes, en échange de ses domaines d'Aubepierre. (D'Arb. de Jub. 1084, 1085, 1086.)

1217. Guillaume est sommé par l'évêque de Soissons, l'abbé de Saint-Jean-des-Vignes, et le doyen de Soissons d'excommunier les vassaux rebelles du comte de Champagne. (Ibid. 1072, 1097, 1431.)

1217. Guillaume acquiert de l'abbé de St-Bénigne le domaine de Montigny; il convient avec le comte de Champagne que cette acquisition sera commune entre eux. (Ibid. 1075, 1082, 1285.)

1217. Guillaume établit des chanoines à Mussy. (Mathieu, ibid.)

1218, 7 juin. Guillaume a reçu en gage le château de Joinville, et le remettra à Blanche, dans le cas où Simon ne tiendrait pas ses engagements. (D'Arb. de Jub. 1126, 1127.)

1219, juin. Guillaume, archevêque de Reims, reçoit l'hommage de Blanche et de Thibaut. (Ed. Varin, *Arch. admin. de Reims*, I, 512.)

1219, août. Guillaume fait connaître les conventions arrêtées entre Blanche et Thibaut et le roi d'Ecosse, Alexandre II, au sujet du mariage projeté entre Marguerite, sœur de ce prince, et Thibaut. (Martène, *Anecd.*, I, 872.)

1221, 21 décembre. Guillaume est prié par Erard, comte de Brienne, de vidimer le traité de paix conclu entre lui et le comte de Champagne. (D'Arb. de Jub. 1357, 1412.)

1221, id. Guillaume vidime et confirme la charte par laquelle Philippine, épouse d'Erard de Brienne, renouvelle sa renonciation au comté de Champagne. (Ibid. 1358.)

1224, 9 juin. Guillaume, archevêque de Reims et légat du Pape, déclare que Thibaut a donné à Simon, à charge d'hommage lige, la sénéchaussée de Champagne. (Id. 1630.)

Ibid. Guillaume déclare que certaines lettres du duc de Bourgogne, constatant des concessions intervenues entre Thibaut et Simon, pendant la régence de Blanche, n'ont plus d'objet. (Id. 1631.)

1224, novembre. Guillaume confirme la fondation par Blanche d'une abbaye de femmes à Argensolles. (Ed. *Gall. Christ.* X. Instr. p. 134.)

JEAN, SIRE DE JOINVILLE.

1231, juin. Thibaut fait connaître les conditions du mariage projeté entre Alix de Grandpré et Jean de Joinville. (Ed. Didot, p. cxv.)

1237, octobre. Béatrix de Joinville, sénéchalle de Champagne, échange une famille de serfs à Nomécourt avec l'abbaye de St-Urbain. (St-Urbain, liasse x^e, 1re partie, et supra, p. 196.)

1238, juin. Accord entre Béatrix de Joinville et St-Urbain pour la jouissance du bois des Communailles. (Ibid., l. xxii, 4ᵉ partie, sup. p. 197.)

1239, 1ᵉʳ mai. Jean prend l'engagement de ne pas épouser Marguerite, fille de Henri, comte de Bar. (D'Arb. de Jub., nº 2503 : Ed. Didot, p. cxvi, et Wailly, Ecole des chartes. A.) Béatrix, sa mère, constate cette promesse. (D'Arb. de Jub. 2504.)

1239, 1ᵉʳ mai. Jean consent à ce que sa mère Béatrix jouisse pendant quatre ans du fief qu'il tient de Thibaut, comte de Champagne, à partir du 25 décembre suivant. (Ed Chantereau, ii, p. 225.)

1243, mai. Jean constate un accord intervenu entre l'abbaye de Montiérender et les habitants de Ville-en-Blaisois et de Vaux-sur-Blaise pour l'exploitation et la jouissance du bois des *Minières*. (Montiérender. Cartul. ii, fº 74; sup. p. 213.)

1244, décembre. Jean constate que les travaux faits au moulin situé entre Doulevant et Suzémont, sont au profit de l'abbé du Der et que Lambert de Courcelles n'y a aucun droit. (Ibid. Cartul. ii, fº 75, et sup. p. 215.)

1245, juillet. Confirmation des dons faits par les ancêtres de Jean à l'abbaye de Boulancourt. (Cartul., nº 358.)

1247, juin. Jean constate l'échange du four de Gondrecourt consenti par le chapitre de Saint-Laurent de Joinville, au profit de son frère de Trichatel et de sa femme Simonette, contre une rente de dix setiers de blé. (Cart. St-Laurent, iv, et sup, p. 220.)

1248, juillet. Jean donne à l'église de Saint-Laurent un muids d'avoine à prendre chaque année à Blécourt, à la condition que le chapitre offrira pour le sire de Joinville un cierge de trois livres à Notre-Dame de Blécourt, à la fête de l'Assomption. Autorisation accordée au chapitre d'acheter la maison d'Odon à Joinville. Don de trois livres de cire pour brûler pendant l'élévation. Moyennant ces dons, le chapitre devra célébrer l'anniversaire du sire de Joinville et de sa femme. (Ed. Crépin, Notice sur Blécourt, p. 83.)

1248, juillet. Jean confirme la vente de onze quarterons de blé consentie au profit du chapitre par Ancel, son chambellan, et sa femme Marguerite; celle de onze autres quarterons qui appartenaient à la belle-sœur dudit Ancel et à son mari, ainsi que la vente des droits d'Ancel et de sa femme sur le moulin de la Fontaine. (Cartul. xxiii.)

1248, juillet. Jean fait don à Montiérender d'une femme nommée Marguerite, demeurant à Sommevoire. (Cartul. de Montiérender, ii, f° 74.)

1248, juillet. Jean approuve le don de quatre setiers de rente fait à l'abbaye de Saint-Urbain par Gautier de Curel pour la fondation de son anniversaire. (St-Urbain, l. xxii, 3° partie, et sup. p. 199.)

1248. Deux actes en faveur du Val-d'Osne.

1248. Jean demande à Thibaut, comte de Bar, de lui envoyer Mad. Alix, sa femme, pour donner quittance à Henri, comte de Grandpré, son frère, de ses droits dans la succession de ses père et mère, moyennant 500 livrées de terre. (Archives de la Meurthe.)

1250, novembre. Henri, comte de Grandpré, s'engage à faire la dot de sa sœur Adélaïde, épouse du sire de Joinville. (D'Arb. de J. 2954.)

1254, décembre. Jean autorise Guyot de Poissons à traiter avec le chapitre de Saint-Laurent de la cession d'une rente de douze setiers de blé, à prendre aux terrages de Valleret, pour la fondation d'une chapellenie établie dans cette église par Odon, bourgeois de Joinville. (Cartul. de St-Laurent, xxx.)

1254. Un acte en faveur du Val-d'Osne.

1255, août. Charte pour l'abbaye de Mureau. (Ed. Duhamel, documents pour l'histoire des Vosges, Epinal 1868.)

1255, (v. st.) mars. Jean approuve une reprise de fief en foi et hommage de l'église de St-Urbain par Aubert de Sainte-Livière, Roger de Chatonrupt et Aubert de Rachecourt. (Ed. Wailly, B.)

1256, septembre. Vente par le sire de Joinville à Thibaut, comte de Bar, du fief que le sire de Gondrecourt tenait de lui à Gillanvillers et à Baudonvillers. (Arch. de la Meurthe.)

1256. Transaction passée en présence de Jean, entre Gui de Sailly et les habitants d'Augéville. (Jolibois.)

1256. Charte en faveur du Val-d'Osne.

1257. Jean donne au prieuré de Remonvaux, pour la fondation de son anniversaire, un demi-muid de vin à prendre dans le cellier de Joinville. (Jolibois.)

1257. Enquête faite au parlement de Paris, au sujet de deux

serfs appartenant au sire de Joinville et qui avaient quitté ses domaines pour s'avouer bourgeois du roi. (Olim, t. I, p. 16.)

1257. Jean reçoit du roi de Castille un don de mille marcs d'argent en récompense des services qu'il avait rendus à la foi, en Palestine. (Champollion.)

1258, mai. Jean approuve un don de huit livres de rente consenti en faveur du chapitre de Saint-Laurent par Jean des Jardins, son sergent, pour l'anniversaire de son père. (Cartul. XVIII.)

1258, juillet. Jean reconnait qu'il ne peut faire chanter la messe dans l'oratoire que le chapitre l'a autorisé à établir dans la tourelle du château pour y dire ses heures, etc. (Cartul. LXXXIV; Ed. Champolliou p. 625.)

1258, septembre. Prêt de soixante livres de provins, consenti par l'abbaye de Saint-Urbain à Mahcu de Tremblecourt, chevalier, qui remet en nantissement sa part du moulin de Saint-Amant, etc. Acte passé avec l'approbation de Jean. (Wailly. C.)

1258, septembre. Jean approuve le règlement arrêté par l'abbaye de Molesme pour la réforme et l'administration du prieuré du Val-d'Osne : il accorde divers droits d'usage aux moines qui y seront établis. (Vidimus de 1414, arch. de la Côte-d'Or, et supra. p. 217.)

1258. Charte d'affranchissement de la ville de Joinville. (Ed. Collin, Tablettes historiques, p. 157.)

1258, décembre. Lettres de Jean portant que Jean, seigneur de Gondrecourt, ne peut rien aliéner de ce qu'il y possède, sans la permission du comte de Bar. (Arch. de la Meurthe.)

1258 (v. st.), 14 janvier. Jean reçoit de Thibaut, en augment de fief, ce que Thibaut possédait à Germay. (D. Bouquet, XX, p. XXXVIII.)

1258 (v. st.), janvier. Jean déclare que le chanoine Menissiers a acensé sa maison au chapitre de Saint-Laurent, moyennant un capital de dix livres de provins. (Cartul. X.)

1258 (v. st.), février. Jean approuve la vente d'un pré consentie par Constant, chapelain, au chapitre de Saint-Laurent, moyennant dix livres de provins fortes. (Cartul. LXXVII.)

1260, novembre. Raoul de Ragecourt-sur-Blaise et sa belle-mère s'obligent, sous le sceau de Jean, à payer une rente de cinq muids de vin, jusqu'à parfait paiement d'un prêt de dix livres fait à son père. (Ib. xxxi.)

1261, juillet. Confirmation itérative des dons faits à l'abbaye de Boulancourt.

1261, octobre. Jean approuve la cession faite au chapitre de Saint-Laurent par son frère Guillaume, doyen de Besançon, de tout ce qu'il avait acquis à Charme-en-l'Angle, pour la fondation de son anniversaire. (Cartul. v° sup. p. 221.)

1261, 11 décembre. Jean approuve la donation du moulin de Liméville consentie par Gauthier de Reynel au profit de l'abbaye de Vaux-en-Ornois. (Wailly, D.)

1262, 17 avril. Décision de Thibaut au sujet de la prétention émise par Jean, en sa qualité de sénéchal de Champagne, de s'approprier la vaisselle qui a servi pour les noces et la chevalerie de Philippe, fils de saint Louis. (Ed. Didot, p. cxviii.)

1262, juin. Jean approuve la transaction consentie entre l'église Saint-Mansuit de Toul et Guillaume de Hauteville, au sujet de 30 setiers de blé à prendre annuellement sur les dîmes de Lyséville et de la Neuve-Ville. (Wailly, E.)

1262 (v. st.), janvier. Echange fait entre Jean et Alix, d'une part, et l'abbaye de La Crète de l'autre, de tout ce que les dits Jean et Alix possédaient à Cirey-les-Mareilles, contre les possessions du monastère à Betoncourt. (Ibid. E bis.)

1262 (v. st.), janvier. Jean cède à La Crète tout ce qu'il possède à Cirey-les-Mareilles, moyennant 200 livres de forts provins, sauf l'estimation de deux arbitres : l'abbaye lui cède en échange tout ce qu'elle possède à Betoncourt, sauf l'estimation des mêmes arbitres. (Ibid. E ter.)

1262 (v. st.), mars. Convention pour le même objet, entre Jean et Alix, d'une part, et le monastère de La Crète, de l'autre. (Ibid. E quater.)

1262 (v. st.), mars. Jean approuve l'engagement pris par Aubert de Ragecourt et son fils Johannes de servir à l'abbaye du Der une rente d'un demi-muid de blé dans sa grange de Ragecourt. (Ibid. F.)

1262 (v. st.), mars. Vente par Jean à Boniface, chanoine de Saint-Laurent, moyennant 60 livres de provins, d'une vigne sise à Rupt, de dix sous de cens au four de Mussey, et de trois pièces de pré au même lieu. (Cartul. vii.)

1262. Jean obtient de Thibaut l'autorisation d'établir, à

Montot, un marché, le mardi de chaque semaine, et une foire le jour de la décollation de saint Jean-Baptiste. (Jolibois.)

1263, mai. Transaction, sous le sceau de Jean, entre Jean de Flammerécourt et Saint-Urbain, au sujet des dîmes du Breuil. (St-Urbain, iv Cartul. f° 115, et sup. p. 199.)

1263, juin. Lettres de Jean et d'Alix, dame de Joinville, qui déclarent avoir vendu à Thibaut, comte de Bar, la terre que ledit comte devait asseoir à Gauthier, seigneur de Reynel, et en avoir reçu 400 livres. (Arch. de la Meurthe.)

1263, août. Jean fait hommage au comte de Bar des terres de Montier-sur-Saux, etc. (Sup. p. 227.)

1263, octobre. Robert de Sailly a reconnu, en présence de Jean, qu'il est l'homme lige du comte de Bar, après le sire de Joinville.

1263, décembre. Jean déclare avoir obtenu de l'abbé de Saint-Urbain l'autorisation d'établir une chapelle dans la Maison-Dieu de Joinville, sous la réserve des droits de St-Urbain. (Ed. Wailly, G.)

1263 (v. st.), janvier. Jean approuve la vente faite à l'abbaye du Der, par Raoul de Trivière, de ses possessions à Epotémont, pour le prix de 40 livres de provins. (Cartul. de Montiérender, t. ii, f° 77, et sup. p. 216.)

1263 (v. st.), mars. Jean vend au chapitre de Saint-Laurent trois vignes, une pièce de pré et 20 s. de rente sur une autre vigne, pour le prix de 68 l. tournois. (Cartul. xvii.)

1264, juillet. Transaction passée sous l'arbitrage de Guerry, curé de Saint-Dizier et de Thierry d'Amèle, chevalier, entre Jean et Béatrix de Joinville, d'une part, et Saint-Urbain, portant notamment reconnaissance des droits d'usage de l'abbaye dans la forêt de Mathons, et certaines restrictions des droits prétendus par les seigneurs de Joinville sur les hommes de Saint-Urbain. (Ed. Wailly. H.)

1264, novembre. Jean et Béatrix cèdent à l'abbaye de Montiérender, avec le consentement de leurs fils Jean et Geofroi, tous les biens et héritages ayant appartenu à André de Dommartin et à ses enfants dans le Blaisois, moyennant le prix de sept cent trente-une livres 9. s. de forte monnaie de Provins. (Ibid. i.)

1264 (v. st.), mars. Jean accorde aux hommes de Saint-

Urbain, habitant Charmes, etc., et sous certaines conditions, des droits d'usage et de pâturage dans la forêt de Mathons, moyennant une redevance de 20 setiers d'avoine et d'une poule par chef de maison. (Ibid. J.)

1265, mai. Le comte Thibaut fait savoir que Jean a conclu un traité de pariage avec l'abbaye de Mansuy de Toul, pour ses biens à Germay et dans les environs. (D'Arb. de Jub. 3358.)

1265, juin. Jean autorise Etienne de Corcelles, chanoine de Toul, à grever les biens qu'il possède à Joinville d'une rente de 40 s., au profit du chapitre de Saint-Laurent, sur laquelle 30 s. seront distribués aux chanoines, le jour de son anniversaire, et 10 s. seront employés à la fourniture du pain pour la communion des pauvres. (Cartul. XXXVI.)

1266, 21 mai. Thibaut prie saint Louis de se déclarer incompétent pour juger une contestation pendante entre Saint-Urbain et Jean, sire de Joinville. (Ed. Didot, p. 215.)

1266, 27 août. Jean et l'abbé de Saint-Urbain choisissent, pour vider leurs différents, Henri, abbé de Boulancourt, et André, doyen de la chrétienté de Bar-sur-Aube, qui devront rendre leur sentence avant la Saint-Remy. Passé ce délai, l'arbitrage appartiendra à Guerry, curé de Saint-Dizier, le tout à charge de 500 livres contre la partie contrevenante, et sous la garantie et le cautionnement des sires de Vaucouleurs et de Sailly, du doyen de Saint-Laurent, etc. (Ed. Wailly, K.)

1266, 19 octobre. Jean cède à l'abbaye d'Ecurei, moyennant la somme de 200 livres de forte monnaie de Provins, la grange de Bailly, avec les propriétés et droits qui en dépendent. Il lui concède des droits sur les eaux de Montier-sur-Saux, et renonce à ses prétentions sur 100 arpens de bois, etc.; le tout avec le consentement de Alix sa femme et de ses fils Jean et Geofroi. (Ibid. L.)

1266, 10 novembre. Jean reconnaît que l'autorisation qu'il a reçue du chapitre de Saint-Laurent de faire dire la messe dans son château de Joinville, pendant qu'il est retenu par la fièvre quarte, ne peut porter préjudice au privilége de cette église. (Cartul. XI. Ed. Champollion, p. 625.)

1266, novembre. Jean concède au même chapitre une rente de 42 livres à prendre sur les arpens de Joinville, dont

12 livres pour la célébration de l'anniversaire de Geoffroi de Vaucouleurs, son frère. (Cartul. xiii; sup. p. 222.)

1257, juillet. Confirmation itérative en faveur de Boulancourt.

1267. Jean fonde le village de Ferrières, dans la forêt de Mathons, et accorde aux habitants une charte conforme à celle de Blancheville et modelée sur celle de Beaumont.

1267. Charte en faveur du prieuré du Val d'Osne.

1267. Jean fait hommage au comte de Bar des terres de Montier-sur-Saux et de la garde du prieuré d'Ecurei. (La Ravalière, p. 340.)

1267. Jean est témoin de l'hommage rendu par le roi de Navarre à l'évêque de Langres. (Ibid. p. 340.)

1267. Arrêt du parlement de Paris qui refuse au comte de Champagne la connaissance du débat pendant entre le sénéchal de Champagne et Saint-Urbain. (Olim, t. i. p. 677.)

1268, 26 août. Jean s'engage à rendre, en trois termes, une dette de 528 livres tournois qu'il a empruntées de Thibaut, comte de Champagne. (D'Arb. de Jub. 3493.)

1269. Accord conclu entre Jean et Milon, seigneur de Saint-Amand, par la médiation de Marguerite, comtesse de Luxembourg, qui impose au sire de Joinville une amende de 200 l. tournois. (La Ravalière, p. 338.)

1269 (v. st.), mars. Alix s'oblige, avec le consentement de Jean, envers l'official de Langres, à respecter sous peine d'excommunation, l'échange de sa terre de Cirey-les-Mareille, précédemment conclu avec l'abbaye de La Crète. (Wailly, L. bis.)

1270, juin. Jean approuve un échange conclu entre Saint-Urbain et Guillaume de Hauteville. (Ibid. M.)

1270, juillet. Lettres de la maison de la maîtrise de Vaucouleurs. (Champollion, p. 626.)

1270. Jean reçoit l'hommage du seigneur de La Fauche qui déclare tenir ce château de son suzerain, à grande et à petite force. (La Ravalière, p. 341.)

1270 (v. st.), mars. Jean approuve la vente de 6 setiers de blé consentie au profit du chapitre de Saint-Laurent, par Loyson de Sommermont, écuyer, et Héluis sa femme, ses arrière vassaux. (Cartul. xxxviii.)

1271, juin. Jean se porte caution, avec d'autres seigneurs,

du paiement de la somme de 3,000 livres, due par Henri III, comte de Champagne, au roi Philippe-le-Hardi, pour droits de relief de son comté. (La Ravalière, p. 342.)

1271, juin. Jean approuve toutes les acquisitions faites par le chapitre de Saint-Laurent dans le ressort de la chatellenie de Joinville, sauf l'échange qu'il se réserve de faire des héritages ou censives qui auraient été acquis depuis moins de trente ans. (Cart. I. Ed. Champollion, p. 626.)

1271, 14 septembre. Jean reconnaît que l'autorisation que lui a donnée le chapitre de faire chanter la messe dans son château de Joinville, durant sa maladie, ne peut porter préjudice aux priviléges de l'église Saint-Laurent. (Cart. LXXXIII. Ed. Champollion, p. 626.)

1272, octobre. Jean autorise les Frères du temple de Ruetz à faire construire un pont sur la Marne. (Jolibois, v° *Bayard*.)

1273, mai. Jean approuve la vente consentie à St-Urbain, par Aubert d'Osne, chevalier, et sa femme Alix, de tout ce qu'ils possédaient à Poissons. (Ed. Wailly. N.)

1273, mai. Reconnaissance itérative par Jean qu'il ne peut faire chanter la messe dans son oratoire privé, sans l'autorisation du chapitre de Saint-Laurent. (Cart. LXXII. Ed. Champollion, p. 626.)

1275, juillet. Acte capitulaire dans lequel les religieux de Saint-Urbain s'engagent à défendre les priviléges de leur monastère contre les entreprises du sire de Joinville. (Cartul. Saint-Urbain, I, f° 317, et sup. p. 200.)

1275 (v. st.), 1ᵉʳ février. Jean assiste à un jugement rendu à Troyes par la cour suprême de Champagne, et qui lève le séquestre mis par Thibaut V sur les annates de la chapelle du comte à Provins. (D'Arb. de Jub., t. IV, p. 563.)

1276, septembre. Echange conclu entre Jean et le chapitre de Saint-Laurent auquel il cède une rente de 16 setiers d'avoine sur le terrage de Ferrières. (Cartul. LXXXV.)

1277, juin. Jean donne en gage au chapitre de St-Laurent pour sûreté d'un prêt de quarante livres tournois, divers ornements et vêtements d'église, notamment des reliquaires contenant des reliques de saint Georges, de saint Jean Chrysostome et de saint Etienne. (Cartul. XXXIV, Ed. Champollion, p. 627.)

1277. Jean se porte caution de Jean de Montigny, chevalier,

et de Guillaume Dallemant, gardes des foires de Champagne, qui avaient été condamnés à l'amende et étaient retenus prisonniers dans le Châtelet de Paris. (Olim. t. II, p. 100, 101.)

1277 (v. st.), février. Jean donne au chapitre de Saint-Laurent une rente de 40 livres tournois à prendre sur les amendes de la justice de Joinville, en échange du pré des Ecluses qu'il a fait rentrer dans son domaine. (Cart. xxv.)

1278, mai. Jean approuve l'engagement consenti par Hugue de Chatonrupt, chevalier, et par sa femme Isabeau, de tout leur domaine de Fronville, au profit de Saint-Urbain, pour sûreté d'un prêt de 260 livres. (Wailly, O.)

1278, novembre. Jean approuve la reconnaissance faite par Ancel, dit le Prévot, bourgeois de Joinville, au profit de la même abbaye, d'une rente de onze setiers de grain qui avait été léguée par son père à Saint-Urbain. (Ibid. P.)

1278 (v. st.), janvier. Jean approuve la vente faite à Saint-Urbain par Jean de Ragecourt-sur-Blaise de tout ce qu'il possède à Fronville et dans le ressort de la justice du village, moyennant 125 livres tournois (Id. Q.)

1279. Arrêt du parlement de Paris qui renvoie les religieux de Saint-Jean de Laon à se pourvoir devant la cour du comte de Champagne pour faire vider une contestation qu'ils avaient avec le seigneur de Joinville au sujet de la garde du prieuré de Richecourt-sous-Bonei. (Olim, t. II, p. 137.)

1279 (v. st.), mars. Jean approuve une vente consentie à l'abbaye de Saint-Urbain par Aubert Mahon, bourgeois de Joinville. (St Urbain. Cartulaire, IV, f° 197.)

1280. Traité passé entre Jean et Jean, sire de Dampierre et de Saint-Dizier, pour mener les bois franchement sur la rivière de la Blaise. Il engage la mouvance de Chancenet au dit seigneur de Saint-Dizier, moyennant 1500 livres. (Champollion.)

1281, juillet. Jean donne au chapitre de Saint-Laurent un de ses hommes pour assurer le service de l'église, et prend l'engagement, pour lui et ses descendants, de le remplacer à perpétuité. (Cartul. IX; sup. p. 222.)

1282, novembre. Lettres de Jean portant qu'en sa présence, Perrin de Bienville, son écuyer, a consenti que si Thibaut, comte de Bar, prouve que ledit Perrin lui doive garde à Gondrecourt, il lui donnera satisfaction. (Arch. de la Meurthe.)

1284, novembre. Sentence arbitrale rendue par Jean entre l'abbaye de Saint-Urbain et Johannet de Donjeux au sujet des limites des finages de Noncourt et de Poissons, des bornes de la justice, etc. (Wailly, R.)

1284, 4 décembre. Jean prend part à la décision des grands jours de Troyes qui oblige P. de Bourlémont à donner un assurement à Guillaume du Chatelet. (Ed. Brussel. *Usage des fiefs*, p. 858, 859.)

1286, 5 décembre. Jean assiste à la séance des grands jours où Pierre de Bourlémont renouvelle l'assurement qu'il avait autrefois donné à l'abbé de Mirevaux. (Ibid.)

1284 (v. st.), mars. Sentence rendue par Jean, en sa qualité de garde de la Champagne. (D'Arb. de Jub. 3870.)

1285, août. Jean et Guillaume de Chambly, archidiacre de Coutances, gouverneurs de Champagne, font connaître une sentence de la cour du roi de Navarre entre la commune de Provins et le bailli de Troyes, au sujet des amendes dues par les étrangers à Provins. (Ibid. 3872.)

1286, juillet. Transaction entre l'abbaye de Saint-Jean de Laon et Jean, de concert avec sa femme Alix, au sujet des droits par eux respectivement prétendus à Richecourt, à Bonney, à Manelles, etc. (Wailly, S.)

1288, octobre. Acte capitulaire par lequel les religieux de Saint-Urbain s'obligent entre eux à ne pas reconnaître les droits d'avouerie prétendus par le sire de Joinville. (Cartul. Saint-Urbain, I, f° 323, et sup. p. 201.)

1288. Jean est débouté, par sentence de la cour des grands jours de Troyes, de la demande par lui formée contre le bailli de Chaumont, afin d'obtenir main-levée de la saisie de la justice de Joinville, qui l'empêchait de connaître d'un délit d'infraction d'assurement commis dans son ressort. (Brussel, p. 865.)

1288. Accord conclu entre Jean, sire de Joinville, et son fils Jean, seigneur de Reynel, au sujet de cette terre.

1289, 31 juillet. Charte en faveur du prieuré du Val d'Osne.

1290, novembre. Fondation pour la sépulture de son épouse Alix de Reynel, dans l'église de Benoitevaux. (Ed. Bouillevaux, *Notice sur Benoitevaux*, p. 30.)

1292 (v. st.), mars. Lettres portant reconnaissance au profit du chapitre de Saint-Laurent d'avoir un homme de la maison de Joinville, au sujet de la franchise des bois. (Champollion, p. 628.)

1292 (v. st.), avril. Jean renouvelle une charte de concession, par laquelle Simon, son père, avait approuvé au profit de la maison hospitalière de Sainte-Marie des Allemands à Beauvoir, le don de trois charrues de terre à Bazeilles, et divers droits d'usage et de paturage qui leur avaient été accordés par Hugues, seigneur de la Fauche. (Wailly, T.)

1294, octobre. Jean renouvelle une charte du mois de janvier 1256 (v. st.) par laquelle il approuvait divers dons faits au prieuré de Rémonvaux par les seigneurs de la Fauche, et donnait au même prieuré, en son nom, une rente d'un demi-muid de vin. (Ed. Bibl. de l'Ecole des chartes, 1856-1857, et Wailly. V.)

1295, 12 avril. Jean renonce au droit qu'il prétendait avoir d'empêcher les religieux d'Ecurei d'établir des loges dans leur maison de Joinville, ou de les obliger à la fortifier. (Wailly, V.)

1297. Jean promet aux Frères de la maison du Temple de Ruetz qu'il leur donnera refuge dans son château de Joinville. (Jolibois, v° Ruetz.)

1298, septembre. Jean approuve la charte de franchises accordée à la ville de Vaucouleurs par son frère Geofroi et son neveu Gauthier de Joinville. (Wailly, W.)

1299. Jean, pour le profit de ses fils Jean, baron de Reynel, et Anceau, seigneur de Rimaucourt, échange ce qu'il possédait à Manois, contre les hommes que le prieur de Saint-Blin avait à Montot et à Vignes. (Jolibois, v° *Montot*.)

1300, 1er novembre. Le doyen et les chanoines de Chalons remercient Jean du don d'un reliquaire renfermant le chef de saint Etienne. (La Ravalière, p. 349.)

1300. Jean marie sa fille Béatrix avec Jean d'Arcis et lui constitue une dot de 300 livrées de terre et de 3000 livres tournois. (Didot, p. cxxxviii.)

1302, mai. Jean concède à l'abbaye d'Ecurei le pressoir qu'il avait établi à Osne au préjudice des droits de ce monastère; il approuve le don fait à la même abbaye par Aubert Mahon et Audete de Joinville d'une rente de 4 setiers de grain. (Wailly, X.)

1302, juillet. Jean consent divers amortissements au profit

de l'église de Saint-Mansuy de Toul, à Germay et à Bures, et accorde aux religieux de Germay le droit de moudre au moulin dudit lieu et à celui de Somme-Tenante. (Wailly, X bis.)

1303, décembre. Jean approuve une transaction passée entre le prieuré du Val d'Osne et Philippe d'Osne et sa femme. (Ibid. Y.)

1304. Autre charte en faveur du même prieuré.

1306, 23 avril. Transaction entre Jean et le monastère d'Ecurei, aux termes de laquelle les religieux abandonnent au sire de Joinville deux pièces de vigne et leur moulin de Chevillon, et reçoivent, à titre d'échange, des droits de passage dans la forêt de Montier-sur-Saux, une rente de dix setiers de grain sur les terrages de Gourzon et une partie de la forêt sus-désignée en toute propriété. (Wailly, Z.)

1306, novembre. Confirmation au profit de Boulancourt d'une libéralité de Béatrix, mère de Jean, de l'année 1235.)

1306, 24 décembre. Jean accorde au chapitre de St-Laurent le droit d'acquérir 70 s. de rente. (Champollion, p. 628.)

1307. Jean fait bâtir la ville de Monthoil, au diocèse de Toul, et y construit une église dédiée à Notre-Dame et à Saint-Jean-Baptiste, à laquelle il assigna plusieurs belles rentes. (Didot, p. xl.)

1308, juin. Accord passé devant le bailli de Chaumont, sous la garantie d'Anceau de Joinville, par lequel Jean remet la garde de l'abbaye de Saint-Urbain au roi Philippe-le-Bel, moyennant une somme de 1200 livres de petits tournois. (St-Urbain, l. xve, 2e partie, et sup. p. 204.)

1308 ? Fondation de la chapelle de Saint-Louis dans le château de Joinville. (Didot, p. cxxxix; à moins qu'on ne reporte cette fondation à l'année 1262.)

1309, 18 décembre. Sentence du roi Louis-le-Hutin qui maintient la couvent de Saint-Urbain dans le droit de lever des tailles sur leurs tenanciers, conformément à la sentence arbitrale du bailli de Chaumont. (Saint-Urbain, l. xv, 4e part., et sup. p. 207.)

1310, 22 avril. Requête adressée à Bertrand, évêque d'Alby, par les religieux de Saint-Urbain, pour se plaindre de diverses aggressions commises par le sire de Joinville et de certains dégats commis par quatre moines de leur monastère. (Saint-Urbain, Cartul. I, f° 352 et sup. p. 208.)

1310, novembre. Accord passé entre Jean, sire de Joinville, et Saint-Urbain, au sujet de leurs griefs respectifs. (Ibid. l. xve, 2e partie, et sup. p. 211.)

1314. Jean s'étant mis en guerre contre son suzerain, le comte de Bar, celui-ci fait raser son château de Montier-sur-Saux. (Didot, p. cxxxix.)

1315, 8 juin. Lettre de Jean « à son bon seigneur Loys, » par laquelle il promet de se rendre au mandement de ce roi. (Ed. Ducange, D. Bouquet, Didot, et Wailly, AA.)

1315, octobre. Jean approuve une transaction passée entre Jean, sire de Vaucouleurs, son neveu et le prieur de Vaucouleurs, pour le règlement des droits de passage du prieuré dans la forêt de Woivre, et de ses droits de pêche, etc. (Arch. de la Côte-d'Or, H, 249, et sup. p. 223.)

1317. Jean confère la chevalerie à un roturier nommé Jacques Denon. (Mathieu. Hist. des Ev. de Langres, p. 171.)

ANCEAU, SIRE DE JOINVILLE.

1302 (v. st.), janvier. Transaction entre Anceau, en qualité de seigneur de Reynel, et le prieur de Chambroncourt, au sujet de la justice, des revenus et des serfs respectivement revendiqués par les deux parties. Les arbitres choisis sont Guy de Sailly et Jean de La Roche. (Arch de la Côte-d'Or, H. 229 et sup. p. 249.)

1304, octobre. Anceau ayant obtenu du prieur de Chambroncourt l'autorisation d'établir un moulin, s'oblige à payer au prieuré une redevance de 1 sol, et à laisser moudre gratuitement les religieux un jour par semaine. (Ibid.)

1311, septembre. Anceau déclare avoir reçu d'Edouard, comte de Bar, deux pièces de bois à titre de fief. (Arch. de la Meurthe, et sup. p. 253.)

1315. Anceau est désigné comme otage par Edouard, comte Bar, pour l'exécution du traité de Bar-sur-Aube (D. Calmet, II, 447).

1315. Anceau assiste le comte de Bar dans la fondation du chapitre de Saint-Pierre, à Bar-le-Duc. (Id. p. 498).

1315. Anceau et sa femme fondent une chapelle dans leur château de Montier-s-Saux.

1321, août. Anceau renouvelle la déclaration faite par Jean en 1314 sur les ponts-et-chaussées.

1322, 14 septembre. Anceau approuve la vente consentie à Saint-Urbain par Erard de Vaucouleurs de ses domaines de Maconcourt, qu'il tenait en fief de lui. (Saint-Urbain, ix⁰ l. 1ʳᵉ partie et sup. p. 250.)

1322. Anceau accorde des droits d'usage et de paturage aux habitants de la Neuville à Mathons, (Collin. Tablettes historiques, p. 32).

1322. Transaction entre Anceau et les habitants d'Épizon, au sujet des bois. (Jolibois, v° *Epison.*)

1323. Lettres d'Edouard, comte de Bar, au sujet de l'emploi des deniers promis en dot par Henri, comte de Vaudémont, à sa fille Marguerite à l'occasion de son mariage avec Ancel, sire de Joinville.

1323. Anceau en caution de l'exécution des conventions de mariage arrêtées entre le fils du comte de Bar et la fille aînée du roi de Bohême. (D. Calmet.)

1323. Anceau confirme les acquêts de Saint-Laurent. (Cart. p. 20.)

1324, août. Ancel et Marguerite de Vaudémont vendent à Saint-Urbain tout ce qu'ils possèdent à Poissons moyennant 1450 l. tournois. (Saint-Urbain, x⁰ liasse, 9ᵉ partie et sup. p. 251.)

1324, septembre. Anceau et sa femme vendent leur terre de Mandres à l'abbaye de Saint Jean, prieuré de Richemont. (Champellion, p. 622.)

1324. Anceau établit des droits de jurée sur les habitants de Mathons avec l'autorisation du roi Charles le Bel. (Collin. p. 33.)

1324. Lettres par lesquelles le comte de Bar promet de réassigner 63 livres de rente à Anceau, sire de Joinville. (Arch. de la Meurthe.)

1324. Lettres par lesquelles Ancel reconnaît aussi avoir reçu du comte et de la comtesse de Vaudémont, 6,000 livres petits tournois qu'il doit employer à l'achat de 600 livrées de terres en leurs noms. (Ibid.)

1325. Anceau convertit les droits de jurée dus par la ville de Joinville en une redevance annuelle. (Collin. p. 169.)

1325. Anceau est désigné avec le duc de Bourgogne, le comte de Flandre, et d'autres seigneurs, comme caution de la rançon de 200,000 livres due par Robert de Bourgogne au dauphin de Viennois (Guichenon, Savoie, t. i., p. 377.)

1326. Traité de Raincourt, conclu entre les mandataires de Jeanne, reine de France, et Ancel de Joinville, le bailli de Bassigny, mandataires du comte de Bar, à la suite des entreprises faites dans le comté de Bourgogne, etc. (Arch. de la Meurthe.)

1329. Lettres d'Edouard, comte de Bar, qui donne à Anceau tous ses droits dans le fief de La Ferté-sur-Amance. (Ibid.)

1330, 17 mai. Anceau règle la dévolution d'un douaire réclamé par une femme de corps.

1331 (v. st.), 1er janvier. Anceau se reconnaît homme lige du duc de Bourgogne pour le château de La Ferté, moyennant une somme de 1000 livres de petits tournois qu'il a reçue de ce prince en accroissement de fief. (Arch. de la Côte-d'Or, et sup. p. 266.)

1332, 9 juin. Anceau donne quittance d'une somme de 1440 livres qu'il a reçue pour la cause qui précède. (Ibid. et p. 268.)

1333, 17 septembre. Quittance donnée à Anceau par les trésoriers de France des droits d'amortissement dus pour l'aliénation de ses domaines de Poissons à Saint-Urbain. (Saint-Urbain, x° l., p. 9.)

1334, 14 avril. Anceau confirme à Poince de Beaumont un don de 100 soudées de terre. (Arch. de la Meurthe.)

1334. Anceau traite avec le roi Philippe de Valois de l'échange de la mouvance de Vaucouleurs contre celle des terres de Possesse et de Charmont. (Brussel, p. 6.)

1336, 28 août. Eudes IV, duc de Bourgogne, et Jeanne, son épouse, cèdent à Anceau, en récompense de ses services, la ville de Port-sur-Saône. (Arch. de la Côte-d'Or, et sup. p. 265.)

1339, 8 juin. Anceau donne dix livrées de terre à Saint-Urbain pour la fondation de trois messes par semaine. (Saint-Urbain, IIe liasse, et sup. p. 279.)

1338. Jean, duc de Normandie et fils du roi de France, autorise Anceau à percevoir les fruits et émoluments afférents à la garde du fils mineur de Aubert de Hangest, son gendre. (Du Cange.)

1351. Anceau et sa femme vendent au roi de France des rentes qu'ils avaient à prendre sur le comté de Champagne. (Du Cange.)

13... Anceau et Marguerite de Vaudémont fondent six canonicats dans la collégiale de Vaudémont.

HENRI, COMTE DE VAUDÉMONT.

1347, août. Echange de serfs entre Henri de Joinville et le prieur de Chambroncourt. (Arch. de la Côte-d'Or, et sup. p. 297.)

1347. Henri, comte de Vaudémont confirme l'abandon qu'il a fait à son fils Henri, sire de Joinville, de son comté et héritage, moyennant mille livrées de terre sur la terre de Chaligny. (Arch. de la Meurthe.)

1349. Henri envoie un cartel de défi à Jean de Vergi, seigneur de Fouvent, son cousin, au sujet de la terre de Pierrecourt. *(Hist. de la maison de Vergy,* I, p. 367.)

1349, 6 décembre. Déclaration en l'église Notre-Dame relative aux ponts-et-chaussées.

1350. Henri fonde six canonicats à Vaudémont.

1353. Rapport d'un sergent royal constatant, à la requête des religieux de Saint-Urbain, les voies de fait commises au nom du sire de Joinville, par ses officiers qui prétendaient lever des droits de péage sur le pont de la Marne. (Arch. de la Haute-Marne, Saint-Urbain, l. xv, part. 2, et sup. p. 298.)

1357, 10 avril. Henri confirme à Saint-Laurent ses acquisitions (1).

ACTES CONCERNANT LES SEIGNEURS DE SAILLY.

1153. Gui de Joinville fait un don à Simon, premier abbé de Rengival. (Gallia Christiana, XIII, f° 1153.)

1201. Robert de Sailly confirme les dons que le chapitre de

---

(1) Les actes émanés de Marguerite de Joinville sont mentionnés ci-dessus, p. 336.

Saint-Laurent a reçus de son père Geofroi, sire de Joinville. (Cartul. xxix.)

1206. Gui approuve la vente du tiers des dîmes de Sommancourt consentie par Eudes de Bettoncourt au chapitre de Saint-Laurent. (Cartul. lxxix.)

1215, juin. Hommage de Gui de Sailly envers Thibaut, comte de Champagne, pour le château de Donjeux. (Ed. Chantereau, ii, 57, 59.)

1221, 9 août. Gui donne assurement à quatre serfs, dont la propriété lui était contestée par la comtesse de Champagne. (D'Arb. de Jub. 1335.)

1221. Gui fait hommage à Blanche et à Thibaut du fief de Jully-sur-Sarce qui lui était échu du chef de sa femme. Ed. Chantereau, ii, 128, 129.)

1221, décembre. Gui et Eudes Ragot, son beau-frère, approuvent l'acte par lequel Blanche, comtesse de Champagne, rétablit des droits d'usage que Gui de Chappes avait supprimés dans la forêt de Foolz. (D'Arb. de Jub. 1351 bis.)

1223, 22 mai. Gui reconnaît avoir reçu 100 livres dues par Thibaut à Simon, son sénéchal de Champagne. (Id. 1534.)

1225, mai. Gui échange avec le prieur de Chambroncourt une rente de sept setiers de blé à Noncourt, contre les possessions du prieuré à Bracancourt. (Cartul. de Molesme, ii, f° 142.)

1234. Gui approuve le don d'une vigne à Noncourt fait par Hugues, clerc à Noncourt, au profit de Saint-Urbain. (Saint-Urbain, l. xii, p. 1.)

1242, 2 octobre. Gui reconnaît avoir reçu des habitants de Wassy trois annuités de la rente de trente livres qu'il tenait en fief de Thibaut. (D'Arb. de Jub. 2608.)

1256. Transaction entre Gui et les habitants d'Augéville. (Jolibois.)

1263. Jean, sire de Joinville, déclare qu'en sa présence, Robert de Sailly a reconnu être homme lige du comte de Bar. (Arch. de la Meurthe.)

1265. Robert de Sailly échange un de ses hommes de Thonnance contre un homme de Saint-Urbain demeurant à Annonville. (Jolibois.)

1295, septembre. Aubert de Poissons reconnaît tenir en

fief de Jean, sire de Joinville, et par devant Gui de Sailly, plusieurs familles de serfs et diverses censives. (St-Urbain. Cartul. II, f° 385.)

ACTES CONCERNANT LES SIRES DE VAUCOULEURS.

1250. Geofroi de Joinville, sire de Vaucouleurs, se porte caution pour Catherine, duchesse de Lorraine, et Ferry, son fils, envers Thibaut, comte de Champagne, pour une somme de 3000 livres. (D'Arb. de Jub. 2910.)

1250. Geofroi consent à ce que Simon, son frère, jouisse de la terre de Marnay.

1256. Geofroi et Mathilde de Lacy, sa femme, obtiennent d'Egidius, évêque de Toul, l'autorisation de construire la collégiale de Vaucouleurs, avec un doyen et dix chanoines. (*Gallia Christ.* XIII, p. 1153.)

1270, juillet. Geofroi autorise le prieur de Vaucouleurs à employer un de ses hommes comme pêcheur. (Arch. de la Côte-d'Or.

1270. Transaction entre Geofroi et l'abbé de Gorze touchant Mauvaye. (Arch. de la Meurthe.)

1293, juin. Echange conclu entre Geofroi et le curé de Mauvaye touchant ledit Mauvaye. (Ibid.)

1313. Jean de Joinville, sire de Vaucouleurs, reconnait avoir repris du duc de Lorraine, 60 livres de terre sur les salines de Rosières. (Ibid.)

1335, 1337, 4 octobre. Jean échange avec le roi de France le château et la terre de Vaucouleurs. (Arch. de la Côte-d'Or.)

FIN.

TABLE

DES MATIÈRES

Introduction	I
Etienne de Vaux	1
Chartes concernant Etienne de Vaux	14
Geofroi I de Neufchateau, seigneur de Joinville et comte de Joigny	19
Actes de Geofroi I	22
Famille de Geofroi I	26
Geofroi II, seigneur de Joinville et comte de Joigny...	29
Actes de Geofroi II	33
Famille de Geofroi II	37
Roger	39
Actes de Roger	41
Famillle de Roger	42
Geofroi III, dit le Gros ou le Vieux	47
Actes de Geofroi III	51
Chartes de Gui, évêque de Châlons	60
Famille de Geofroi III	64
Geofroi IV, dit Vaslet ou le Jeune	65
Actes de Geofroi IV	68
Famille de Geofroi IV	73
Geofroi V, dit Trouillard	79
Actes de Geofroi V	85

SIMON	91
Actes de Simon	106
Famille de Simon	128
JEAN	141
Actes émanés de Jean, sire de Joinville	181
Actes de Béatrix, dame de Joinville	194
Actes concernant l'abbaye de Montiérender	213
Actes extraits du cartulaire de St-Laurent de Joinville	220
Famille et alliances de Jean	234
ANCEAU	239
Actes d'Anceau de Joinville	249
Famille d'Anceau de Joinville	282
HENRI, comte de Vaudémont	285
Actes concernant Henri, comte de Vaudémont	294
Postérité de Henri	302
Acte concernant Jean de Bourgogne	304
CATALOGUE GÉNÉRAL des actes concernant les sires de Joinville	307

FIN DE LA TABLE.

LANGRES, IMP. ET LIBRAIRIE FIRMIN DANGIEN.

EN VENTE :

Mémoires de la Société historique et archéologique

DE LANGRES

Tome 1. Grand in-4°, accompagné d'un grand nombre de planches lithographiées et de gravures. — Prix : 36 francs.

Tome 2. Neuf livraisons ont paru ; le prix de chaque livraison est de 3 francs.

Bulletin de la Société historique et archéologique

DE LANGRES

Paraît par livraisons de deux feuilles d'impression.

Le prix du volume, composé de 13 livraisons, est de 9 francs pour les souscripteurs.

A la mise en vente de chaque volume, le prix sera porté à 12 francs.

Trois livraisons ont déjà paru.

Les souscripteurs acquitteront le prix des livraisons seulement lorsqu'elles leur seront remises.

www.ingramcontent.com/pod-product-compliance
Lightning Source LLC
Chambersburg PA
CBHW050433170426
43201CB00008B/649